가라타니 고진이라는 고유명

하이브리드 총서 13

가라타니 고진이라는 고유명

© 박가분, 2014

초판 1쇄 인쇄일. 2014년 3월 12일
초판 1쇄 발행일. 2014년 3월 27일

지은이. 박가분
펴낸이. 황광수

펴낸곳. 자음과모음
출판등록. 1997년 10월 30일 제313-1997-129호
주소. 121-840 서울시 마포구 서교동 396-33
전화. 편집부 02. 324. 2347 / 경영지원부 02. 325. 6047~8
팩스. 편집부 02. 324. 2348 / 경영지원부 02. 2648. 1311
홈페이지. www.jamo21.net
독자카페. cafe.naver.com/cafejamo
이메일. inmun@jamobook.com

ISBN 978-89-5707-795-5 (04300)

하이브리드 총서 13

가라타니 고진이라는 고유명

박가분

자음과모음

머리말

— 가라타니 고진이라는 고유명

가라타니 고진의 책을 처음 읽은 것은 대학교 새내기이던 2006년 가을의 일이다. 나는 2005년 한길사에서 출간된 『트랜스크리틱』을 통해 사상가로서 가라타니를 처음 접했다. '칸트와 마르크스를 넘어서기'라는 부제를 단 이 책을 통해 자유분방한 필체로 다양한 사상을 섭렵한 그의 글에 흠뻑 빠져들었다. 당시는 아직 칸트도, 마르크스도 제대로 읽지 않은 상태였지만 어쩐지 그 책을 읽고 나서 칸트와 마르크스를 다 읽고 이해한 것 같은 지적 쾌감마저 들었다. 2006년 가을을 한참 지난 어느 시점에 나는 어느새 '가라타니주의자'가 되어 있었다. 블로그에 쓴 글들이 알려지며 나는 (나 자신은 혐오했지만) '청년 논객'이라는 이름을 얻고 이곳저곳에 기고를 하게 되었다. 그 과정에서 가라타니의 사상은 언제나 암묵적인 참조의 대상이 되었다. 내가 매료된 그의 '문제 틀'은 '국가-자본-네이션'이라는 저 고리를 어떻게 넘어설 수 있느냐 하는 것이었다.

　가라타니가 보기에 자본주의 사회구성체는 국가, 네이션, 자본이라는 상호연관으로서 존재한다. 여기서 중요한 것은 국가, 네이션, 자본 모두 각각 고유한 역사적 기원과 논리를 갖는다는 것이다. 국가와 네이션은 단순한 상부구조로 처리될 수 없다. 다만 그는 사회구성체의 경제적 토대를 생산양식이 아닌 교환양식으로 본다. 국가는 수탈과 재분배, 네이션은 호수제, 자본은 상품교환이라는 교환양식에 기초한다. 가라타니는 바로 여기서 정치적인 역설을 본다. 통상 진보주의자들은 재분배와 관련해 국가의 적극적인 역할을 주문한다. 그러나 그것만으로는 자본주의 사회구성체를 넘어설 수 없다. 자본과 국가를 저마다 다른 '교환양식'으로 보는 한 그것은 상호보완적인 관계를 맺기 때문이다. 게다가 국가=네이션=자본의 결합은 일국의 결합이 아닌 세계적인 결합이다. 일국의 복지국가와 같은 안일한 기획으로 그 결합이 초래하는 자본주의의 폐단을 극복할 수는 없다. 자본주의 사회구성체를 (교환양식의 상호보충적 접합으로서) 국가-네이션-자본의 결합으로 파악하고 그것들을 '총체적으로' 지양하는 경로를 고민하는 것은 오늘날 어떤 사상가들이 제기하는 문제 틀과도 다르다.

가라타니가 단순히 독창적인 비평가가 아니라 이론가로서 정당한 대우를 받아야 한다고 생각하게 된 것은 그가 내세우는 독지적인 문제 설정과 그것이 지닌 시대적 호소력 때문이다. 물론 가라타니는 그의 이력을 '문학비평'에서부터 시작했다. 그리고 가라타니의 문학비평은 기존 이론들을 하이브리드한 방식으로 결합하고 횡단하는 방식으로 이뤄졌다. 그런 탓에 오늘날에도 그는 다양한 주제 영역을 다루는 '트랜스크리틱 비평가'로 알려지게 되었다. 그런데 최근 그의 교환양식론(국가-네이션-자본의 접합)을 집대성한 『세계사의 구조』라는 저서가 국역본으로 출간되었다. 그 책을 보고서 감회가 새로웠던 것은 해당 저서에서 그가 자신만의 체계와 방법을 완성했기 때문이다. 이성민이 평가했듯이 여기서 "가라타니는 이른바 사적 유물론의 영역이라 부를 수 있는 곳에 초점을 맞춘다. 가라타니는 사적 유물론을 비판하는 동시에 그것의 착상을 추동력으로 삼아 세계사의 구조를 해명하려고 한다. 그리고 이렇게 읽을 때 '세계사'의 세계는 '사적'에 해당하고 '구조'는 '유물론'에 대응하는 것 같기도 하다."[1] 한때 자신이 적극적으로 내세우는 방법은 없고 자신의 방법은 어디까지나 이동하는 비평에 지나지 않으며 체계를 세우는 것을 싫어한다고 말했던 가라타니는 이론가로서 새로운 경지에 올랐다고 할 수 있다.

『세계사의 구조』를 보고 그동안 단편적 비평으로 종횡무진 쓰인 기존의 글들도 (그가 좋아하든 싫어하든) 역시나 '체계'로서 종합해야 한다는 생각이 들었다. 그렇게 종합하는 것은 가라타니 자신이 비판하는 '헤겔'의 시점에 서는 것을 의미하기도 한다. 그의 사상을 소개하려면 어떤 체계를 향한 '변증법적 발전'이라는 헤겔적 테마를 취할 수밖에 없다. 한편 마르크스는 한 체계의 발전 과정은 바로 그것에 대한 비판적 서술을 통해서만 비로소 드러난다고 보았다. 앞으로 보겠지만 나는 저 두 사상가에게서 가라타니 비판의 단초를 발견했다.

한국에서 가라타니는 만년 '비평가' 딱지를 떼지 못하고 있다. 가라타니를 여전히 비평가로 인식하는 것은 나쁘게 보자면 그가 이 이론 저 이론을 짜깁기하는 수준을 벗어나지 못했다는 것을 의미한다. 한국에서 가라타니의 현실적인 위상을 실감한 계기는 대학가에서 학생들끼리 세미나를 할 때 '커리집'에 넣을 만한 저자로서 참고하지 않는 것을 보면서다. 요즘 '진보적인' 대학생이라면 해당 주제와 관련해 차라리 에릭 홉스봄Eric Hobsbawm 같은 사람들을 '커리집' 구성에 집어넣을 것이다. 이론가로서 가라타니를 아무리 주변에 소개해도 단순한 '흥미'나 '호기심' 이상의 반응을 보이지 않는다. 그것이 싫어서 아예 직접 커리집을 제본하고 거기에 가라타니를 '정치철학자' 중 한 명으로 집어넣기도 했다.[2] 하지만 그것만으로는 위안이 되지 않는다. 가라타니를 주제로 세미나를 해도 참여자의 상당수는 '문학'을 통해 가라타니를 접한 사람들이다. 정작 가라타니 자신은 문학평론가로서 정체성을 버린 지

---

1   이성민, 「세계사의 구조가 보여준 몇 가지 답들」, 〈진보평론〉 서평 기고문. (http://ifnotso.blog.me/110160044519)

2   2013년 상반기 『고려대 생활도서관 커리집』 참조.

오래다. 가라타니는 요사이 오히려 자신을 철학자로 즐겨 소개한다. 철학자까지는 모르겠지만 가라타니는 이를테면 정치철학 분야에서는 알랭 바디우Alain Badiou, 자크 랑시에르Jacques Rancière, 에티엔 발리바르Etienne Balibar, 세계사 분야에서는 홉스봄, 조반니 아리기Giovanni Arrighi, 이매뉴얼 월러스틴Immanuel Wallerstein에 견줄 만하다. 그러나 가라타니는 학자로서 제대로 주목받은 적이 거의 없다고 해도 좋다. 그렇기에 몇 년간 가라타니의 저작을 읽은 독자로서 '나는 이렇게 읽었다'고 나서지 않을 수 없었다. 무엇보다 그의 발상과 사고 체계가 제대로 인용되고 논의되기보다는 오히려 공공연한 표절의 대상이 되었다는 느낌이 있었다. 가라타니의 이런저런 논의에 대한 찬반은 오가도 그의 사상의 궤적 전체에 주목하고 관심을 갖는 사람들은 적다. 사람들이 가라타니를 '고유명'으로서 제대로 인식해주었으면 좋겠다는 바람은 그런 아쉬움에서 생겨났다. 여기서 내가 하고자 하는 것은 각 시기마다 주제 영역과 논조가 다른 가라타니의 논의들을 '한 그림' 안에 담아내는 것이다.

한편 가라타니는 문학평론가뿐 아니라 대안적인 활동가로도 알려져 있다. 가령 그는 NAMNew Associationism Movement 운동의 주창자로서 대안화폐와 협동조합 운동을 하는 사람들에게 많이 알려졌다. 가라타니의 정치적인 발언들도 여기저기서 심심찮게 주목받았다. 가라타니가 '직접 연루된' NAM 운동은 본인 스스로 인정하듯이 실패로 끝났지만 그런 실패가 의미하는 바는 제대로 반추되지 않는다. 그의 실천적 '실패'를 반추하기 위해서는 반드시 그것을 재평가하는 이론적 틀을 가져와야만 한다. 이 책을 쓰게 된 배경에는 나 자신의 활동 경험에 비춰 볼 때 생겨나는 가라타니의 사상에 대한 의문도 있다. 가라타니를 읽는 내 동기는 명백히 실천적인 것이다. 현실적으로 이 책은 평균적인 학부생을 상회하는 교양 수준 없이는 읽기 힘든 책이 되겠지만 부디 독자 역시 그런 동기에서 읽어주기를 바란다.

이 책은 3부로 나뉜다. 1부와 2부의 분기점은 가라타니가 처음으로 쓴 묵직한 이론서인『트랜스크리틱』이다. 1부에서는『트랜스크리틱』이전의 저서를 다루며 2부에서는『트랜스크리틱』을 중심으로 가라타니에 대한 나름의 비판적 언급과 의문을 제기할 것이다. 3부에서는『트랜스크리틱』과 비교하며『세계사의 구조』의 내용을 정리하고 그가 이론가로서 돌파해낸 지점과 한계를 언급하고자 한다.

가라타니를 '이론가'로서 소개하고 나름대로 비판하는 책을 쓰는 일이 다소 겸연쩍은 게 사실이다. 나는 일본어에 능통하지 못하기 때문이다. 이 책은 가라타니의 저작 다수를 번역한 조영일에게 큰 빚을 지고 있다. 한국의 열악한 번역 현실에서 한국 독자들이 조영일이라는 번역자를 만난 것은 커다란 행운이다. 또한 가라타니를 '고유명'으로서 받아들여야 한다는 생각은 가라타니를 참조하며 여러 생산적인 작업을 해온 옛 스승인 이성민(『사랑과 연합』저자)에게서 나온 것이다. 마지막으로 이 책의 구체적인 구상은『세계사의 구조』를 주제로 한 세미나를 통해 비로소 완성되었다. 세미나를 제안한 조윤호(조본좌), 함께 한 출판편집 노동자 박동수와 이승한, 세미나에 끝까지 함께 참여하며 생각에 자극을 준 석아영, 김미성, 김솔아, 백설희, 안우혁, 박준섭, 김민호에게 감사의 마음을 표한다. 책에 대한 발제와 다른 저자들에 대한 서브 발제를 병행하는 강행군(?)을 함께하지 않았다면 이 책을 쓰는 일정이 한없이 미뤄졌을 것이다. 이 책을 세미나를 함께한 이들에게 바치고 싶다.

마지막으로 대단히 열악한 출판노동 현실 속에서 한없이 미뤄지는 원고에 힘들었을 편집자에게 진심으로 죄송한 마음이다. 이후 어떤 방식으로든 마음의 빚을 갚고 싶다는 바람을 지면을 빌려 표하고 싶다.

2014년 1월
박가분

가라타니 고진의 저서(일본 출간 연도순)

1978년 『마르크스 그 가능성의 중심』 출간. (이산, 1999년, 국역본 출간)

1980년 『일본근대문학의 기원』 출간. (민음사, 2005년, 국역본 출간. 도서출판 b,
2010년, 국역본 재출간)

1983년 『은유로서의 건축』 출간. (한나래, 1998년, 국역본 출간)

1985년 『내성과 소행』 출간. (국역본 미출간)

1986년 『탐구 1』 출간. (새물결, 1998년, 국역본 출간)

1989년 『탐구 2』 출간. (새물결, 1998년, 국역본 출간)

2001년 『트랜스크리틱』 출간. (한길사, 2005년, 국역본 출간. 도서출판 b, 2013년,
국역본 재출간)

2004년 〈정본 가라타니 고진집〉(전 5권)을 출간. 이와나미 쇼텐에서 영어와 이외
언어로 번역된 저작과 논문을 선정해 엮었음. 『역사와 반복』(도서출판 b,
2008년, 국역본 출간) 『네이션과 미학』(도서출판 b, 2009년, 국역본 출간)
『문자와 국가』(도서출판 b, 2011년, 국역본 출간) 등 1990년대 연구
결과물도 수록되었음.

2006년 『세계공화국으로』 출간. (도서출판 b, 2007년, 국역본 출간)

2010년 『세계사의 구조』 출간. (도서출판 b, 2012년, 국역본 출간)

2011년 『철학의 기원』 출간. (현재 계간지 〈말과 활〉 국역본 연재 중)

2013년 『자연과 인간』 도서출판 b에서 처음으로 출간.

가라타니 고진이라는 고유명

1부에서는 『일본근대문학의 기원』, 『탐구 1』, 『탐구 2』, 『유머로서의 유물론』, 『은유로서의 건축』 등을 중심으로 가라타니의 사상을 살펴보고자 한다. 여기서 우리는 가라타니의 사상을 편의상 '전기'와 '중기' 그리고 '후기'로 나눌 수 있다. 그의 사상의 '전기'와 '중기'를 나누는 데 2001년(국역본은 2005년)에 출간된 『트랜스크리틱』을 분수령으로 삼을 수 있다. "나는 1998년에 어떤 인식을 얻었기 때문에 『탐구 3』을 폐기하고 새로운 구상 아래 그것을 다시 썼다. 그것이 『트랜스크리틱』이었다."[1] 물론 이런 구분은 (모든 사상사적 구분이 그렇듯이) 편의적인 것에 지나지 않는다. 통상적으로 한 사상가의 사유를 시기적으로 구분하는 것은 그/그녀가 생을 마감한 다음에 확정된다. 따라서 지금 당장 가라타니의 사상을 시기적으로 나누는 것은 마치 그를 고인 취급하는 것일지도 모르겠다. 그의 사상에 변화가 생긴다면 '전기'와 '후기'의 구분 역시 변경되거나 그런 구분의 의미 자체가 변경될 것이다. 『트랜스크리틱』을 중심으로 한 시기적 구분을 이런 의미에서 잠정적으로만 받아들여주면 좋겠다.

　다시 화제를 돌려보자. 가라타니는 어느 시점부터인가 에마뉘엘

1　　가라타니 고진, 『네이션과 미학』, 조영일 옮김, 도서출판 b, 2009.

레비나스Emmanuel Levinas, 자크 데리다Jacques Derrida, 폴 드 만Paul de Man, 질
들뢰즈Gilles Deleuze, 미셸 푸코Michel Foucault 등을 중심으로 20세기 중후반
의 '후기구조주의'로 불리는 철학적 논의들과 단절했다. 가라타니가 행
하는 논의의 철학적 측면에 관심이 있는 독자라면 오히려 '이전'의 가
라타니의 작업이 재미있다고 느낄지도 모르겠다. 가라타니는 그 작업
에 흥미를 잃은 이유를 다음과 같이 말한다.

> 나는 '타자'나 '외부'라는 〔철학적—인용자〕 단어를 사용했습니
> 다. 특별히 대단한 단어는 아닙니다. 다만 텍스트적 관념론에서
> 그것을 단지 관념론으로서 거부할 것이 아니라 그 내부에서 부정
> 해가는 것이 가능하지 않을까? 그것을 모색했습니다. 당시 내 책
> 이 어떻게 읽혔는지는 알지 못합니다. 지금 이것을 읽는다면 너무
> 나 추상적인 논의입니다. 다만 그때에는 정치적 리얼리티가 있었
> 던 것은 아닐까요? 나에 대해 그때의 작업 쪽이 좋았다, 선명하고
> 강렬했다고 말하는 사람이 있지만, 그것은 그때의 이야기입니다.
> 내 생각이 바뀐 것은 아닙니다. 그러나 그 이후의 상황에서는 더
> 이상 그때의 언어로는 말할 수 없는 것입니다.[2]

실제로 그가 '전기'에 언급한 사항들은 대부분 그의 '후기' 저작과 언급
속에 녹아들어 있다. 어떻게 보면 자명하게 전제되어 있다는 느낌마저
준다. 그것이 당장 『트랜스크리틱』이나 『세계사의 구조』를 집어 드는
독자에게 어떤 위화감을 일으킨다. 가령 그가 칸트와 마르크스를 원용
하며 논의를 이끌어나가는 부분은 독자에게 이중의 당혹감을 안겨준
다. 우선 철학사에 문외한인 독자에게 칸트와 마르크스의 사상에 대한

2 　가라타니 고진, 『정치를 말하다』, 조영일 옮김, 도서출판 b, 2010, 66쪽.

언급은 그 자체로 생소하다. 반면 철학사에 일정한 교양이 있는 독자는 (그의 방법론이나 이전의 작업을 알지 못하는 상태에서) 그의 독해 방식이 생뚱맞게 느껴질 수 있다. 가라타니의 문체 자체는 결코 어렵지 않은데도 여전히 '어렵다'는 느낌을 주는 이유는 바로 거기에 있다. 그리고 어쩌면 그것은 가라타니 자신의 책임일 수도 있겠다. 그러나 한편으로 그것은 가라타니를 다시금 '고유명'으로서 호명하고 타인에게 소개하는 측의 책임이 될 수도 있겠다.

1부의 목표는 『트랜스크리틱』과 『세계사의 구조』와 같은 후기 저작을 이해하기 위해 가라타니가 이전에 확립한 그의 사상적·이론적 견해를 정리하는 것이다. 가라타니를 '고유명'으로서 받아들이는 것은 우선 그를 '이론가'로서 받아들이는 것을 의미한다. 그리고 이론가로서 그의 견해는 '전기'에 행해진 '고유명'에 대한 그의 언어철학적 사유 없이는 이해할 수 없다.

1 이론적 맹아기

— 『일본근대문학의 기원』과 『근대문학의 종언』을 중심으로

'문학사'는 단순히 다시 쓰이는 것만으로는 부족하다. '문학', 즉 제도로서 끊임
없이 자신을 재생산하는 '문학'의 역사성을 철저하게 봐야 하는 것이다(『일본근
대문학의 기원』).

근대문학의 기원과 종언

가라타니는 한국에서 여전히 '비평가'로서 인식되고 있기 때문에 이론
가로서 주목받지 못하고 있다. 실제로 가라타니의 비평은 주로 국문학
과, 문예창작과 등 문학 관련 분야에서 다루고 있다. 물론 가라타니가
문학비평가로서 이력을 시작했다는 것은 부인할 수 없다. 그렇다면 그
의 문학비평에서 사상적 '기원'을 살펴보지 않을 수 없다.

문학비평가로서 가라타니에게 세계적 명성을 가져다준 것은 『일
본근대문학의 기원』이다. 해당 저서는 일본문학 연구에서 기념비적인
것으로 평가받는다. 동시에 가라타니의 '이론적' 저작이기도 하다. 가
라타니는 구니키다 돗포國木田獨步, 나쓰메 소세키夏目金之助, 후타바테이
시메이二葉亭四迷, 모리 오가이森鴎外 등을 비롯한 일본 소설가의 작품들을
실례를 통해 비평한다.

『일본근대문학의 기원』에서 행한 그의 작업은 일견 오늘날 포스
트모던 담론의 영향을 받은 문학비평 일반과 크게 다르지 않은 것처럼
보인다. 가령 가라타니는 일본근대문학의 역사적 성립 과정을 서술하
며 개항과 메이지유신 그리고 자유민권운동이라는 당대 일본의 역사적
정세를 주요하게 다룬다. 이것은 예컨대 '순문학'이라는 일견 중립적이
고 자율적인 영역이 당대의 권력관계와 그것을 반영한 담론의 자장에
서 자유롭지 않다는 것을 폭로하는, 일반적인 '계보학적' 문학비평의

문제의식처럼 보인다.

『고전문학과 여성주의적 시각』(소명출판, 2003년)의 책 소개를 보자. "고전문학 작품을 여성주의적 관점에서 다시 읽어보려고 한 것은 하나의 대화의 시도다. 여성주의는 근래 한국 인문학의 주요한 화두의 하나가 아닌가? 여성주의적 시각으로 고전문학 작품을 읽는다는 시도는 단지 작품 속에서 여성의 고난과 성적 억압의 징후들을 발견하는 데 있는 것이 아니다. 그것은 오히려 작품을 이전과는 다른 방식으로 읽는다는 것을 의미한다."[1] 이런 '다시 읽기'에는 이를테면 여러 정치적 관점이 뒤섞일 수 있다. 여성주의적 관점에서, 소수자적 관점에서, 민중의 관점에서 문학을 평가하는 것이 가능하다. 그러나 분명한 것은 『일본근대문학의 기원』에서 나타난 가라타니의 비평은 이런 통상적인 '다시 읽기'와 궤를 달리한다는 사실이다.

앞서와 같은 문학비평은 문학에서 정치적 상상력을 구하는 방식 자체를 의심하지 않는다. 아무리 포스트모던한 외관을 취하더라도 (근대)문학에 대한 '다시 읽기'를 통해 '억압'과 '고난'의 징후를 찾는 회고적인 시선 자체가 이미 근대적이다. 비슷한 맥락에서 가라타니의 책을 다수 번역한 사람이자 그 자신이 비평가인 조영일은 오늘날의 체제를 비판하는 '진보적인' 한국 문학인들이 '문학'이라는 범주 자체는 결코 의심하거나 비판하는 법이 없다고 말한 바 있다.

조정래는 그동안 이뤄진 시민단체와 국가의 야합을 비판하는 한편, 적어도 국가의 돈 따위는 받지 않기 때문에 당당하다며 문학인으로서의 자긍심을 드러낸다. 그러나 이는 매우 묘한 이야기다.

---

1 인터넷 교보문고에서 제공하는 책 소개(http://book.naver.com/bookdb/book_detail.nhn?bid=258065).

왜냐하면 문학인만큼 국가와 밀접한 관계를 유지해온 사람들도 없기 때문이다. 나카가미 겐지가 일찍이 한국을 오가면서 갖게 된 한국 문인에 대한 위화감은 바로 이것과 관련이 있었다. 나카가미는 정부를 비판하는 한국 문인이 정작 정부의 돈을 받는 데 아무런 모순도 느끼지 않는 것을 보고 놀라움을 금하지 못했다.[2]

한편 반드시 문학의 범주 자체를 의문에 부쳐야 한다고 문학인들에게 강요할 수는 없다. 문학이라는 범주를 아무리 의심한다 해도 문학인들에게 문학이라는 정체성은 여전히 중요하다. 그런데 가라타니는 실제로 문학인으로서 정체성을 이미 '포기'한 바 있다. "물론 문학은 계속될 것이지만, 그것은 내가 관심을 가지는 문학은 아니었다. 실제 나는 문학과 인연을 끊어버렸다."[3] 가라타니는 그와 같은 포기의 제스처를 2003년 긴키대학에서 행한 강의 기록을 묶어서 출간한 『근대문학의 종언』(국역본은 2006년)에 인상적인 방식으로 나타냈다. 가라타니는 이 책에서 단도직입적으로 오늘날의 근대문학은 '끝났다'고 선언한다. 가라타니가 선언한 '근대문학의 종언'은 한국에서도 큰 논란이 되었다. 그리고 그의 선언에 대한 찬반양론을 포함해 그가 말한 근대문학의 종언이 무엇을 의미하는지에 대한 해석이 무수히 쏟아져 나왔다. 현재 문학의 정치적 안일함에 대한 '경고'로 받아들여야 한다는 주장(장정일)[4]부터 시작해서 역으로 근대문학의 종결 불가능성을 의미하는 것이라는 아이러니한 해석(허병식)[5]에 이르기까지 그 논의는 다양하다.

---

2   조영일 외, 『현대 정치철학의 모험』, 난장, 2010, 164~165쪽.

3   가라타니 고진, 『근대문학의 종언』, 조영일 옮김, 도서출판 b, 2006, 40쪽.

4   장정일, 「무시할 수 없는 '문학 종언' 경고」, 〈한겨레〉, 2007년 9월 19일 자(http://www.hani.co.kr/arti/culture/book/249154.html).

5   허병식, 「가라타니 고진과 한국 근대문학의 종결 (불)가능성」, 〈사이간SAI〉, 2012, 24쪽 참조.

그런데 '근대문학의 종언'에 대한 가라타니의 견해는 실제로 굉장히 '단순'하고 '축자적'이다. 근대문학의 종언이라는 것은 "근대문학 이후 예를 들어 포스트모던 문학이 있다는 말도 아니고, 또 문학이 완전히 사라진다는 말도 아닙니다. 내가 말하고 싶은 것은 문학이 근대에 특별한 의미를 부여받았고, 그 때문에 특별한 중요성, 특별한 가치가 있었지만, 그런 것이 이젠 사라졌다는 것입니다. 이것은 내가 소리 높여 말하고 다닐 사항은 아닙니다. 단적인 사실입니다. 문학이 중요하다고 생각하고 있는 사람은 이젠 적습니다. 때문에 굳이 내가 말하고 다닐 필요도 없습니다."[6] 이와 같은 언급은 상식적인 차원에서 이해할 수 있다. 새로운 문학적 형식을 실험한다 해도 그것이 사회에 미치는 지적·도덕적 영향력은 적다. 따라서 문학을 통해 사회를 바꾸거나 영향력을 미칠 것을 기대하느니 다른 방식을 강구하는 편이 낫다. 이런 간단한 이야기가 오늘날의 문학, 특히 한국문학에 어떤 의미가 있는지를 상술하자면 이야기는 더욱 길어지고 복잡해질 수밖에 없다.[7]

이 책의 맥락에서 중요한 것은 '근대문학의 종언'이라는 가라타니의 선언이 이미 문학인으로서 자신의 정체성을 포기한 상태에서 나온 발언이라는 데 있다. 그렇다면 여기서 제기해야 할 질문은 다음과 같다. '왜 가라타니는 문학인으로서 자신의 정체성을 포기했을까?' 이 질문에 대한 가장 간단한 답은 그가 문학과 무관한 '이론가'로서 입장을 이미 구축했기 때문이라는 것이다. 가라타니의 이론적 입장의 맹아는 그의 문학비평에서부터 찾아볼 수 있다.

후일 제기된 '근대문학의 종언'이라는 관점에서 보자면 이전에 전

6　가라타니 고진, 앞의 책, 43쪽.

7　비평가 조영일은 『한국문학과 그 적들』(도서출판 b, 2009) 그리고 『가라타니 고진과 한국문학』(도서출판 b, 2008)이라는 저서에서 그와 같은 논의를 깊이 있게 전개한다. 해당 주제에 관심 있는 독자라면 읽어볼 만한 저서다.

개된 가라타니의 '비평' 역시 문학이라는 범주 자체에 대한 '비판'으로 이해할 수 있다. "내가 의식했던 문제 중의 하나는 이런 것이었다. 당시는 1960년대 이후의 급진적인 정치운동이 좌절되고, 그 결과 사람들이 '문학'으로 향하는 현상이 생기고 있었다. 아니면 '내면'으로 향하는 일을 통해 모든 공동환상[8]으로부터 '자립'하는 일이 가능한 것처럼 여겨지고 있었다. 그런 현상이 실은 진보적 포즈를 취한 보수주의에 지나지 않는다는 것은 나중에 증명된 바 있다. 나는 그 경향에 부정적이었지만 단순히 '정치'를 말하는 것만으로는 그것을 부정할 수 없다고 생각했다. 좀 더 근본적인 비판이 필요했다. 당시 내가 알게 된 것은 그런 현상이 메이지 20년대부터 되풀이되어왔다는 사실이었다."[9] 가라타니는 메이지 20년대(1887~1896년)를 겨냥해서 근대문학의 구조 자체를 기원에서부터 파악하고자 했다. 그리고 가라타니는 다음과 같이 말한다. "이와 같이 말하면서 나는 한 가지 사실을 고백하지 않으면 안 된다. 어떤 사물의 기원이 보이기 시작하는 것은 그것이 끝날 때다."[10]

『일본근대문학의 기원』에 나타나는 기원과 전도

가라타니가 『일본근대문학의 기원』에서 다루고 있는 주제 영역을 살펴보자. 비록 『일본근대문학의 기원』이라는 표제를 취하고 있지만 책에서 가라타니는 근대문학 일반, 더 나아가 근대 자체의 '기원'을 추적한다. 여기서 '기원'이란 역사의 선형적인 출발점과는 다르다. 가라타니와

8　공동환상共同幻想: 인간이 개체로서가 아니라 어떤 공동성을 가지고 세계와 관계를 맺을 때 관념이 존재하는 방식. 국가, 법률, 종교, 예술 등 인류의 문화로 불리는 것이 해당된다.

9　가라타니 고진, 『일본근대문학의 기원』, 박유하 옮김, 도서출판 b, 2010, 8쪽.

10　가라타니 고진, 『근대문학의 종언』, 39쪽.

대담한 세키이 마쓰오는 『일본근대문학의 기원』의 문제의식을 이같이 정리한다.

> 『일본근대문학의 기원』을 통해 '기원'이라는 말이 그 의도를 벗어나 문학비평이나 문학 연구자 사이에 유행했고, 『근대문학의 기원』이라는 논문집까지 편집되기도 해 본래의 의도가 보이지 않게 되었기 때문입니다. 이런 종류의 언설로 사용되고 있는 '기원'의 의미는 단순한 '시작'인 것입니다. 이것은 『일본근대문학의 기원』이 제기한 문제와는 완전히 무관한 것입니다. 이와 같은 상태를 괄호에 넣기 위해서는 이 텍스트의 문제제기를 현시점에서 되돌아볼 필요가 있다는 말입니다. (……) 이런 시기에 『일본근대문학의 기원』을 읽는 것은 '종언'에서 '기원'을 생각하는 것입니다. 그런 의미에서 '기원'에 선다는 것은 그 전도를 생각하는 것이기도 합니다.[11]

그렇다면 가라타니는 왜 하필 '일본근대문학'을 표제에 넣었는가? 그 이유는 그 자신이 일본인이라는 사실보다 더 깊은 곳에 있다. 그는 구니키다 돗포와 같은 메이지 시대의 소설가가 낭만파인지 리얼리즘 작가인지를 둘러싼 문학사적 쟁점에 주목하며 다음과 같이 말한다.

> 구니키다 돗포와 같은 작가가 낭만주의 작가인지 자연주의 작가인지를 논의하는 것은 우스꽝스러운 일이다. 그의 작품에서 두 특성이 다 나타나는 것은 낭만파와 리얼리즘의 내적인 연관성을 단적으로 나타내고 있을 뿐이다. 서양의 '문학사'를 규범으로 하

11　가라타니 고진, 앞의 책, 175~178쪽.

면 그것은 단기간에 서양문학을 받아들인 메이지 일본의 혼란스러운 모습에 지나지 않는다. 그렇지만 오히려 바로 그 속에 서양에서는 장기간에 걸쳐 일어났기에 선적인 순서 속에서 은폐되어 버린 전도의 성질, 서양 고유의 전도의 성질을 밝혀주는 열쇠가 있다.[12]

일본근대문학은 서양 근대문학에 비하면 (메이지 20년대에) 단기간에 급속도로 성립되었다. 그 이후 일본근대문학은 그 양적 측면(독서 시장의 규모)에서나 질적 측면(노벨상 수상자 배출)에서나 서구 근대문학 못지않은 성과를 거두었다. 백낙청이 말하는 '한국문학의 보람'(『통일시대 한국문학의 보람』, 2006년)은 객관적 척도로 보자면 '일본문학의 보람'에 비해 보잘것없다. 가라타니가 세계적인 명성을 얻도록 도움을 준 『일본근대문학의 기원』은 이런 '일본문학의 보람' 없이는 존재할 수 없다. 그러나 가라타니가 주목한 것은 일본문학의 보람 따위가 아니라 일본의 근대문학이 단기간에 성립되는 과정에서 그것이 노출하는 사항이었다. 가라타니는 일본근대문학이 급속도로 성립되었기 때문에 서양문학사 속에서는 잘 보이지 않는 근대문학 일반의 '기원'이 더 선명하게 드러난다고 말한다. 그리고 이런 '기원'에는 어떤 '전도' 또는 '도착'이 숨어 있다고 말한다. 그렇다면 그것은 무엇일까?

　가라타니는 일본근대문학의 기원에 '내면'과 '풍경'의 발견이 존재한다고 했다. 이런 내면과 풍경은 각각 근대 이전에 존재했던 인간과 자연과는 다르다. 예를 들자면 근대 이전에 그렸던 산수화에서 풍경은 서양의 풍경화와 달리 '개념' 혹은 '형상'으로 존재하는 것이었다.

　가라타니가 주목하는 것은 일본근대문학사에서 '자연주의자'로

12　　가라타니 고진, 『일본근대문학의 기원』, 44쪽.

분류되는 메이지 30년대(1897~1906년)에 활동했던 구니키다 돗포다. 가라타니는 그의 자연주의에서 '풍경'의 발견을 이야기한다. "예를 들어 구니키다 돗포의 「무사시노」라든가 「잊을 수 없는 사람들」에는 주변에서 흔히 볼 수 있는 풍경이 묘사되어 있다. 그런데 일본의 소설에서 풍경으로서의 풍경이 자각적으로 묘사된 것은 이런 작품들이 최초다."[13] 가령 "이 작품은 무명작가인 오쓰라는 인물이 타마 강변의 여관에서 우연히 알게 된 아키야마라는 인물에게 '잊을 수 없는 사람들'에 대해 이야기한다는 장치를 취하고 있다."[14] 그러나 여기서 잊을 수 없는 사람들로 열거되는 오랜 친구, 신세 진 스승, 선배들이란 실제로는 잊어버려도 상관없는 사람들을 말한다. 오늘날로 치면 신카이 마코토新海誠의 장편 애니메이션 〈초속 5cm〉에 등장하는 풍경과 인물에 가까운 것이다. 거기서는 첫사랑을 만나러 가는 주인공이 여정에서 마주치는 지하철 개찰구, 이름 모를 골목길, 눈발이 몰아치는 논밭 등등, 잊어버려도 상관없는 풍경들을 대단히 디테일하게 묘사하고 있다. 구니키다의 「잊을 수 없는 사람들」의 사람들이나 〈초속 5cm〉의 첫사랑 상대 모두 풍경으로서 발견된다. 여기서 풍경은 주인공의 고독한 내면 상태와 긴밀하게 연결되어 있다. 주인공은 자신과 상관없는 타인 혹은 사물에 일체감을 느끼는데, 달리 보자면 그 외의 눈앞에 보이는 타자에게는 냉담한 상태인 것이다. "다시 말하자면 주위의 외적인 것에 무관심한 '내적 인간'에 의해 처음으로 풍경이 발견되고 있는 것이다. 풍경은 오히려 '외부'를 보지 않는 자에 의해 발견된 것이다."[15]

---

13   가라타니 고진, 앞의 책, 33~34쪽.
14   가라타니 고진, 앞의 책, 33~34쪽.
15   가라타니 고진, 앞의 책, 37쪽.

　　결국 이와 같은 풍경의 발견은 '내적 인간', 즉 내면의 발견과 표리 일체를 이룬다. 가라타니는 근대문학에서 내면과 풍경이 표리일체를 이루게 되는 기저의 장치를 해명하기 위해 근대회화의 역사로 돌아간다. 가령 에르빈 파노프스키Erwin Panofsky는 근대회화의 기원을 대상(풍경화)과 형식(원근법)이라는 양 측면에서 고찰했다. 근대회화 이전의 회화는 주로 종교적이거나 신화적 테마와 줄거리를 중심으로 한다. 그러나 어느 순간부터 '배경'에 지나지 않던 일상의 인간과 자연을 '대상'으로 하는 근대적 풍경화가 출현하게 되었다. 이와 같은 풍경화가 출현할 수 있게 한 것은 '원근법'이라는 상징 형식이다. 그것은 '고정된 시점을 가진 한 사람'에 의해 파악된다는 형식을 취한다. 그와 같은 형식이 풍경화에 담긴 대상에 내면성과 리얼리티를 부여하는 것이다. 파노프스키는 그와 같은 원근법을 근대회화의 '상징 형식'이라고 부른다. 근대회화의 내면성과 리얼리티는 그와 같은 '상징 형식' 없이는 이해할 수 없다. 근대회화에 존재하는 '전도'란 이와 같은 상징 형식이 초래한 리얼리티와 내면성이 마치 '대상' 자체에서 오는 것처럼 느껴지는 데 있다. 예를 들자면 알프스 산이 그려진 압도적인 스케일의 〈눈보라, 알프스를 넘는 한니발과 그의 군대〉라는 윌리엄 터너William Turner의 풍경화를 보면 작품에서 느껴지는 숭고미가 마치 알프스라는 대상 그 자체에서 비롯되는 것처럼 느껴진다. 그러나 실은 그런 느낌은 고정된 시점으로 존재하는 인간에 의해 초래된 것이다. 이렇듯 근대의 기원은 '풍경'과 '내면'의 발견에 있지만 그 둘 모두 그 기원이 확립되자마자 '망각'된다.

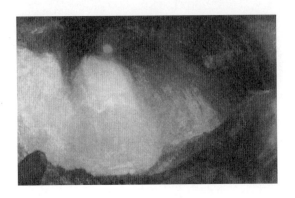

이에 착안해 가라타니는 근대문학에 대해서도 풍경과 내면을 확립한 '전도'를 말한다. "중요한 점은 이런 주관이나 객관이 역사적으로 출현했다는 점, 다시 말해 그 근저에는 새로운 '상징 형식'(카시러)이 존재한다는 점이다. 그것은 확립되자마자 그 기원이 망각되는 장치다."[16]

---

16   가라타니 고진, 앞의 책, 33쪽.

가라타니는 문학에서 이와 유사한 '장치'를 '언문일치 제도'에서 찾는다.

언문일치란 통상적으로 문어와 구어의 일치로 이해된다. 언문일치운동은 대개 한문 중심의 문자언어에 비해 '실제로 말하고 듣는' 음성언어를 우위에 놓는다. 그러나 정작 언문일치운동 속에서 실제 음성언어는 중요하지 않다. 오히려 중요한 것은 "자기 자신이 듣는 음성, 내적인 음성"[17]이다. 가령 언문일치의 결과로 성립된 현대소설을 읽을 때 그것을 소리 내어 읽는 것은 어렵다. 과거의 문학 쪽이 소리 내어 읽혔고 그와 같은 낭독을 의식해 집필했다. 근대문학은 반대로 묵독의 일상화에 의해 성립된다. 이렇듯 언문일치운동 속에서 음성언어란 실제로 말하고 듣는 언어가 아니라 자신이 자신의 목소리를 듣는 내면적인 언어다. "내면이 내면으로 존재한다는 것은 자기 자신의 목소리를 듣는 현전성이 확립되는 일이다. 데리다의 생각에 따르면 그것이 서양의 음성중심주의다."[18] 가라타니는 언문일치로 초래된 내면성을 소설에서의 '3인칭 객관'이라는 화법의 문제로 연결 지어 생각한다. 교과서적인 서술에서는 '3인칭 객관'을 화자narrator와 주인공이 분리된 서술 방식이라고 이야기한다. 그런데 근대소설을 주인공이 화자를 겸하는 1인칭 화법으로 쓴다 하더라도 그것은 여전히 판소리나 근대 이전 문학의 느낌과 다르다. 오히려 '3인칭 객관'은 화자의 서술에 깊은 내면성과 현전성을 부여하는 언어적 장치(=제도)에 달려 있는데, 가라타니는 그것이 실은 '~았/었다'라는 종결어미의 사용에 의해 확립된다고 말한다. "언문일치는 새로운 문어의 창조지만 사실상 어미의 문제로 귀속된다."[19]

일본어와 한국어와 같은 교착어에서는 '어미'를 통해 화자와 청자

---

17   가라타니 고진, 앞의 책, 78쪽.
18   가라타니 고진, 앞의 책, 81쪽.
19   가라타니 고진, 앞의 책, 65쪽.

의 관계, 말하는 시점 등이 전부 다 드러난다. 그만큼 모두 경어체가 발달해 있다. 종결어미만 보더라도 화자가 남자인지 여자인지, 어떤 위치에 있는지를 알 수 있기 때문에 근대 이후 발명된 '그/그녀'와 같은 성별화된 3인칭 대명사가 존재할 필요가 없었다. 그와 같은 3인칭 대명사는 오히려 '~았/었다'라는 종결어미가 보편화하면서 필요해졌다. '~았/었다'는 어미의 보편화는 화자의 '외부'에 있는 사회적 관계를 화자의 내면으로 수렴하며 화자(와 그에 공모하는 독자)가 소설에 등장하는 대화와 서술을 마치 '자신이 모두 말하고 듣는 것처럼' 느끼게 한다. "리얼리즘의 화법이 완성된 형태가 바로 '3인칭 객관 묘사'다. 이것은 프랑스에서는 19세기 중반에 성립했다."[20] 결국 일본근대문학은 이와 같은 리얼리즘 화법을 일본어로 실현함으로써 성립했다. 이를 가능하게 한 것은 바로 '3인칭 객관'이다. 일단 이와 같은 3인칭 객관이 확립된 이상 '1인칭 주관'으로 쓴 사소설도 '3인칭 객관'과 무관하지 않다. "사소설이란 오히려 '3인칭 객관'이 확립되었을 때 성립되었다고 해도 무방하다." 한편 1인칭 시점의 사소설은 '고백'이라는 또 다른 서양의 제도 없이 생각할 수 없다. 중요한 것은 1인칭이냐 3인칭이냐가 아니라 "어떤 한 시점에서 과거를 회고하는 것과 같은 원근법을 가능하게 하는 화법이다."[21] 결국 소설을 확립한 것은 '고정된 시점을 가진 한 사람'을 중심으로 한 원근법적 상징 형식으로서 언어적 장치(=제도)였던 셈이다. 그와 같은 형식에 따라 묘사한 대상의 리얼리티와 화자의 내면성이 초래된 것이다.

『일본근대문학의 기원』에서 가라타니는 '메이지 20년대'의 문제를 다루면서, 다른 한편으로 그 시대를 살던 문학인 자신이 근대문학

---

20 가라타니 고진, 앞의 책, 101쪽.
21 가라타니 고진, 앞의 책, 73쪽.

의 '전도'를 의식하고 반발감을 느끼는 양상을 고찰한다. 나쓰메 소세키는 영국 유학 시절에 창작을 그만두고 문학 이론을 구상하면서 근대소설 이전의 윌리엄 셰익스피어, 조너선 스위프트Jonathan Swift와 같은 문학인들에 대한 애정을 표한 바 있다. 그와 같은 문학을 통해 근대적 '내면'이 확립되기 이전의 자유분방한 표현 방식을 찾았던 것이다. 그와 같은 방식으로 나쓰메는 당대의 문단 경향과 이질적인『나는 고양이로 소이다』와 같은 풍자적 작품을 썼다. 나쓰메는 일본근대문학의 성립에 기여했으면서도 일본근대문학에 위화감을 강하게 느끼고 있었던 것이다. 후타바테이 시메이 역시 당대의 자연주의 조류와 다른 니콜라이 고골Nikolai Gogol의 작품과 같은 좀 더 풍자적인 소설을 더 선호했다. 이와 같이 후타바테이는 고골을 비롯한 여러 러시아 작가를 당대에 일반적인 의역의 방식과 달리 당대 일본어 감각으로는 이질적인 방식으로 '축역'했다. 그런데 정작 당대 자연주의 조류 안에 있던 이반 투르게네프Ivan Turgenev의 축역본이 당대 문학인에게 영향을 미쳐 3인칭 객관을 포함한 근대문학의 장치가 수용되는 데 기여했다. 가라타니는 이와 같은 근대문학자의 저항적인 태도를 주목해 근대문학과 다른 대안적인 문학의 가능성을 암묵적으로 긍정하는 것처럼 보인다. 그러나 후일『근대문학의 종언』에서 가라타니는 그런 가능성을 부질없는 것으로 생각하는 듯하다. "실제 근대문학의 지배적 형태에서 배제된 것처럼 보이는 형식의 소설이 많이 쓰였다. 나카가미 겐지, 쓰시마 유코, 무라카미 류, 무라카미 하루키, 다카하시 겐이치로 등이 등장한 것이었다. 그들은 포스트모던이라고 불렸다. 그러나 나에게는 그것들은 어떤 의미에서 소세키가 근거를 부여하려고 했던 타입의 문학 재생(르네상스)으로 보였던 것이다. 그 같은 동시대 문학의 동향을 보면서, 나는『일본근대문학의 기원』을 썼던 것이다. 그러나 1990년대에 그 같은 문학은 급격히 쇠락하고, 사회적 · 지적 임팩트를 잃어버리기 시작했다."[22]

근대문학의 외부

가라타니 자신이 말하듯『일본근대문학의 기원』은 근대문학의 외부에 대한 '예감' 없이는 생각할 수 없다. 오늘날 그는 다른 형태의 문학을 구상하는 데 더는 관심을 기울이지 않는다. 그러나 다른 의미에서 '근대문학의 외부'라는 그의 문제의식은 여전히 의미를 상실하지 않는다.

앞서 보았듯이 가라타니는 근대문학을 성립시키는 것은 어떤 '전도perversion'라고 말한다. 근대문학은 어느 시점에서부터인가 자명해져 버린 '내면'과 '풍경'의 발견에 의해 성립된다. 그것은 내면 바깥의 인간 주체성의 다양한 측면, 그리고 풍경 바깥의 사회적 관계를 괄호 안에 넣음으로써 자명해진다. 내면과 풍경 '바깥'을 지워버리는 것이 바로 근대문학의 전도인 셈이다. 그런데 그렇다고 해서 이 시점의 가라타니가 무언가 사회참여적 관점에서 문학의 관념성을 비판하는 것은 아니다. 가라타니는 여기에 대해 다음과 같이 말한다. "대중, 평범한 생활인이 순수한 '풍경'으로 발견된 것은 쇼와 시대의 고바야시 히데오小林秀雄에 의해서였다. 마르크스주의로 보면 프롤레타리아트 또한 하나의 '풍경'이었다. 그것은 현실의 노동자와는 다르거나 혹은 현실의 노동자를 배제할 때 발견되는 관념이다. 이에 비해 고바야시 히데오는 관념이나 이데올로기에 현혹되지 않는 현실적인 생활인을 상정했다. 이런 이미지는 반낭만적이기는 해도 역시 낭만파적인 것이다. 프롤레타리아트가 실재하지 않는다면 그런 대중 역시 실재하지 않는 것이다."[23]

이렇듯 객관적 현실에 입각해 개인의 주관적 낭만성을 비판하는 것은 역시나 내면과 풍경 사이의 악순환을 벗어나지 못한다. 여기에 대한 범용한 해법들은 다음과 같은 것이다. 오늘날 여성주의 이론가들이

---

22   가라타니 고진,『근대문학의 종언』, 40쪽.
23   가라타니 고진,『일본근대문학의 기원』, 46쪽.

말하듯이, 주관의 내면적 체험 속에는 주관을 넘어선 다양한 외부적 관계들이 상호교차하고 있다고 말한다든지, 오늘날 더욱 세련된 마르크스주의 이론이 말하듯이 사회적 관계에 대한 지식이 비로소 개인의 체험을 '말할 수 있게' 한다고 말한다든지 하는 것이다. 실제로 여성주의를 비롯한 탈근대 담론과 마르크스주의를 비롯한 사회과학 담론은 각각 '내면을 통해 풍경'으로, '풍경을 통해 내면'으로 나아가는 방식으로 이론적으로 '해후'하고 있다. 그러나 이런 언설은 여전히 근대적인 내면과 풍경 사이의 악순환을 벗어나지 못한다. 여성주의 이론이 말하는 '타자'란 실은 아무래도 좋은 풍경으로서 '잊을 수 없는 사람들'(구니키다의 동명 소설)에 불과하며, 현대 마르크스주의 이론이 말하는 '주체성'이란 자의식 강한 문학청년과 다르지 않다. 이렇듯 가라타니가 근대문학의 기원에 존재하는 전도를 폭로하는 것은 '바깥에서부터 안을 비판'하기 위한 것이 아니라 오히려 안과 바깥을 자명하게 구분하는 구도에 의문을 표하기 위한 것이다. 가라타니가 근대문학의 기원에 존재한다고 말하는 풍경과 내면의 '전도'는 오늘날의 문학에도 적용할 수 있다. 가령 포스트모던 문학(가령 NT 노벨과 같은 오타쿠 문학)도 내면과 풍경 없이는 상상하기 어렵다. 앞서 예로 든 신카이 마코토의 애니메이션 역시 근대문학의 문맥과 동떨어져 있지만 과거에 발견된 내면과 풍경을 훌륭하게 재생한다. 그런 의미에서 우리는 여전히 근대문학의 시대를 살아가고 있다. 오늘날 여성주의와 성소수자 담론 역시도 또 다른 의미에서 한편으로는 낭만주의 소설, 다른 한편으로는 자연주의 소설을 실현하는 근대문학이다.

혹자는 『근대문학의 종언』을 비판하면서 가라타니의 비판만으로 근대문학 바깥으로 나아가기는 힘들다고 말한다. 그러나 그는 이미 『일본근대문학의 기원』에서 그런 비판을 어떤 의미에서는 '선취'했다.

국가 정치의 권력과 자기나 내면에 대한 성실함을 대치시키는 발상은 '내면'이야말로 정치이자 전제 권력이라는 사실을 무시하는 일이다. '국가' 쪽에 선 사람과 '내면' 쪽에 선 사람은 서로 보완하는 관계에 지나지 않는다. 메이지 20년대에 있었던 '국가'와 '내면'의 성립은 서양 세계의 압도적 지배라는 상황 아래에서 불가피한 것이었다. 우리는 그 점을 비판할 수는 없다. 비판해야 할 것은 그런 전도의 결과물들을 자명한 것으로 생각하는 오늘날의 사고들이다. 그들은 각기 메이지 시대로 거슬러 올라가 자신의 근거를 확립하려 한다. 그들의 이미지는 서로 대립하고 있지만 '대립' 그 자체가 서로 보완하면서 서로의 기원을 은폐하는 것이다. '문학사'는 단순히 다시 씌어지는 것만으로는 부족하다. '문학', 즉 제도로서 끊임없이 자신을 재생산하는 '문학'의 역사성을 철저하게 보아야 하는 것이다.[24]

여기서 우리가 주목해야 할 것은 다음과 같은 사항이다. "문학의 역사성을 철저하게 보았던" 쪽은 오히려 "서양 세계의 압도적 지배라는 상황 아래"에 놓여 있던 후타바테이, 나쓰메 같은 작가들이었다. 그러나 그와 같은 치열한 의식은 오늘날 잊었다. 그 중요성과 위상을 상실했다 하더라도 우리는 근대문학이 성립시킨 제도를 자명하게 여기며 살아가기 때문이다. 하지만 여전히 그 기원을 생각하는 한 '그 바깥이 존재한다는 것', 그리고 (비록 그것이 대안적 문학이라는 형태로 실현되지는 않는다 하더라도) '그 바깥으로 나아갈 수 있다'고 말하는 것 역시 가능하다. 가라타니가 문학인으로서 정체성을 포기하고 근대문학의 종언을 선언한 것은 오히려 그가 근대문학이 성립시킨 내면과 풍경의 역사적 자명성 속에 우리가 살아간다는 점을 철저하게 이해했기 때

24 가라타니 고진, 앞의 책, 134~135쪽.

문이다. 그리고 아무래도 문학만으로는 그 바깥으로 나아갈 수 없다고 느꼈기 때문에 문학인의 정체성을 포기한 것이다.

『일본근대문학의 기원』에서부터 가라타니를 추동하는 것은 어디서부터가 안이고 바깥인지가 모호한 상황 속에서도 여전히 '바깥'으로 나아가려는 의지다. 바로 그런 입장에서부터 앞으로 있을 가라타니의 이론적 여정이 시작된다. 후일 가라타니는 『탐구』 등의 저서에서도 주체를 넘어선 구조, 외부성, 타자 등 후기구조주의 개념이 모두 이미 칸트가 말한 '초월론적 주관'에 의해 발견된 것에 지나지 않는다고 말한다. 여기서 근대적 '풍경'과 '내면'에 대한 『일본근대문학의 기원』의 문제 설정은 새롭게 (재)이론화한다. 가라타니는 근대문학에 대해서만큼 그가 비평가로서 활동하던 1980~1990년대 포스트모던 철학에 대해서도 위화감을 느꼈다. 나중에 보겠지만 가라타니는 '내면'과 '풍경', '주체'와 '구조', '안'과 '바깥'이라는 문제 설정 자체의 '바깥'으로 나아갈 수 있는 단초를 바로 '고유명'에서 발견한다.

가라타니는 당대의 근대문학에 위화감을 느끼던 나쓰메 소세키에 대해서도 다음과 같이 말한다. "소세키의 의문은 왜 자신은 이곳에 있고 저곳에 있지 않은가 하는 점에 있었다."[25] 내친김에 말하자면 "왜 자신은 이곳(근대문학)에 있고, 저곳(근대문학의 외부)에 있지 않은가"라는 물음은 가라타니 자신의 물음이기도 했다. 그것은 이편이냐 저편이냐의 문제가 아니라 이편과 저편의 대립을 포괄하는 장 전체를 의심하는 제스처다. 그리고 가라타니는 그와 비슷한 물음을 제기하는 자로서 나쓰메를 일본근대문학사에서 소환하며 그를 '자연주의'(이편)니 '낭만주의'(저편)니 하는 일반적 개념으로 정리할 수 없는 '고유명=단독자'로 사고하고 있다.

---

25   가라타니 고진, 앞의 책, 36쪽.

2 이론가로서 가라타니 고진의 '윤리'

— 『은유로서의 건축』을 중심으로

이성을 해체할 수 있는 것은 오직 이성 자신뿐이다. 이 점은 이 연구에서 내내 되풀이해서 강조될 것이다. 만일 형식적인 절차나 방법이 없다면, 건축에의 의지를 향한 모든 비판은 그것이 아무리 강박적으로 되풀이되더라도 낭만주의로 넘어갈 수밖에 없다는 게 내 논점이다(『은유로서의 건축』).

일본의 뉴아카데미즘

1980년 『일본근대문학의 기원』을 출간한 후 가라타니는 각종 문예지에서 비평가로 활약했다. 하지만 당시 가라타니는 협의의 작품비평을 넘어서 이론 자체에 대한 탐구에도 골몰했다. 여기서 이론이란 현대 프랑스 철학을 중심으로 한 '(후기)구조주의' 철학을 의미한다. 그것은 근대 철학의 저류에 있는 주체중심주의, 서양중심주의, 이성중심주의를 의심하며 그것을 넘어서는 사상으로 제기되었고, 구조주의의 뒤를 이은 후기구조주의는 구조를 넘어서 구조 자체를 재편하는 역동성과 힘을 강조하는 방향으로 발전했다. 당시 가라타니의 저작에는 들뢰즈, 데리다, 푸코, 레비나스 등의 저자가 등장한다. 이는 1980년대 일본 당시의 지적 분위기와 무관하지 않다. 일례로 아사다 아키라淺田彰의 『구조와 힘』[1] (1982년)이라는 현대사상서는 이례적으로 수십만 부가 팔려 나갔다. 당대의 문학비평도 이런 분위기와 동떨어질 수 없었다.

　　1980년대 일본의 뉴아카데미즘은 현대 서구 이론을 인용한 다방

1　아사다 아키라, 『구조주의와 포스트구조주의』, 이정우 옮김, 새길, 1995 참조.

면의 '비평'으로 나타났다. 이것은 전후 일본의 모습과 단절한 새로운 사회 분위기와 맞물려 있다. 뉴아카데미즘은 당시 고도의 소비경제를 실현한 일본의 사회 배경에 힘입은 것이다. "당시 일본은 전후 지배적인 이념이었던 마르크스주의가 몰락하고 새로운 세대의 문화열이 분출했던 시기였다. 그 세대는 '소비사회[2]의 자녀들'이다."[3] 뉴아카데미즘으로 실현된 '새로운 세대의 문화열'이란 소비사회에 의해 실현된 문화열이기도 하지만 그와 같은 소비사회에 위화감을 느끼고 탈출구를 찾던 이들의 문화열이기도 했다. 문학비평가로서 가라타니는 말하자면 그와 같은 이중적 문화열 속에 있었다. 그러나 가라타니는 후일 그것에 대한 위화감을 표명한다. 말하자면 가라타니는 1980년대 뉴아카데미즘의 '나쓰메 소세키'였던 것이다. 『은유로서의 건축』 영어판 서문에서 가라타니는 당대의 지적 조류에 대한 자신의 위화감을 다음과 같이 표명했다.

〔포스트모던 사상에 대해—인용자〕 공감하는데도 내게는 뭔가 미심쩍은 것이 많이 남아 있었다. 나는 이 책의 1부를 후기구조주의의 문제를 재검토하던 1980년 예일대학에 있을 때 썼다. 북미의 지적 상황에서, 후기구조주의는 나에게 문학비평과 너무나 밀접하게 연관된 것으로 보였다. 예를 들자면 자크 데리다의 초기 작품들 가운데 하나는 에드문트 후설의 「기하학의 기원」에 대한 하나의 주석이지 문학 분석이 아니라는 점이 그때는 거의 간과되었다. 나에게는 데리다 자신조차도 너무나 엄밀하게 자신의 작품을 북미 문학비평에 맞추는 것처럼 보였다. 나는 비록 문학비평가지

---

2   삶을 영위하는 데 필요한 것 이상으로 소비가 이루어지는 사회. 주로 고도로 발달한 산업화 사회에서 볼 수 있다.

3   최종철, 『현대사회의 이해』, 민음사, 1996, 351쪽.

만, 그때 나는 그와 같은 문학 우선적인 경향에 저항하고 싶었다. 해체는 철저한 구축을 통해서만 실현될 수 있을 것이고, 그렇지 않다면 그것은 단지 말놀이로 전락할 것이라고 나는 주장하고 싶었다.[4]

1983년에 출간된『은유로서의 건축』은 가라타니가 당대에 출간한 저작 중에서는 드물게 문학비평과 전혀 무관한 '이론'에 대한 고찰로 일관한다. 나아가 이 책의 특이한 점은 가라타니가 '수학 기초론'의 문제에서 출발한다는 것이다. 책을 집필하던 당시 가라타니는 예일대 문학부에 있었다. 이렇듯 본래의 문학과 동떨어진 수학의 문제에서 출발했다는 점이 많은 독자에게 수수께끼처럼 느껴진다. 비판적으로 보자면 이 책 역시도 각종 이론을 짜깁기한 '뉴아카데미즘'적 현학 취미의 연장선상에 있는 것처럼 보인다. 그렇다면 가라타니는 왜 '수학'의 문제에 천착했던 것일까?

플라톤과 건축에 대한 의지

가라타니는『은유로서의 건축』에서 당대 포스트모던 사상에서 자주 참조하던 괴델의 '불완전성 정리'[5]를 강하게 의식하고 있다. 괴델의 불완전성 정리는 수학의 무모순적인 공리 체계 내에서는 증명할 수 없는

---

4   가라타니 고진,『은유로서의 건축』, 김재희 옮김, 한나래, 1998, 44쪽 참조.

5   "괴델의 정리 중 제2의 정리는 자연수론을 포함하는 술어논리로 기술된 공리 체계에서는 공리와 규칙을 어떻게 선택해도 만약 그 체계가 모순이 없다면 이 체계 중에 증명될 수 없는 진리인 명제가 있다고 하는 정리다. 이것은 '괴델의 불완전성 정리'라고 불려 1931년에 증명되었다. 논리학과 수학 사상 최고로 경이적이고 아름다운 증명의 하나인 이 정리는 완전한 체계의 존재를 확신하고 있었던 논리학자·수학자들에게 심각한 충격을 주었다"(임석진 외 편저,『철학사전』, 중원문화, 2009, '괴델의 정리' 항목 참조).

명제가 반드시 포함될 수밖에 없다는 내용을 골자로 한다. 그리고 실제로 그것은 수학이 '공리 체계'에 확고한 '토대'를 두고 있다고 믿던 철학자들에게 충격을 주었다. 포스트모던 이론의 영향을 받은 많은 글은 그것이 마치 서양 근대철학의 토대이던 '수학'에 위기를 초래한 것처럼 논의를 전개하곤 한다. 그러나 괴델의 정리가 수학에 위기를 초래하거나 '불완전'하게 만든 것은 아니다.

> 수학에서의 실질적인 발전은 토대 그 자체엔 무관심한 응용수학자들에 의해 이루어졌다. 실제로 수학의 발전은 말 그대로 비합리적으로 진행되어왔다. 따라서 괴델의 증명이 수학을 불확실성의 지점에까지 밀어붙였다고 말하는 것은 정확한 것이 아니다. 오히려 부당하게 그 어깨에 놓여 있던 너무나 무거운 확실성의 짐에서 수학을 해방했다는 것이 더 정확한 말이다. 핵심에 더 다가가 보면 괴델의 증명은 건축적 체계의 환상으로부터 수학을 해방했으며, 또 수학을 규범적인 것으로 받아들이는 체하면서 건축적 체계는 항상 그 토대가 부재함을 감추어왔다는 것을 보여주었다. 수학은 그것이 동어반복적이어서 견고한 것처럼 보이는데도 정확히 말해 하나의 건축물이 아니기 때문에 오늘날에도 다양한 방향으로 계속해서 발전한다. 말하자면 수학은 본질적으로 역사적이다.[6]

정리하자면 괴델은 수학을 견고한 건축적 토대로 간주하던 수학기초론에 타격을 주었을 뿐이다. 그리고 이 책에서 가라타니는 바로 수학기초론의 문제를 주요하게 다룬다. 그는 수학기초론이 본래는 바빌로니

6　가라타니 고진, 앞의 책, 121~122쪽.

아와 이집트 등에서 건축과 측량 등 실천적인 목적으로 응용되던 수학을 '공리에서 출발해 정리를 도출하고 증명해나가는 체계'로 정립한 플라톤과 유클리드에서 시작되었다고 본다. 그런데 가라타니는 그와 같은 수학의 '형식화' 또는 '체계화'가 수학 발전에 반드시 도움이 되지는 않는다고 말한다. 가령 플라톤은 수학을 일종의 건축적 토대와 같은 것으로 간주했다. 그러나 플라톤이 말하는 '건축'은 (영화 〈건축학개론〉에서 드러나듯이) "다양한 참여자 사이에서 이루어진 대화의 결과"[7]인 현실의 건축과는 다르며 말하자면 어디까지나 '은유로서의 건축'이다. 철학적 건축의 '토대'로 간주되어온 수학 역시도 어디까지나 이에 힘입은 '은유로서의 수학'에 지나지 않는다.

> 플라톤은 시종일관 수학을 하나의 규범으로 껴안긴 했으나, 그것은 수학이 건축적 체계를 제공했기 때문은 아니었다. 바빌로니아와 그 밖의 다른 곳에서 발전해온 수학은 플라톤에게 엄밀한 것이 아니었다. 그것은 실용적이고 경험적인 것이었기 때문이다. 플라톤이 도입한 증명 방법은 귀류법reductio ad absurdum, 즉 하나의 명제가 동의를 얻고 확립된다면 그것과 모순되는 것은 어떠한 것이든 불건전한 것으로 멀리해야만 한다는 것이다. 유클리드는 이들을 공리 체계로 발전시켰고 그 공리 체계로부터 연역될 수 있는 것만 참이라고 규정했다. 이런 노력들 가운데 어느 것도 수학의 발전에 필수적인 것은 아니었다. 오히려 그들은 바빌로니아에서 시작되었던 대수학의 발전을 방해했다. 그러나 건축성을 향한 플라톤적 열망과 무관하게 수학은 발전했으며 또 계속 발전하고 있다. 여기서 중요한 점은, 플라톤이 전혀 건축적이지 않은 수학

---

7   가라타니 고진, 앞의 책, 200쪽.

적 행위들을 자신의 재료로 삼아 하나의 건축물을 짜맞추어냈다
는 것이다.[8]

정리하자면 건축에 대한 의지란 그와 같은 궁극적 확실성의 토대를 찾
으려는 반복되는 강박과 같은 것이다. "이상의 존재가 불가능함을 구
체적으로 보여주면서도 동시에 그것은 그 불가능한 것, 즉 이상의 존재
가 실현되어야 한다고 주장함으로써 건축에 대한 의지를 끊임없이 환
기한다. 이 건축에 대한 의지가 바로 서양 사유의 토대다."[9] 가라타니는
플라톤에게서 최초로 나타난 이와 같은 건축에 대한 의지가 서구 철학
사 전반에 모습을 달리하면서 '반복'되어 나타난다고 말한다. 잘 알려
졌다시피 플라톤은 철학의 토대를 '이데아'에 놓았으며 그와 같은 이
데아를 사고하는 전범을 수학에서 찾았다. 문제는 그와 같은 이데아를
거부한다 하더라도 비슷한 '건축에 대한 의지'가 여전히 모습을 달리하
면서 되풀이된다는 점이다.

　말의 이데아를 비판하는 것은 물론 쉽다. 그러나 점의 이데아를
비판하기 위해서는 더욱 심각한 노력을 기울여야 하는데, 수학
에선 진짜로 이상적인 어떤 것이 불가피하게 노출되기 때문이다.
(……) 수학은 물질의 관계들을 탐구하는 하나의 방법으로서, 물
질 그 자체가 얼마나 변하는지는 개의치 않고 불변하는 관계들,
결코 변하지 않는 관계들을 연구한다. 그래서 수학은 플라톤에게
그랬던 것처럼 계속해서 규범으로 간주된다. 여기서 하나의 문제
가 떠오른다. 즉 물질의 관계는 물질이 존재하는 것과 똑같은 것

8　가라타니 고진, 앞의 책, 70쪽.
9　가라타니 고진, 앞의 책, 47쪽.

으로 존재하는가? 플라톤은 이 문제를 처음으로 제기했을 뿐 아
니라 처음으로 그 문제에 답했다. 그는 관계를 이데아로 보았고,
따라서 관계는 오직 이데아의 영역에만 존재한다고 생각했다. 이
것이 의문스럽게 보일지는 몰라도 이런 생각은 쉽게 없애버릴 수
있는 것이 아니다. 만일 자연의 법칙이 물질의 관계에 대한 한 예
로서 이해된다면 우리는 다음과 같이 물을 수 있을 것이다. 이 관
계는 자연과 따로 떨어져 별도로 존재한다고 말할 수 있는가? 만
일 그렇게 존재한다면 도대체 거기는 어디인가? 현대철학은 관계
를 초월적 주관성 속에, 그리고 칸트처럼 경험에 선행하는 선험적
형식 속에 놓으려고 했다. 특히 마르크스가 보여주었던 것처럼 유
물론이 토대를 제공하는 데 실패했다는 것을 염두에 둔다면 관계
에 토대를 주고자 노력했던 현대철학자들이 관념론적 모델에 고
개를 돌리는 것은 불가피한 것이었다. 결국 그 의미가 플라톤의
이데아로 귀속되는 것을 막기 위해서는 관계의 존재론적 지위가
재검토되어야 한다.[10]

구조의 토대

가라타니는 플라톤을 거부하는 후기구조주의 철학 역시도 '토대는 어
디에 있는가'라는 건축적인 은유에서 발생하는 문제를 외면할 수 없다
고 말한다. 구조주의와 후기구조주의 사상은 실재하는 대상과 물질 그
리고 그것의 의미(이데아)를 먼저 상정하지 않고 그 배후에서 그것들
을 만들어내는 '형식적/변별적 구조'에서 출발한다. 그리고 이와 같은
구조란 어떤 집합을 구성하는 변별적 요소들 사이의 '관계'를 보여주는

---

10   가라타니 고진, 앞의 책, 71~72쪽.

것이다. 이런 요소들 사이에 성립하는 관계의 유형에 따라 구조는 '대수적 구조', '순서의 구조', '위상학적 구조'로 나누어질 수 있다. 구조주의자들은 자연적 실재를 구조 속 요소들로 철저히 '형식화'한 다음 그들 사이의 관계를 탐구할 수 있다고 믿었다. 하지만 가라타니는 이때의 구조주의/후기구조주의자들이 이와 같은 구조와 관계가 '어디에 존재하는지'를 묻지 않는다고 말한다.

> 형식주의자들은 그들 자신의 '토대'를 묻지 않는다. 만일 그런 토대를 묻는 것이 철학의 책임이라면 철학은 그 책임을 지지 않은 것이다. 따라서 형식주의자들은 암암리에 플라톤적 문제 틀로 되돌아가면서도 부주의하게도 플라톤을 배척한다.[11]

이를테면 형식주의자(=구조주의자)들은 암묵적으로 자신이 발견한 구조와 관계가 확실한 토대 위에 있는 것이라 믿으면서 은연중에 플라톤의 생각으로 돌아가지만, 정작 플라톤처럼 그런 구조와 관계가 '어디에' 있는지를 묻지 않는다는 것이다. 그것은 '자연' 속에 있는가? 아니면 우리의 '머릿속'에 있는가? 그 둘은 다른 것인가? 여기서 "우리는 다시 플라톤의 선택과 맞닥뜨리지 않으면 안 된다."[12]

그렇다면 왜 다시 플라톤이 직면한 문제로 되돌아가야 한다는 것인가? 오늘날 토대가 어디 있는지를 물어야 할 이유가 무엇인가? 방금 전만 하더라도 가라타니는 수학의 발전이 확실성의 토대를 의식하지 않은 응용수학 분야에서 이루어졌다고 말하지 않았는가? 가라타니는 처음에 이 문제에 대해 분명히 말하지는 않지만 이후의 문맥에서 해답

의 실마리를 제시한다.

> 실체보다 관계를, 동일성보다 차이를 우선시하는 철학이란 이미
> 하나의 과학, 아니 오히려 이미 하나의 일반적인 사태다. 우리의
> 관심은 사변적인 것에 있는 것이 아니라 지금 현재 활동 중인 현
> 실화된 '차이의 철학'에 있다. 우리는 형식 체계를 실현시킨 컴퓨
> 터와 대비해 인류가 자신의 인간성을 지탱한다는 것이 무슨 의미
> 인지에 관해서 더 이상 긍정적으로 말할 처지에 있지 않다. 대신
> 에 우리는 인류를 인간답게 만든 것(인간성의 토대)이 그것의 바
> 닥-없음ab-grundlichkeit에 있다고 이해한다.[13]

여기서 가라타니는 포스트모던 사상의 한가운데서 포스트모던 사상이
기초한 구조주의와 후기구조주의 철학의 종언을 예견하고 있다고 해
도 좋다. 왜냐하면 포스트모던이 설파하는 동일성에 대한 차이의 우위
등은 이미 "하나의 일반적인 사태"이기 때문이다. 굳이 푸코, 들뢰즈,
데리다 등으로 되돌아가지 않더라도, 분자생물학, 컴퓨터공학, 인지과
학, 진화생물학 등을 통해 인간의 정신과 신체가 유전자의 구조와 정
보의 이항대립적 구조에 기초한다는 사실, 나아가 인간의 동일성이 그
바깥의 타자(=구조)에 의존한다는 사실에 많은 사람이 익숙해졌기 때
문이다. 이런 '일반적인 사태' 속에서 정신과학과 인문학이 구하는 '인
간성의 토대'란 어떤 심연 위에 있다는 사실이 드러난다. 그런 사태는
가령 데리다, 푸코, 들뢰즈를 이야기하는 동안에는 잘 드러나지 않는
다. 가라타니는 후설이 "유럽 학문의 위기"라는 말을 통해 그와 같은
사태에 대한 인식을 미리 표명했다고 주장한다. "우리가 지금껏 되짚어

---

13   가라타니 고진, 앞의 책, 83쪽.

본 모든 문제의 밑바닥에 19세기 말까지 거슬러 올라가는 수학적 형식화의 문제들이 놓여 있다는 것을 인정해야만 한다. 따라서 우리가 우리의 사변을 수학적 문제들에서부터 시작해야만 한다는 것에는 달리 이유가 필요 없다."[14]

잘 알려졌다시피 후설은 유럽 학문의 위기를 "우리의 일상적인 생활 세계, 바로 그 세계가 수학적으로 구성된 이상적인 것들의 세계로 은밀히 대치되었다"[15]는 데서 찾는다. 그것은 '우리의 일상적인 생활 세계'가 기술문명에 의해 수량화·계량화되고 말았다는 범용한 문명 비판과는 다른 것이다. 그 자신이 수학자였던 후설은 "수학의 본질은 수와 양에 놓여 있다는 일상적 편견"[16]을 비판했다. 오히려 수학이란 '수와 양'과 무관한 '이상적인 관계'에 놓여 있는 것이다. 그런 수학의 본성은 19세기 이전의 유클리드 식 분석기하학과는 다른 수학, 즉 기하학적 크기, 부피마저도 '대수적 관계'로 환원한 '형식수학formal mathematics'이 등장하면서 알려졌다. "수학이 수와 양에 관한 학문이라는 낭만주의적 관념과 대조적으로 수학은 오직 관계만을 탐구한다. 이런 관점에선 수와 양조차도 관계의 형식이다."[17] 그리고 후설은 형식수학이 마침내 철학 고유의 영역조차도 침해하리라는 걸 예감했다. 그래서 처음부터 후설의 현상학적 탐구에는 형식화 이후 '철학에 남겨진 것은 무엇인가'라는 물음이 함께했다. 이를테면 기표들의 변별적인 관계가 단어와 문장의 의미를 생성한다는 구조주의 언어학을 보라. 그와 같은 생각을 가능하게 한 것은 형식수학의 발전이다. 그러나 음소의 관계 구조를 해명하는 방향으로 언어학이 '형식화'한 데는 경험적 의식에서 분리된 이성적인 구

14   가라타니 고진, 앞의 책, 115쪽.
15   가라타니 고진, 앞의 책, 78쪽에서 재인용.
16   가라타니 고진, 앞의 책, 79쪽에서 재인용.
17   가라타니 고진, 앞의 책, 45쪽.

조를 찾으려는 플라톤적 열망이 존재한다. "형식화 그 자체는 수학 자체에서 파생되어 나온 것이 아니라 수학이 짊어진 건축에 대한 의지에서 나온 것이기 때문이다."[18] 일상의 언어마저도 형식화해버리는 극단적인 경향은 플라톤의 정신에서 나온 것이지만 그것은 동시에 플라톤이 추구했던 철학의 인간학적 토대(주체의 영역)를 심연에 빠뜨린다.

자연과 문학

그런데 철학이 추구했던 그와 같은 인간학적 토대를 '시적 상상력'과 '자연'에 두는 것은 어떨까? 실제로 형식화할 수 없는 자연의 다양하고 풍부한 뉘앙스 혹은 구조로 환원할 수 없는 문학적 '텍스트'에 인문과학의 토대를 놓는 것은 어떨까? 실제로 19세기의 낭만주의자들은 그렇게 생각했다. 그들은 어떤 형식화된 지식으로 분석하기 이전의 자연에 대한 체험, 그리고 그것에 대한 상상력에 가득 찬 예술적 형상화에서 고유한 인간성을 되찾을 수 있다고 생각한 것이다. 하지만 가라타니는 그와 같은 낭만적인 자연관과 시적 상상력 모두 '형식화' 이후에 나온다고 지적한다. 결국 낭만주의로 도피한다고 해서 형식화 문제를 피할 수는 없다. 이를테면 폴 발레리Paul Valery는 예술작품을 제작하는 과정에서 만들어졌지만 제작자가 의식적으로는 의도하지 않은 작품의 구조가 있다는 사실을 지적한다. 그리고 그는 "만들어진 것처럼 보이지만 어떻게 만들었는지는 알지 못하는 어떤 것과 마주칠 때마다 우리는 자연이 그것을 산출했다고 말한다."[19] 여기서 자연이란 기암괴석의 형상이나 소라 껍데기 같은 자연적인 대상에 국한되지 않는다. 여기서

---

18   가라타니 고진, 앞의 책, 130쪽.
19   가라타니 고진, 앞의 책, 87쪽에서 재인용.

자연이란 "인간에 의해 만들어졌지만 그 구조, 즉 그것이 어떻게 만들어졌는지가 곧바로 밝혀지지 않는 것들도 포함된다. 그런 것들은 그들의 제작이 분명하지 않기 때문에 자연언어로 불린다."[20] 발레리가 말하는 '자연'이란 칸트가 타고난 예술적 재능이 유래하는 근원으로 지칭한 '자연'과 유사한 것이라고도 할 수 있다. 이런 의미의 자연이란 그렇다면 인간이 만든 것과 대립하지 않는다.

더 나아가 "발레리는 인간이 만든 것의 표시는 그것의 형식이 지니는 구조가 그것의 질료가 지니는 구조나 구성에 비해 단순하다는 점에서 찾을 수 있다고 적고 있다. 예컨대 어떤 문학작품의 구조를 파악해보면 그 구조는 항상 텍스트 자체보다 단순하다. 비록 인간에 의해 만들어졌지만 텍스트는 구조보다 더 복잡하고 더 초과한다. 텍스트는 언어라는 자연적인 질료가 혼합되어 짜인 구축물이기 때문이다. 한편 구조는 어떠한 구조든지 간에 그 구조가 형성될 때의 어떤 의도와 분리되어 존재할 수 없다. 텍스트에 대한 구조적 분석에는 항상 감추어진 의미 또는 작가가 전제되게 마련이다."[21] 여기서 (자연의) 질료가 지니는 복잡성은 역으로 인간이 의식적으로 부여한 형식에 의해 비로소 부각된다. 가령 포스트모던 문학비평이 드러낸 텍스트의 다양한 의미에 대해서도 가라타니는 다음과 같이 말한다.

다른 곳에서 폴 드 만은 "춤추는 사람과 그가 추는 춤을 어떻게 구별할 수 있는가"라는 행으로 끝나는 예이츠의 유명한 시를 검토한다. 이 행은 자주 형식과 경험, 창조자와 창조, 기호와 지시체가 분리될 수 없다는 것을 함축하는 것으로서, '어떻게 춤추는 사

---

20 가라타니 고진, 앞의 책, 87쪽.
21 가라타니 고진, 앞의 책, 89쪽.

람과 그가 추는 춤을 구별할 수 있겠는가'라는, 즉 구별할 수 없
다는 수사적인 질문으로 해석되어왔다. 그러나 만일 문자 그대
로 읽는다면 그것은 '춤추는 사람과 그가 추는 춤을 어떻게 구분
하는지 그 방법을 (말해주시오)'라고 요청하는 것이며 이는 앞에
서 읽은 것과는 정반대의 결과를 초래한다. 이 문장에는 각기 일
관성이 있으면서도 서로 화해할 수 없는 두 가지 독해 방식이 공
존하는데, 그 둘 가운데 어느 것도 다른 것에 비해 우월하지 않다.
(……) 실제로 구조주의적인 건축에 대한 의지가 앞서 존재하는
것으로 이해되는 한에서만 텍스트의 애매성이 문제가 된다. 더욱
이 텍스트의 애매성은 체계화하고 합리화하려는 구조주의적 욕
망이 의도하지 않은 반대의 결과를 산출한다는 역설에 의해서만
드러난다. 텍스트의 애매성은 역사적 회상에 의해서가 아니라 오
직 형식화에 의해서만 완전히 이해될 수 있다.[22]

즉 텍스트의 애매성은 드 만이 보여주었듯이 작품 자체의 구조를 형식
화하려는(여기서는 예이츠의 시구를 축어적으로 받아들이는) 의지 속
에서 드러난다. "어떤 텍스트의 해체적 읽기는 어떤 텍스트의 명시적인
의미가 적어도 한 번은 문자 그대로 받아들여진다는 조건 아래서만 가
능하다."[23] 과격한 형식화 속에서 역으로 형식을 넘어서 있는 '자연'이
노출된다.

---

22   가라타니 고진, 앞의 책, 113~115쪽.
23   가라타니 고진, 앞의 책, 130쪽.

구조와 힘

이렇듯 자연도, 문학적인 텍스트도, 시적 상상력도, 형식화에 대한 충동을 넘어서 있지 않다면 독자는 다음과 같은 의문이 들 것이다. '우리는 어떻게 형식적 구조와 체계 바깥으로 나아갈 수 있을 것인가?' 가라타니가 『은유로서의 건축』에서 제기한 질문도 그와 같은 것이다. 우선 가라타니는 후기구조주의자들이 형식적 구조 바깥에서 그것을 움직이는 '힘'에 주목했다는 사실에 눈을 돌린다. 아사다는 『구조와 힘』에서 구조로 회수될 수 없는 역동성을 다음과 같이 강조한다.

> 평면적으로 완결된 듯이 보였던 구조가 하나의 '사건'에 의해 추출된 비가시의 중심에 의해 지탱되고 있다는 사실을 인정한 구조주의가 취할 수 있는 가능한 최후의 방어는 일거에 추출된 중심이 완전한 지배권을 수중에 넣어 모든 것을 상징계 안으로 포섭할 수 있다고 주장하는 것이다. 우리는 라캉과 더불어 이 신화를 타파함으로써, 구조는 언제나 아직 그 안에 포섭되지 않은 부분과의 상호작용 가운데 존재하며 그것을 내부로 거두어들이는 역동적인 운동을 계속하고 있다는 사실을 분명히 해야 한다.[24]

구조 안으로 회수될 수 없지만(구조 안에서 의미가 부여될 수는 없지만), 구조 안에서 구조를 움직이고 변형하는 '힘'으로서 일부 인류학자들은 '마나mana'나 '하우hau'와 같은 미개인의 주술적 관념을 주목했다. 구조주의 인류학자 클로드 레비스트로스Claude Levi-Strauss는 마나와 하우를 미개인 공동체 내에서 증여와 답례를 강제하는 '부채감'으로 해석하는 마르셀 모스Marcel Mauss의 견해를 이어받으면서 그것을 수학적 구조

---

24   아사다 아키라, 앞의 책, 122쪽.

내의 '제로 기호'(떠다니는 기표)와 같은 것으로 해석한다. 여기서 '구조'를 친족공동체 간에 여자와 선물을 교환하는 체계라고 한다면 마나와 하우는 이런 구조 내에서 여자와 선물의 순환이 끝없이 이어지게 하기 위한 '제로 기호'와 같은 것이다. "야콥슨의 제로 음소로부터 배운 레비스트로스는 마나 같은 관념을 '그 자체로는 의미가 없는, 따라서 어떠한 의미도 받아들일 수 있는' 것으로 재정의했다."[25] 가라타니는 이와 같은 제로 기호가 결코 신비로운 관념이 아니라는 것을 강조한다. 구조주의적 음운론을 확립한 로만 야콥슨Roman Jakobson은 음운들 간의 변별적인 대립에 의해 비로소 말소리의 구분이 존재할 수 있다고 주장하는데 그 와중에 그 자체로는 구체적인 특정 음소와 대립하지 않지만 음소 그룹 전체에 대립하는 제로 음소라는 개념을 제안한다.

제로는 원래 인도에서 발명했다. 그것은 "원래 주판 위의 구슬을 움직이지 않는 것에 대한 이름이었다. 만일 제로가 없다면 숫자 25와 205는 구별될 수 없을 것이다. 다시 말해 제로는 '어떤 수든지 간에 그 수의 없음과 맞서' 있다. 자릿값 체계place-value system는 바로 이런 식으로 제로를 도입함으로써 확립되었다." 따라서 제로 기호는 일부 후기구조주의 사상이 제기하는 형이상학적인 개념과 구분해야 한다. 제로는 주판알처럼 실천적이고 기술적인 목적으로 도입된 것이기 때문이다.

하지만 일단 제로를 주목하면 "제로는 불가피하게 한층 더 심도 깊은 반성을 이끌어낸다."[26] 나아가 "들뢰즈는 '구조주의가 새로운 종류의 초월 철학—여기서는 자리가 그 자리를 차지하는 것보다 우월하다—과 분리될 수 없다'는 것을 알아챘다. 그와 같은 철학이 이미 자릿값 체계에 들어와 있었고, 그게 사실이라면 구조주의가 정확히 제로

25   가라타니 고진, 앞의 책, 106쪽에서 재인용.
26   가라타니 고진, 앞의 책, 105쪽.

기호의 도입과 함께 출현했다고 하는 것이 불가능한 것은 아니다."[27] 여기서 가라타니는 철학의 토대로 간주되어온 주체, 신 등의 관념을 철저히 부정하는 구조주의/후기구조주의 사상에 여전히 존재하는 '초월성'을 간파해낸다. 구조주의자들이 "제로에 호소하는 것은 초월적인 것을 제거하는 것이 아니라 그것을 대체하는 것이다. 따라서 만드는 것은 주체가 아니라 공空이고 심지어는 주체 자체도 그 공에 의해 만들어진다는 담론은, 만드는 것은 신이라는 명제의 단순한 대체에 지나지 않는다."[28]

주체와 구조의 외부

이렇게 구조를 가져오면서도 구조를 넘어서는 '힘'을 후기구조주의 사상가들은 다양한 명칭으로 개념화한다. 들뢰즈는 그것을 '탈영토화'의 힘으로, 바디우는 '사건'으로, 자크 라캉Jaques Lacan은 '죽음충동'으로 부른 바 있다. 그리고 역설적이게도 역동적인 '제로'야말로 구조주의 사상이 축출한 '신성'의 또 다른 이름에 지나지 않는다. 이와 비슷한 맥락에서 가라타니는 페르디낭 드 소쉬르Ferdinand de Saussure의 구조주의 언어학을 비판적으로 '해체'한 데리다가 그 이면에서는 후설의 내면철학에 감화되어 있었다고 주장한다.

실제로『그라마톨로지』에서 데리다는 소쉬르의 구조주의 언어학 이면에서 후설이 개시한 '현전의 형이상학'(자신의 목소리를 듣는 의식의 현전)을 발견한다. 데리다가 현전의 형이상학을 비판하는 것은 "구조주의를 편든다는 의미가 아니다. 오히려 그는 '현상학의 우월성'을

---

27 가라타니 고진, 앞의 책, 105쪽.
28 가라타니 고진, 앞의 책, 107쪽.

인정한다."[29] 여기에는 하나의 역설이 놓여 있다.

우리가 어떤 형식적인 구조를 상정하기 위해서는 우선 그와 같은 구조를 상정하는, 동시에 경험적인 의식과도 구분되는 순수한 초월론적 자아를 상정해야만 한다. "의미가 말하는 주체를 위해 존재할 때 그때에만 그 의미를 구분하는 형식이 항상 그보다 앞서 존재하는 것으로 이해되는 것이지, 그 역은 아니다. 바로 이런 식으로 랑그의 언어학도 말하는 주체의 의식에서 출발하는 현상학적 환원에 의해 구성된 것이다. 그것은 환원에 의해, 즉 예를 들자면 물리적 말소리, 지시 대상, 문맥을 괄호 침으로써 도출된다. 따라서 랑그의 언어학은 자신의 전제로서 주체를 요구한다."[30] 애초에 (후기)구조주의는 현상학적 의식 없이 존재할 수 없는 것이다. 이렇듯 경험적 이해 지평을 '판단 중지'[31]를 통해 '괄호 안에 넣는' '현상학적 환원'으로 얻어진 후설의 '현상학적 자아'란 역설적이게도 어떠한 주체도 중심도 없는 순수한 형식적 관계 구조와 대응되는 것이다. 자신에게 현전하는 의식으로서 현상학적 자아란 바로 '제로 기호'로 환원된 '주체'와 같은 것이다.

여기서 가라타니가 마주한 문제 상황은 정리하자면 다음과 같다. ① (아사다처럼) 구조에 제로 기호와 같은 '역동성'을 도입한다고 해도 구조를 넘어설 수 없다. 구조를 초월한 역동성=주체성을 말해봤자 그것은 처음부터 그와 같은 구조와 공모하고 있는 것이다. ② 역으로 주체를 넘어서 그것을 무의식적으로 규율하는 형식적 관계 구조를 말해도 역시나 자신의 경험적 세계를 '형식화'하는 의지로서 초월론적인 주

---

29   가라타니 고진, 앞의 책, 108쪽.

30   가라타니 고진, 앞의 책, 102쪽.

31   어떠한 것에 대해서도 확실한 판단을 내리는 것은 불가능하므로 모든 판단을 중지해야 한다는 주장. 고대 그리스의 피론과 같은 회의론자가 독단주의자들에 맞서 주장한 이론이다.

체를 전제해야 한다. '주체는 구조로부터 자립한다' 그리고 '구조는 주체를 속박한다'는 양측의 견해가 동시에 성립하면서도 배리를 이루는 이율배반적 상황을 가라타니는 당대의 이론적 풍경 속에서 발견한 것이다. 그리고 이런 이율배반적 상황은 이미 『일본근대문학의 기원』에서 등장한 '풍경'과 '내면'의 이율배반과 닮아 있다. 가라타니는 『일본근대문학의 기원』에서도 '내면'과 '풍경'의 '바깥'으로 나가는 것이 곤란하다는 것을 느끼고 있었다. 그리고 『은유로서의 건축』에서도 그는 '주체'와 '구조'가 뫼비우스의 띠를 이룬다는 것, 따라서 그 바깥으로 나아가는 것은 곤란하다는 답답함을 느끼고 있었다.

말할 것도 없이 주체와 구조 사이의 이율배반 또는 악순환 바깥으로 나갈 수 없다는 답답함은 '건축에 대한 의지'의 바깥으로 나갈 수 없다는 폐색감과 겹쳐진다. 건축에 대한 의지는 바로 수학 자체의 '형식화'를 동반했다. 그리고 구조주의/후기구조주의와 같은 현대사상이나 낭만파적 문학비평 모두 '형식화'를 비껴갈 수 없었다. 그와 같은 형식화는 가령 모든 것을 '텍스트'로 간주하는 포스트모던 사상으로 이어진다. 이와 관련해 후일 가라타니는 '언어의 감옥' 속에 갇혀 있었던 것 같다는 느낌을 토로한 바 있다.

가라타니는 적어도 이 책의 1부와 2부에서 다루는 시기에는 이런 '답답함' 속에서도 어떻게든 해나가지 않을 수 없다는 의식으로 작업했음이 분명해 보인다. 가령 그는 서구 사상을 관통하는 '건축에 대한 의지'를 끝까지 밀어붙임으로써 어떤 탈출구가 보이지 않을까 하는 희망 아닌 희망을 품고 있었다. 『은유로서의 건축』은 이런 가라타니의 자세가 가장 철저하게 관철된 유일무이한 저서다. 그런데 이 단계의 가라타니는 탈출구가 없는 상황에 깊이 천착하면서 '불가능성의 가능성'을 운운하는 흔한 해체론적 입장과 그다지 멀리 있지 않다.

예컨대 가라타니는 인공 도시와 자연 도시를 각각 격자 형태의 구조와 반격자semi-lattice 형태의 구조로 모형화한 크리스토퍼 알렉산더

Christopher Alexander의 도시비평을 인용하면서 다음과 같이 말한다. "20세기 초 모더니스트들이 플라톤의 철학자/왕의 구현이라면 알렉산더의 비평은 플라톤적 이상이 불가능하다는 것을 보여주는 근본적인 증명에 다름 아니다. 그러나 그의 방법론은 여전히 플라톤적인 건축에 대한 의지를 통해 알려진다. 즉 인간이 만든 것 바깥이 바로 자연이라는 그릇된 생각에 호소하기보다는 오히려 그의 방법론은 인간이 만든 것의 핵심에 있는 어떤 부정적인 형상이 바로 그 바깥임을 드러낸다."[32] 따라서 "나 자신의 작업에서 나는 이 [건축에 대한―인용자] 의지를 단적으로 부정할 수 없었다. 내 사유는 다음과 같이 전개되었다. 즉 나는 하나의 전제로서, 시종일관 철저하게 비판적 태도를 고수하면 그 의지 자체의 근거 없음이 드러나고, 따라서 그 자체의 생성이 드러날 것이라고 가정했다. 오직 지속적인 형식화나 구축만이 형식의 바깥으로 이끌 것이라고 생각했다."[33] 게다가 지속적인 "형식화는 후기구조주의의 비의적인 담론들이 갖는 특권을 벗겨내는 데 유용하다."[34]

가라타니는 형식화의 극한 속에서 구조와 초월적 주체를 모두 넘어선 '바깥'으로 나아갈 수 있다고 생각한 것 같다. 그러나 어떻게? 여기서 그는 논리학에서 말하는 '자기지시self-reference'의 역설에 천착한다. 자기지시의 역설이란 여러 요소로 이루어진 구조가 그것의 대상 레벨(집합의 요소들의 차원)과 메타 레벨(집합의 차원)로 분열될 수밖에 없다는 데서 기인한다. 알프레드 타르스키Alfred Tarski는 "진릿값의 판단은 그 논리적 체계의 바깥에 존재한다는 것을 고려함으로써, 그는 진릿값 판단의 대상이 되는 명제 체계를 '대상언어'라고 하고, 진릿값 판단

---

32   가라타니 고진, 앞의 책, 99쪽.
33   가라타니 고진, 앞의 책, 47쪽.
34   가라타니 고진, 앞의 책, 130쪽.

자체를 포함하는 체계를 '메타언어'라 이름 지었다."[35] 그리고 자기지시의 문제는 '모든 크레타인은 거짓말쟁이라고 한 크레타인이 말했다'의 예처럼 메타언어가 다시금 대상 차원으로 하강하는 데서 발생한다. 논리철학자 버트런드 러셀Bertrand Russell은 그런 역설을 명제의 대상 차원과 메타 차원을 구분하는 논리적 유형화를 통해 해결할 수 있다고 믿었다. 그러나 후일 자기지시의 역설을 논리적 유형화를 통해 해결할 수 없다는 것을 보여준 것이 괴델의 불완전성 정리다.

가라타니는 자기지시의 역설을 수학의 역사를 통해 추적한다. 앞서 보았듯이 수학의 형식화는 기하학의 '점'과 '도형'을 '좌표'와 '함수'로 뒤바꾼 수학의 '대수화'에 따라 진행되었다. 수학의 형식화는 게오르크 칸토어Georg Cantor의 집합론에서 극단에 이르렀다. 칸토어는 1, 2, 3과 같은 '자연수'마저도 집합론을 통해 형식화하려 했다. 가령 기하학에서 하나의 실선상 (이를테면 0과 1 사이)의 한 점이 0.24910370……으로 표시되더라도 여전히 2, 4, 9, 1 등의 '자연수'가 기반이 된다. 그리고 자연수는 우리의 지각적 표상과 감각(예를 들어 1은 사과 하나)과 연결되어 있다는 점에서 '형식언어'가 아닌 '자연언어'에 더 가깝다. 그런데 칸토어는 자연수마저도 집합론으로 형식화하려 시도했다. 예를 들어 0을 하나의 공집합 ∅ 이라고 하자. 이때 1은 그 공집합을 유일한 원소로 취한 집합 {∅ }, 2는 그 공집합과 1을 원소로 하는 집합 {∅ , {∅ }} 등……. 칸토어는 자연수를 이렇게 형식화함으로써 '무한' 역시도 형식적 체계로 번역하려 시도했다. 칸토어는 무한을 단순히 '한계 없음'이 아니라 하나의 수로 보았다. 그리고 그런 생각을 바탕으로 무한의 크기를 비교할 수 있다고 믿었다. 그의 연속체 가설은 말할 것도 없이 무한을 '알레프 기호 ℵ'로 표시하는 초한수transfinite number로 번역한

---

35 가라타니 고진, 앞의 책, 118쪽.

데서 비롯되었다.

하지만 괴델이 증명한 것은 '연속체 가설'이 비록 무모순적이라 하더라도 '증명도 반증도 불가능'하다는 것이었다. 불완전성 정리는 다음과 같이 요약할 수 있다. "자연수 이론을 형식화함으로써 얻어진 공리 체계가 무모순적인 한, 그 무모순성은 그 체계와 관련해서 증명될 수 있는 것으로도 증명될 수 없는 것으로도 이해될 수 없다. 따라서 결정 불가능한 식이 항상 존재한다. 게다가 그 정리는 다음의 주장을 포함한다. '자연수 이론을 포함하는 어떤 이론 T가 비록 무모순적이라 할지라도 그것의 증명은 T 안에서 이루어질 수 없다. 즉 T보다 더 강한 이론이 필요하다.'" 괴델의 증명은 칸토어뿐 아니라 다비트 힐베르트David Hilbert의 형식주의적 수학기초론에도 타격을 가했다.

힐베르트의 형식주의는 비유클리드 기하학의 문제에서 나왔다. 예를 들어 유클리드 기하학의 다섯 가지 공리 중에서 '평행선 공리'(평행한 두 선은 결코 만나지 않는다)가 다른 공리들로부터 도출되지 않는다는 사실이 오랫동안 논란이 되었는데, 이런 공리와 전혀 다른 공리(평행선은 만난다)를 가져와도 비유클리드 기하학을 아무런 모순도 없는 방식으로 세울 수 있다는 사실이 19세기에 발견되었다. 이것은 플라톤이 자신의 철학적 토대로 간주한 유클리드 기하학의 체계를 뒤흔든 것이지만, 한편으로 비유클리드 기하학은 수학이 '직관'과 독립적인 진리를 세울 수 있다는 플라톤의 사고를 다른 방식으로 입증했다. 어떤 의미에서 비유클리드 기하학은 더 엄격한 수학의 형식화를 향한 움직임을 이루어냈다. 이에 착안해 힐베르트는 수학의 토대를 공리의 무모순성에서 찾았다. 여기서 각각의 공리는 (유클리드 기하학 내의 평행선의 공리처럼) 직관적인 의미를 가질 필요가 없다. 직관에 반하는 공리(평행선은 교차한다)를 도입해도 그 공리가 단지 다른 공리와 모순되지만 않으면 된다. "이런 방식으로 힐베르트는 수학의 견고한 토대를 그 형식 체계의 무모순성 속에서 찾아냈다. 다시 말해 수학은 '무모순적'이기만 하면 되지 그것이 '참'일 필요는 없다."[36] 그런데 힐베르트의 형식주의가 지닌 난점은 그것이 (무모순적인) 공리 체계와 그것의 무모순성을 입증하는 체계로 분열된다는 데 있다. 힐베르트는 후자를 공리 체계와 구별되는 '메타수학'이라고 불렀다. 그런데 괴델은 공리 체계 안에는 증명도 반증도 불가능한 명제가 반드시 포함될 수밖에 없다는 사실을 입증한 것이다.

괴델의 증명은 ① 자연수 이론에서 출발해 그것을 집합론으로 형식화한 칸토어의 연속체 가설뿐 아니라 ② 그런 가설의 무모순성만 입증된다면 그것을 참으로 간주해도 좋다는 힐베르트의 견해에까지 치명타를 가했으며 ③ 마지막으로 괴델의 정리는 자기지시의 역설을 (대상 레벨과 메타 레벨을 구분하는) 논리적 유형화를 통해 피해 갈 수 있다는 러셀의 견해에 타격을 가했다. 힐베르트가 수학의 공리 체계와 메타수학을 논리적으로 구분했음에도 괴델은 메타 레벨에서 (대상 차원에 있는) 공리 체계의 무모순성을 체계 내에서 입증할 수 없다는 것을 보여주었기 때문이다. 논리적 유형화에도 '자기지시의 역설'(대상언어의 진릿값을 메타언어가 결정지을 수 없는 곤경)이 다시 출현한 것이다.

가라타니의 이론과 반해체론적 윤리

가라타니는 '자기지시의 역설'이 극단적인 형식화에서 비롯된다고 생각한다. 그리고 가라타니는 바로 여기서 형식화를 넘어설 힌트를 얻는다. "구조는 항상 울타리 쳐져 있는데, 그것은 그런 구조가 차이의 불가피한 운동을 억누르기 때문인 것이다. 이 불가피한 차이란 무엇인가? 앞으로 보겠지만 그것은 구조 또는 형식 체계 그 자체의 자기지시성 외

---

36 가라타니 고진, 앞의 책, 119쪽.

에 아무것도 아니다." 2부에서 가라타니는 이와 같은 '차이'를 '분열 생성'이라고 언급한다. 여기서 가라타니가 말하는 분열 생성이란 구조 내 요소들이 구조에 의해 한정되는 데 그치지 않고, 구조를 가로질러 다른 요소들과 연결되고 스스로 다른 것으로 변화하는 힘을 의미한다. 일정한 사회적 분업 체계 속에 있는 한 가지 작업 방식이 동떨어져 있는 작업 방식과 연결되어 새로운 분업 체계를 만들어내고, 급기야 사회 전체의 분업 체계를 뒤바꾸는 운동을 예로 들 수 있다(매뉴팩처에서 기계화된 대공장 생산방식으로 전환). 또 한 가지 예는 격자형으로 구획된 계획도시와 달리 도시 내 다양한 요소가 상호연결적인 관계망을 구축하는 반격자형 도시의 구조를 들 수 있다(크리스토퍼 알렉산더).

논문 "도시는 나무가 아니다." (A City is not a Tree, 1965)
크리스토퍼 알렉산더(Christopher Alexander)

나무 구조와 반격자 구조의 비교

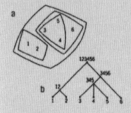
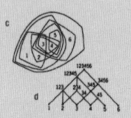

a, b (나무 구조)
- 도시 구성요소들의 수직적인 결합, 수직적 의사소통 핵심적인 개념을 중심으로 위계에 따라 배치
- 근대 건축가들이 제안

c, d (반격자형 구조)
- 도시의 요소들이 상호연결 관계망을 구축
- 나무 구조보다 복잡하나 더 유연함
- 횡적인 구조로 훨씬 다양한 의사소통의 경로를 가짐

나무에서는 각 요소의 소속이 일의적으로 결정되는데 반해, 반격자에서는 요소가 두 가지 이상의 집합체 속에 동시에 포함 (여러 가지 맥락(context) 속에서 위치가 결정된다)되는 경우가 있다.
그러므로 반격자는 나무 구조에 비해 복잡하고 유기적이며 다의적인 동시에 자연발생적인 것이 특징이다.

하지만 위 도표에서 볼 수 있듯이 반격자형 도시 구조나 분열 생성을 통해 만들어진 분업 체계 역시 얼마든지 형식화해서 보여줄 수 있다. 아니 오히려 형식화를 극단까지 밀어붙임으로써만 보여줄 수 있다. 수직적인 위계질서 대신 풀뿌리처럼 수평적으로 복잡하게 연결된 '리좀rhyzome' 구조를 철학적으로 개념화한 "질 들뢰즈와 펠릭스 가타리는 정신분열증을 긍정한다. 나무〔형 격자무늬—인용자〕에 대한 대안으로 그들이 상정한 리좀은 그러나 알렉산더의 반격자를 극단화한 것이다. 아무리 복잡하고 다양하게 보일지라도, 알렉산더에 의해 전개된 반격자는 둘 또는 그 이상의 나무들로부터 창조된 하나의 합성물이다. 외양이 복잡한데도 그것은 질서 정연하고 중심이 잡혀 있다. 따라서 반격자는 초월적 코기토를 감추고 있다. 그것이 겹침과 미결정성을 위해 일조를 하는데도 그것은 여전히 모순율(이것 아니면 저것) 또는 집합과 원소의 구분(논리적 유형들)에 기초한다."[37] 즉 수학적 형식화로 얻은 인공지능 혹은 인공언어를 리좀 개념이나 반격자형 구조로 대체함으로써 자연지능 혹은 자연언어에 다가가고자 하는 시도 자체가 다음과 같은 역설을 낳는다. "우리는 인공지능을 '제작'함으로써만 자연지능에 접근할 수 있는데 그것이 불가능하다는 것은 이미 괴델의 증명에서 목격한 바 있다."[38]

하지만 위의 논의만으로는 가라타니가 말하고 싶은 것이 정확히 무엇인지를 알 수 없다. 가령 가라타니는 마르크스가 『독일 이데올로기』에서 보여준 사회적 분업의 역사적 발전 과정은 계획에 따라 결정되는 것이 아닌 일종의 '자연사'라는 것을 지적하며, 그것이야말로 일종의 '분열 생성'(=자연 생장)의 역사로서 헤겔의 역사관과 다르다고 말

37　가라타니 고진, 앞의 책, 146쪽.

38　가라타니 고진, 앞의 책, 147쪽.

한다. 하지만 분업 체계의 역사적인 자연 생장 과정이 어떻게 '자기지시'적 운동에 의해 초래되는 것인지는 알기 힘들다. 『은유로서의 건축』에서 가라타니는 괴델의 불완전성 정리 하나로 너무 많은 논의를 끌어내는 듯하다. 마르크스가 보여준 자연 생장의 과정을 역사적 과정이라고 한다면 괴델의 불완전성 정리는 수학 혹은 더 넓게 봐야 언어의 문제다. 이 당시의 가라타니에게는 저 두 문제를 통합적으로 생각하는 관점은 아직 존재하지 않았다.

다시 원래 문제로 돌아와보자. 만일 우리가 '분열 생성' 과정이 구조를 만들어내고 변화시키는 기저의 자연적인 '힘'이라고 전제하면서도, 동시에 여기서 가라타니가 구사하는 이중 화법에 따라 분열 생성 과정 자체가 형식화의 극단을 통해서만 비로소 보일 수 있다고 해보자. 그렇다면 우리는 구조 그리고 그것과 공모하는 초월적 주체 양자를 어떠한 방식으로 넘어설 수 있는가? 가령 가라타니는 분열 생성 과정을 다음과 같은 구조의 자기차이화 운동으로 파악한다. "언어는 본질적으로 언어에 관한 언어다. 이것은 단순히 어떤 차이의 (형식) 체계가 아니라 자기지시적인 체계, 자기 자신과 관계하는 체계, 즉 자기 자신과 차이를 만드는 어떤 체계다. 자기지시적인 형식 체계, 또는 자기 자신과 차이를 만드는 차이의 체계에는 토대도 중심도 없다. 그것은 여러 중심을 갖고 있으며 초과적이다."[39] 일단 언어의 자기차이화 운동이 도시의 성립 과정과 생산의 분업 과정과 동일 선상에 있는가 하는 문제는 제쳐두자. 분열 생성과 자연 생장이라는 것이 체계가 자기 자신으로부터 거리를 두고 차이를 만들어내는 자기지시적 운동이라면 우리는 어떻게 체계에서 벗어날 수 있단 말인가? 더 나쁘게도 이런 체계를 상정하는 초월적 주체에서 어떻게 벗어날 수 있단 말인가? 텍스트나 구

---

39   가라타니 고진, 앞의 책, 129쪽.

조 그리고 체계의 자기지시적 운동은 이런 질문에 대한 해답이 될 수 없다. 가라타니 역시 곤란함을 느꼈던 것 같다. "바로 여기에, 드 만이 '감옥으로서의 형식주의'라고 이름 붙인 문제의 중요성이 웅크리고 있다. 밖으로 나가는 길은 있는가?"[40]

그러나 이런 물음에 가라타니의 이론적 맹아가 들어 있다. 폴 드 만도, 데리다도, 각종 해체론적 철학자와 사상도 멈춰 선 곳에서 그와 같은 질문을 심각하게 제기한 데 가라타니의 고유성이 있다. 그는 위와 같은 질문을 형식화의 극단으로 나아감으로써 얻어냈다. 『은유로서의 건축』영어판 서문에서 가라타니는 다음과 같이 토로했다. "내 원래 기획이 중단된 것은 바로 이 지점에서다. 생성 자체가 형식화될 수 있다는 것을 받아들인다면 형식 체계의 바깥은 존재하지 않는 것으로 간주되어야만 할 것이다. 지속적인 형식화 과정을 통해 형식 체계 밖으로 또는 너머로 움직이고자 하는 중에, 나는 바깥을 가정조차 할 수 없는 새로운 유형의 울타리 안에 갇혀 있는 나 자신을 발견했다. (……) 나는 이미 수행하던 형식화의 노선을 따르는 것으로는 내 작업에 그와 같은 바깥을 재도입하는 것이 불가능하다는 것을 알았다. 보다 결정적인 '전회'가 요구되었다."[41] 이와 같은 문제의식에서 가라타니는 『은유로서의 건축』을 계속 써나가는 기획을 중단하게 되었다. 『은유로서의 건축』에서 가라타니의 고유한 이론적 견해는 아직 드러나지 않는다. 이 단계에서 그의 고유성은 오히려 그의 '중단'에서 드러난다.

그가 말하는 형식적 체계의 '바깥'은 나중에 그가 주목하는 가르치다-배우다, 그리고 사다-팔다의 관계 속에서 발견된다. 이상의 논의를 종합하자면 가라타니는 당대의 구조주의/포스트구조주의 조류 속

40   가라타니 고진, 앞의 책, 178쪽.
41   가라타니 고진, 앞의 책, 48~49쪽.

에서 초월적 주체를 부정하는 것으로 간주된 '구조'가 실은 '초월적 자아'와 공모하고 있음을 간파했다. 그것은 주체 외부에 있는 '풍경'이 실은 '내면'과 공모하고 있다는 근대문학의 지형과 동일하다. 『은유로서의 건축』에서 가라타니는 '내면' 혹은 '초월적 자아'를 체계 자신의 (자기지시적인) 자기차이화 운동으로 대체함으로써 그것에서 벗어나려 했지만, 그런 시도마저도 형식적인 체계와 구조에 돌이킬 수 없이 붙잡혀 있다는 낙담 어린 인식에 도달한 것이다. 나중에 보겠지만 가라타니는 후일 (풍경에 사로잡힌) '내면' 혹은 (체계에 사로잡힌) '초월적 자아'의 '바깥'을 '고유명'을 통해 발견하게 된다. 가라타니의 이론적 여정은 '형식적'인 구조와 주체 양자의 '바깥'에 있는 고유한 '역사적' 구조와 주체를 발견하고 이론화하는 과정이라고 볼 수 있다. 이렇게 말해도 좋다면 그가 말한 내면=초월적 주관은 '고유명'으로 재사유되며 그가 말한 구조=풍경은 후일 '세계사의 구조'로 재사유된다고 할 수 있다.

3 고유명과 타자의 문제

— 『탐구 2』와 『유머로서의 유물론』을 중심으로

나는 10대에 철학책을 읽기 시작한 무렵부터 거기에 언제나 '이 나'가 빠져 있다고 느껴왔다. 철학적 담론은 반드시 '나' 일반만을 논하고 있었다. 그것을 주관이라 해도 실존이라 해도 인간존재라 해도 마찬가지였다. 그것은 만인에게 타당하지만 언제나 '이 나'는 빠져 있었다. 이 때문에 나는 언제나 철학에 친숙해질 수 없거나 위화감을 느낄 수밖에 없었다(『탐구 2』).

가라타니의 첫 번째 전회轉回

『은유로서의 건축』을 쓴 이후 『탐구』라는 저작을 출간한 시점을 전후로 가라타니에게 모종의 '전회'가 일어났음이 분명하다. "어쨌든 1984년 이후는 버블로 인텔리까지 들떠 있었습니다. 예를 들어 광고의 카피로 상품이 팔리기 때문에 카피라이터가 훌륭하다고 여겨졌습니다. 언어가, 차이화가 세계를 만든다는 텍스트적 관념론이 일상적이 되었던 것입니다. 그러나 광고 카피로 제품이 팔릴 리 없습니다. 그것은 팔리지 않게 되면 바로 알게 됩니다. 이런 정세를 나는 혐오했습니다. 그러나 자신이 하고 있는 작업이 텍스트 관념론이었던 것은 부정할 수 없습니다. 그래서 그것을 극복하려면 어떻게 하면 좋을까요? 그 실마리 작업이 『탐구 1』, 『탐구 2』였습니다."[1] 이전까지 가라타니의 문제 틀은 어디까지나 그가 자주 참조하던 해체론 철학과 구조주의/후기구조주의의 문제 틀을 답습하는 것 이상을 넘어서지 못했다. 그런 점에서 『탐구 1』을 출간

---

1   가라타니 고진, 『정치를 말하다』, 조영일 옮김, 도서출판 b, 2010, 66쪽.

한 1985년 이전의 가라타니는 해체론적 이론가이면서도 해체론 철학에 위화감을 느꼈으며, 그런 점에서 근대문학자로서 근대문학에 위화감을 느낀 나쓰메 소세키와 같은 위치에 있다고 할 수 있다.

『유머로서의 유물론』해설(1999년)에서 아즈마 히로키東浩紀는 가라타니의 양가적인 입장을 다음과 같이 말한다. "가라타니는 포스트모던을 살았다. 즉 그는 포스트모던의 사상가이기는 했지만 결코 포스트모던에 대한 사상가는 아니었다."[2] 그러나 이와 같은 아즈마의 해설은 어디까지나『탐구』이전의 작업에 대해서나 타당하다고 할 수 있다.

실제로『은유로서의 건축』을 포함해 1970년대와 1980년대 초반 가라타니가 한 작업은 아즈마의 말대로 "근거를 잃은 포스트모던의 주체가, 그런데도 여전히 근거를 묻고, 더 나아가 근거의 부재 자체를 근거로 삼고자 시도했던 사고의 드라마로 읽을 수 있다."[3] 주체와 세계 양자에 대한 통합적이고 원리적인 사고가 불가능해진 시대에, 그런 불가능성을 인정하면서도 여전히 통합적이고 원리적인 사유의 근거를 묻는 고통스러운 '해체론적' 윤리가 가라타니의 작업을 관통하고 있는 것이다. 가라타니는 스스로 그런 고통스러운 작업을『의미라는 병』(1975년)이라는 상징적인 제목으로 보여준 바 있다. 아즈마에 따르면 '의미라는 병'은 다음과 같은 것이다.

사람들은 항상 특정한 사회적 상황 안에서 괴로워하지만, 그 괴로움은 때때로 상황 자체를 뛰어넘고 만다. 그리고 한번 그런 존재론적 위상으로 전화된 고통은 어느덧 개개 상황의 개선으로 치유되지 않는다. 따라서 사람들은 그 이후 결코 치유되지 않는 고

2   가라타니 고진,『유머로서의 유물론』, 이경훈 옮김, 문학과지성사, 1999, 308쪽.
3   가라타니 고진, 앞의 책, 308쪽.

통, 결코 대답되지 않는 질문을 품고 살아가게 된다.[4]

해체론적 윤리란 바로 치유되지 않는 고통, 결코 대답되지 않는 질문을
품고 살아가는 (얼핏 보면 영웅적이고 비장한) 자세에 있다. 그러나 아
즈마가 간파하고 있듯이 해체론적 윤리에는 어떠한 '전도perversion'가 존
재하게 마련이다. 그런 고통스러움은 특정한 사회적 상황 안의 고통을
'존재론적인' 것으로 격상시키는 근대적 내면 없이는 존재하지 않는다.
그리고 그런 근대적 내면은 이미 가라타니가 『일본근대문학의 기원』에
서 폭로했듯이 근대 이후 성립한 '제도'와 '장치' 없이 존재하지 않는다.
'이론가'로서 가라타니 고유의 윤리는 "근거의 부재 자체를 근거로 삼
고자 시도"하는 해체론적 태도와 그것이 불러일으키는 내면적인 질병
에 있지 않다. 오히려 아즈마가 의아해하면서 언급하듯이 "1984년에서
1985년 사이에 가라타니가 실로 그 '병'에서 벗어났다."

　　가라타니는 1970년대부터 비평의 '불가능성' 때문에 고통을 받아
왔다. 왜냐하면 특정 사회적 상황 안의 '고통'과 상황을 초월한 존재론
적 '고통' 사이에 가교를 놓으며 전자를 후자로 번역하는 역할을 지금
까지 '비평'이 수행해왔는데 그런 연결성이 1970년대 이후 포스트모던
사회에서는 불가능해졌기 때문이다. 한국의 상황을 빌려 예를 들자면
용산 참사를 겪은 철거민들이나 쌍용차 해고 노동자들이 겪은 고통을
'존재론적인 고통'과 '인간 실존'의 문제로 번역함으로써 '공감'을 얻는
작업을 일본에서도 문학가, 철학자들이 주도했다. 따지고 보면 문학이
든 철학이든 구체적인 상황 속에서 겪는 구체적인 고통을 모든 사람이
마땅히 정신적으로 괴로워하고 번민해야 할 존재론적 고통으로 번역
하고 승화시키는 역할로서 존재했다고 해도 좋다. 그러나 그런 의미의

4　　가라타니 고진, 앞의 책, 308쪽.

철학과 문학은 점점 더 불가능해지고 있고 그런 사실 때문에 고통받는 사람들도 점점 더 많아지고 있다.

그런데 가라타니는 『탐구』를 출간한 이후 이와 같은 의미의 비평 (혹은 비평적 철학)을 방기하고서 새로운 의미의 '세속적 비평'을 내세운다. 가라타니는 에드워드 사이드Edward Said의 「세속적 비평」이라는 논문을 다음과 같이 인용한다. "내 입장은 텍스트들이란 세속적이며, 어느 정도는 사건들이고, 그것들이 설사 그것을 거부하는 것처럼 보일 때조차도 여전히 사회적 세계, 인간의 삶, 그리고 물론 그 역사적 순간들의 한 부분으로서 그 속에 자리를 차지하며 또 해석된다는 것이다."[5] 이런 진술에 가라타니가 1980년대 초반 우울증에서 벗어나 '건강'을 회복하게 된 이유가 녹아 있다. 바꾸어 말하자면 가라타니가 이론적 '전회' 이후 내세운 세속적 비평이란 지금까지 철학적/문학적 비평이 다루었던 '존재론적인 고통'을 역으로 "사회적 세계, 인간의 삶, 그리고 역사적 순간들"이라는 '상황 속 고통'으로 되돌리는 데 있다. 가라타니는 『탐구 2』에서 다음과 같이 회고한다.

> 나는 10대에 철학 책을 읽기 시작한 무렵부터 거기에 언제나 '이 나'가 빠져 있다고 느껴왔다. 철학적 담론은 반드시 '나' 일반만을 논하고 있었다. 그것을 주관이라 해도 실존이라 해도 인간존재라 해도 마찬가지였다. 그것은 만인에게 타당하지만 언제나 '이 나'는 빠져 있었다. 이 때문에 나는 언제나 철학에 친숙해질 수 없거나 위화감을 느낄 수밖에 없었다.

여기서 "인간 실존"이라든지 "인간존재"와 같은 실존주의 철학의 개념

---

5   가라타니 고진, 『은유로서의 건축』, 김재희 옮김, 한나래, 1998, 50쪽.

은 마치 구체적인 상황에서 출발하는 것처럼 보이지만 실은 상황 속
고통을 존재론화하는 데서 성립되는 개념들에 지나지 않는다. 가라타
니는 그런 고통을 '이 세계' 속에 있는 '이 나'의 고통으로 되돌림으로
써 건강을 회복한 것이 아닐까? 정신적 건강이란 자신이 떠안은 고통
을 대하는 '태도의 변화'로 초래되는 것이다. 아즈마는 가라타니가 포
스트모던이 강요하는 정신적 질병과 고통에서 벗어날 수 있었던 이유
가 "수수께끼"라고 말한다. 그러나 그것을 수수께끼라고 말하는 것이
야말로 아즈마의 한계라고 할 수 있다. 아즈마는 가라타니를 전혀 이
해하지 못하고 있다. 반대로 가라타니는 단독적인 상황에 처한 '이 나'
를 드러냄으로써, 거기서부터 출발해 개개인의 내면으로 회수될 수 없
는 '이 세계'의 역사적인 구조를 이론화한다. 이를 통해 '내면'과 '풍경'을
넘어서는 '이 나'와 '이 세계'에 대한 탐구로 나아가게 된 것이다. 여기서
'나'와 '세계' 사이의 연결 지점을 잘라내 버리고 고립화하는 데 만족하
는 (아즈마와 같은) 포스트모던 사상가들과 달리 가라타니는 완전히
새로운 방향에서 둘의 연결 지점을 새롭게 이론화하게 된 것이다. 그리
고 이런 이론적 여정의 출발점에 바로 가라타니의 '고유명'에 대한 이
론적 작업이 있다. 지금 가라타니는 고유명에 대한 언어철학적 탐구를
방기했지만 그와 같은 작업은 '세계사의 구조'를 쓰게 된 가라타니를
이해하는 데 빠뜨릴 수 없는 부분이다.

'이 나'란 무엇인가

다시 고유명의 문제로 돌아가보자. 가라타니는 『탐구 2』에서 '이 나'의
문제를 다루면서 다음과 같이 말한다.

　　내가 생각했던 것은 '나'라는 것이 아니다. 또 '이 나'가 특수하다
　　고 말하고 싶지도 않다. 나는 전혀 특수하지 않다. 나는 나 자신

이 얼마나 흔한지를 알고 있다. 그런데도 '이 나'는 다른 누구도 아니라고 느낀다. 가장 중요한 것은 '이 나'의 '이'이지 나라는 의식이 아니다. 따라서 철학 언어 속에 '이 나'가 빠져 있는 이상 '이 것'이 빠져 있다고 바꿔 말해도 상관이 없다. 예컨대 내가 '이 개'라고 말할 때 그것은 개라는 유(類, 일반) 속의 특수를 의미하는 것이 아니다. 예컨대 바둑이라 불리는 이 개의 '이'것임은 외양과 성질과는 아무 관계도 없다. 다만 '이 개'인 것이다.[6]

이상과 같이 가라타니가 말하는 '이 나' 혹은 '이것'은 특수하거나 유별난 성질을 지닌 개체individual를 의미하는 것이 아니다. 그것이 아무리 특수한 성질을 지니고 있다 하더라도 그것은 어디까지나 유(類, 일반) 속에 있는 개별성에 지나지 않는다. 개체가 아무리 분할 불가능in-dividable한 성질을 갖는다 하더라도 그런 성질은 그것이 속한 상위의 일반적인 범주 속에 있다. '이 나'가 지닌 특수한 성질들로 '이 나'의 고유성을 규정하려 해도 그것은 어디까지나 일반적인 범주와 술어들로 기술하고 한정한 개체로서 '나'에 지나지 않는 것이다. 더 나아가 가라타니는 '인간 실존', '현존재', '자기의식'과 같이 인간 실존의 특수성을 포착하는 개념들 역시 특수성과 일반성 사이의 회로를 벗어나지 못한다는 위화감을 일찍부터 품어왔다. 나 자신의 특수성을 '의식' 속에서 떠올려 본다 해도 사정은 마찬가지다. 의식 자체가 언어에 의해 규정되어 있는 이상 우리는 의식 속에서 현상하는 일반적인 범주와 술어들을 통해 '나'의 특수성을 '한정'할 수밖에 없다. 그렇다면 '이 나'의 고유성은 어디에서 오는 것일까?

'이 나'가 이런저런 일반적인 술어와 범주로 수식하거나 한정할 수 있는 존재가 아니라는 관념에는 누구나 대체로 공감할 수 있다. 그러나 어려운 것은 그렇다면 그런 것이 아닌 '이 나'의 정체가 무엇이냐는 질문이다. 여기에 대한 가능한 대답들을 생각해보자.

① 실존주의 철학의 견해로 '이 나'의 고유성은 사르트르의 말대로 내가 '상황 속에 내던져진 존재'라는 사실에서 나오는가? 혹은 '현존재의 기투'(하이데거)라고 말해도 좋을까? 아니면 '실존적 결단'이라고 말해도 좋은 것일까? 실존철학적 견해는 '이 나'의 주체성이라는 것에는 사실상 실질적인 근거가 없으며 주체성은 오히려 이와 같은 '무無'의 심연이라는 무근거성 속에서 나타난다고 본다.

② 반대로 '이 나'의 고유성은 '세계와의 근원적인 접촉'(모리스 메를로퐁티Maurice Merleau-Ponty)에서 '출현한다'는 관점으로 설명할 수 있을 것이다. 이를테면 들뢰즈는 '나'와 '개체'로 분화되기 이전에 방사상으로 확산되고 생성되는 비물질적인 의미와 이미지의 흐름을 존재론적으로 상정한다. 그리고 '나'를 이런 이미지의 흐름들이 교차하고 연결되는 결절점으로서 출현하는 '사건'의 하나라고 본다(『의미의 논리』).

③ 마지막으로 '나'를 (『은유로서의 건축』에서 잠시 시도했듯이) 변별적 요소들로 이루어진 관계 구조가 자신을 '자기차이화'하는 운동으로 간주할 수도 있을 것이다. '나'를 하나의 체계가 자신과 자기관계적으로 연루되는 지점으로 간주하는 이와 같은 견해를 끝까지 밀고 나가는 이들은 헤겔의 절대적 관념론을 현대적으로 재해석하는 슬라보예 지젝 Slavoj Žižek과 같은 철학자들이다. 헤겔이 말하는 정신적인 주체란 '유類가 종種 가운데 하나로 빠져드는' 자기지시적 아이러니로서 존재한다.

그런데 가라타니는 '이 나'를 다양한 방식으로 설명하는 철학적 견해 중 어느 하나에도 만족하지 못한 것처럼 보인다. 가라타니는 ①, ②, ③의 견해 모두 '특수성과 일반성의 회로' 안에 갇혀 있다고 생각하는 것 같다. 여기서 일본의 세계적 철학자 니시다 기타로西田幾多郎의 철학에 대한 가라타니의 비판을 참고해볼 수 있을 것이다. 니시다는 서양에서 흔히 선불교적인 '공空'의 사상가로 알려져 있다. 그리고 일본 내에서는 불교 사상을 이용해서 일본의 제국주의 전쟁을 정당화했다는 비판을 받기도 한다(그는 대동아공영권을 '근대의 초극'이라는 철학적 구호로 정당화한 바 있다). 그는 말년에 불교의 공 사상을 따라 존재의 근원에 있는 '절대 모순적 자기동일絕對矛盾的自己同一'을 상정한다. 이것은 사물에 대한 상대적 부정과 상대적 무無를 넘어선 절대적 부정과 절대적 무의 심연을 의미한다. 니시다는 이와 같은 절대적 무의 심연 속에서만, 역설적으로 상대적이고 일시적인 사물과 대상의 동일성을 넘어선 '절대적 자기동일'성에 다다를 수 있다는 사유를 전개했다. 들뢰즈 역시 유사하게도 현행적인 개체들과 그것을 실현하는 그 이면의 잠재적인 역량을 구분하면서도 "내재성의 평면은 잠재적인 것과 동시에 그 현실화를 포함한다"[7]고 말한다. 이런 사상은 현실화된 개체=주체와 그것을 가능하게 하는 장소 사이의 절대모순적 '합일'을 추구하는 니시다의 사상과 크게 다르지 않다.

내친김에 말하자면 가라타니에게 존재하는 한 가지 미덕이란 이런 것이다. 가라타니가 니시다와 다른 사상가들 사이의 유사성을 지적해낼 때, 그는 누구의 사상이 누구와 비슷하고, 누구와 다르며, 누가 더 독창적인가 하는 문제에 아무런 관심을 두지 않는다. 가라타니가 관심을 두는 것은 오히려 어떤 사상이 서로 무관한 사상가들 사이에서 '반복'되는 이유 자체다. 이것이 아마 대부분 철학도에게 가라타니가 끔찍할 정도로 불편한 이유일 것이다. 철학도들이 관심을 두는 이런저런 철학자들에게서 동일한 사상의 모티프가 '반복'되는 이유를 파헤칠 때, 그/그녀가 관심을 두는 철학자의 사상이 형체를 알아볼 수 없이 찢어발겨지고 그것이 지닌 독창성과 아우라는 완전히 상실되기 때문이다.

7　아르노 빌라니, 로베르 싸소, 『들뢰즈 개념어 사전』, 신지영 옮김, 갈무리, 2012, 160쪽.

가라타니의 사상을 배우고 받아들이는 것은 이런 '상실'을 각오하는 것이기도 하다.

다시 원래 논의로 돌아가자. 동양철학의 맥락에서 니시다를 해석하는 대다수 사람들과 달리 가라타니는 니시다의 철학이 서구의 라이프니츠 철학과 닮아 있다고 생각한다. 가령 니시다는 개별 '주체'가 아닌 그 주체가 자리 잡은 '근원적인 장소'를 우위에 두며 이를테면 그것을 '절대 모순적 자기동일'이라고 말한다. 가라타니는 '장소의 철학'이 라이프니츠의 모나드론monadology과 유사하다고 생각했다. 말하자면 모나드는 주체가 들어설 수 있게 하는 논리적 '장소'인 것이다. 하나하나의 모나드는 각각의 방식으로 동일한 세계를 표출하면서도 다른 모나드와 연결되어 있다. 따라서 각각의 모나드 속에서 '너'와 '나'의 구분은 사라진다. 또한 여기서 개별 주체를 창도 출구도 없는 모나드로 대체하는 것은 주체를 그것을 가능케 하는 더욱 근원적인 '장소'로 대체하는 것을 의미한다. 그런 의미에서 모나드로서 개별 주체는 '나'이면서도 그것과 대치하는 '너'이기도 한 것, 즉 '공(=모순적 자기동일)'으로서 존재하는 것이다. 가라타니는 언뜻 보면 심오해 보이는 자기합일적인 '장소의 철학'이 '주체의 철학'에서 출발하는 헤겔의 서구적 사상과 정반대인 것처럼 보이지만 실은 동일한 회로 안에 있다고 비판한다.

헤겔이 개별 주체에서 출발해 하나의 주체가 절대 모순적 자기동일이라는 근원적 장소(=절대정신)로 나아가는 경로를 변증법적으로 제시했다면, 반대로 라이프니츠와 니시다는 더욱 근원적인 장소에서 출발해 주체를 '장소'의 '자기한정'으로 제시했다는 것이다. 즉 개별 주체는 세계가 자신을 '표출'하는 하나의 방식이다. 출발점과 방향은 정반대이지만 저 둘은 동일한 주체-장소의 회로 속에 존재한다.

또한 가라타니는 다시 한 번 이것이 '일반성-특수성'의 회로 속에 있는 것이라는 사실을 논증한다. 문장에 비유하자면 개별 주체는 '주어'이고 그것이 위치한 장소는 '술어'다. 그리고 주어는 이런저런 일반적 술어들이 수식하고 한정하는 '특수성'이고, 술어들은 이런 특수성을 분절하고 한정하는 '일반성'으로서 존재한다. 결국 헤겔이냐 라이프니츠냐 하는 문제는 문법적으로 보았을 때 주어를 더 근원적인 것으로 보느냐 혹은 술어를 더 근원적인 것으로 보느냐 하는 문제에 불과하다. 가령 헤겔이 나폴레옹 한 개인에게서 '세계정신'의 현신을 보며 주어를 우선시했다면, 라이프니츠는 카이사르를 '루비콘 강을 건너다'와 같은 일련의 술어들의 집합으로 대체한 것이라고 할 수 있다.

종합하자면 가라타니는 ①, ②, ③으로 주체의 단독성을 설명하는 견해들을 모두 그것이 특수성-일반성의 회로 속에 있다는 이유로 기각한다. 일반성과 특수성의 회로는 각각 술어와 주어, 장소와 개체의 회로와 동등한 것이다. 물론 니시다든, 헤겔이든, 라이프니츠든, 들뢰즈든, 사르트르든 일반성과 특수성, 술어와 주어, 장소와 개체라는 개념들을 곧이곧대로 차용하지는 않는다. 그런데도 가라타니는 그동안에 대다수 철학자들이 해온 일이란 이런 회로 속에 존재하는 일반성과 특수성의 의미와 역할을 다르게 재해석해온 것에 지나지 않는다고 생각한다. 일반성-특수성의 회로야말로 가라타니가 그동안의 '철학사'를 조망하는 그만의 개념적 틀이라고 할 수 있다. 가라타니는 중세의 '유명론-실재론' 논쟁에서 출발해 그와 같은 방식으로 전체 철학사를 단숨에 정리해버린다.

데카르트 이전의 철학에서 실재론자는, 실체가 일반적인 개념으로 존재하며, 특수성은 그것의 우연적인 현상에 지나지 않는다고 생각한다. 예를 들어 한 마리의 개는 '개'라는 개념의 우연적 현상이다. 그에 비해 유명론자는 개개의 사물만이 실체로서 존재하며, 일반성은 거기에서 발견되는 개념에 지나지 않는다고 생각한다. 즉 '개'라는 개념은 많은 개로부터 경험적으로 추상된 것이라고. 이들에 대해 라이프니츠는 개체(모나드monad)만이 실체이며,

더 나아가 그 개체(주어)에 개념(술어)이 포함되어 있다고 생각했다. 예컨대 카이사르라는 개체에는 '루비콘 강을 건넌다'라는 술어가 포함되어 있다고. 헤겔이 말하는 '정신'도 그런 모나드다. 역사적으로 자기를 실현해나가는 모나드인 것이다. 그 점에서 그는 종종 이야기되는 것처럼 전체주의자나 유기체론자가 아니다. 기본적으로 개체성과 일반성의 관계에 관한 논의는 위에서 논한 세 가지 길이 전부다.[8]

저 "세 가지 길" 모두 특수성-일반성의 회로 속에 있다. 가라타니는 그런 회로 속에서 '이 나'의 단독성을 구할 길은 없다고 생각한다. 그렇다면 일반성-특수성의 회로를 넘어서는 또 다른 무엇이 있단 말인가?

개체의 지위와 고유명

앞서 가라타니는 고유명의 문제를 사고할 때 '이 나'라든지 '이것'이라는 개체의 지위를 검토한다. 그리고 그것을 검토하면서 우선적으로 '특수성'과 '단독성'을 구별한다.

나는 여기서 '이 나'나 '이 개'의 '이'것임thisness을 단독성singularity이라 부르고 그것을 특수성particularity과 구별하기로 한다. 단독성은 위에서 말하겠지만 단지 하나밖에 없다는 뜻이 아니다. 특수성이 일반성에서 본 개체성인 데 대해 단독성은 일반성에 속하지 않는 개체성이다. 예컨대 ① '내가 있다'와 ② '이 나가 있다'는 다르다. ①의 '나'는 일반적인 한 명의 나이며 따라서 어떤 나에 대해서도

8　　가라타니 고진, 『유머로서의 유물론』, 15쪽.

타당한 데 비해 ②의 '나'는 단독성이며 다른 나와 바꿀 수 없다. 물론 '이 나'가 다른 것과 바꿀 수 없을 정도로 특수하다는 것을 의미하는 것은 전혀 아니다. '이 나'나 '이 개'는 어떤 흔한 특성도 있으면서 단독적인 것이다.[9]

일반성에서 본 개체적 특수성이란 그 특수성이 이런저런 방식으로 '기술'될 수 있는 개체를 의미한다. 여기서 '하나밖에 없음'이라는 특수성도 결국은 '하나밖에 없다'는 일반적인 범주 속의 특수성에 지나지 않는다. 개체의 단독성은 그런 방식으로 구할 수 없다. 하지만 우리가 언어상으로 볼 수 있는 개체는 대부분 그런 특수성으로 기술될 수밖에 없는 것처럼 보인다. 그렇다면 개체의 '특수성'과 '단독성'은 어떻게 구별되는 것일까? 이에 관한 기준을 제시하지 못한다면 결국 특수성과 단독성의 구분은 또 다른 실존철학적 사변으로 빠질 수밖에 없다. 그렇게 하는 대신 가라타니는 하나의 구체적인 사례를 들면서 그 차이를 말할 수 있는 단초를 이야기한다. 그는 도쿄대학병원 유리병 속에 보관된 나쓰메 소세키의 '뇌'를 예로 들면서 그것이 "특별히 유별난 뇌가 아니"[10]라고 말한다. 그리고 이 뇌가 다른 뇌로 대체할 수 없는 단독적인 것으로 여겨지는 것은 '나쓰메'라는 '고유명'과 연관되어 있다고 말한다. 이에 착안해 가라타니는 다음과 같이 말한다. 결국 "특수성과 단독성의 구별은 고유명의 문제로 귀착된다."[11]

 가령 러셀과 같은 철학자는 개체의 고유명을 '확정 기술'을 통해 해소할 수 있다고 생각했다. 나쓰메는 『나는 고양이로소이다』를 쓴 소

---

9 가라타니 고진, 『탐구 2』, 12쪽.
10 가라타니 고진, 앞의 책, 14쪽.
11 가라타니 고진, 앞의 책, 14쪽.

설가', 후지 산은 '일본에서 가장 높은 산'과 같은 '단칭명제'로 환언해서 말할 수 있다는 것이다. 그리고 더 나아가 후지 산과 나쓰메는 러셀이 '논리적 주어'라고 말한 '이것'으로 지칭할 수 있다. 러셀은 여기서 말하는 '이것'이 뒤따라오는 '일본에서 가장 높은 산', 『나는 고양이로소이다』를 쓴 소설가'라는 확정 기술에 의해 그 내용이 부여되는 것이라 생각했다. 그러나 여기서 '이것'은 결코 고유명이 아니다. 그것은 어떠한 확장 기술도 뒤따라올 수 있는 하나의 논리적 '항項'에 지나지 않기 때문이다.

그렇다면 고유명을 '이것'이라는 논리적 항으로 '형식화'하는 것은 고유명을 개체에 대한 개인의 사적인 의식에서 독립시키는 것을 의미하는가? 그렇지 않다. 러셀의 이런 견해도 아리스토텔레스나 후설이 고유명을 생각한 방식과 크게 다르지 않다. 그들 모두 고유명이 개체의 유일무이한 개체성을 지시하는 것이라 생각하고 그것을 나름대로 형식화해서 개념화했지만, 그런 의미의 고유명이란 '이것'으로 지칭하는 개체의 개체성에 대한 개인의 의식 혹은 사념과 연결될 수밖에 없기 때문이다. 러셀은 오히려 그 점을 명확히 한 것이다. "러셀이 수행한 고유명의 형식화는 현상학적 틀 속에서 이루어진다. 아니 일반적으로 형식화는, 그렇지 않은 것 같아도 실제로는 '내성' 속에서만 존재할 수 있다."[12] 여기서 가라타니는 독아론이란 사실 이런 언어의 형식화(가령 개체의 고유명들을 모두 '이것'이라는 논리적 주어로 환원하는 것)와 다르지 않다고 지적한다.

러셀은 '이것이 있다'는 문장을 문법이 아니라 의식=언어 속에서 찾아냈다. 현대 논리학은 언뜻 보면 그렇지 않은 것 같아도 사적

---

12   가라타니 고진, 앞의 책, 35쪽.

인 '내성'에 기초하고 있는 것이다. 러셀을 비판한 비트겐슈타인이 러셀의 독아론에 초점을 맞춘 이유가 여기에 있다. 하지만 그의 비판을 언어는 공동적인 제도라는 의미로 받아들이면 안 된다. 독아론은 나밖에 없다는 의미가 아니라 '나'가 어떤 나에 대해서도 타당하다는 생각이다. 그리고 독아론을 떠받치고 있는 것은 바로 '나'가 언어이며 공동적이라는 생각이다.[13]

이미 『은유로서의 건축』에서 가라타니는 형식적 구조와 초월적 주관이 분리 불가능하다는 견해를 비슷한 맥락에서 제시한 바 있다. 그런데 언어철학자 솔 크립키Saul Kripke는 다른 방식으로 이와 같은 러셀의 사고를 비판했다. 크립키는 『이름과 필연』에서 고유명이 러셀이 말한 확정 기술과 다르다는 것을 말하기 위해, 현실성-가능성이라는 '양상modality'의 문제를 끌고 온다. 여기서 고유명은 '가능 세계'라는 한 가지 양상을 도입해야만 비로소 제대로 사고할 수 있다.

확정 기술이란 나쓰메 소세키를 '『나는 고양이로소이다』를 쓴 소설가'라고 말하는 것이다. 이런 사람은 한 사람밖에 없다. 따라서 기술 이론은 고유명을 단칭 언명과 동일화하는 것이다. 현실 세계의 관점에서 보는 한 이것은 아무 문제가 없다. 따라서 고유명은 확정 기술로 치환될 수 있다. 그러나 가능 세계를 도입하면 이런 치환은 성립되지 않는다. 예컨대 나쓰메가 작가가 아니었을 경우(세계)를 가정해보자. 이 경우 '나쓰메는 소설을 쓰지 않았다'고 말할 수 있다. 하지만 『나는 고양이로소이다』를 쓴 소설가는 소설을 쓰지 않았다'고 말할 수 있을까? 이처럼 가능성 또는 가능

13　가라타니 고진, 앞의 책, 37쪽.

세계를 고려해서 현실 세계를 보면 결국 고유명과 확정 기술의 차이가 확실해질 것이다.[14]

말하자면 가능 세계를 도입해야만 고유명을 '이것'만이 아닌 '저것일 수도 있었지만 다름 아닌 이것'으로 생각할 수 있다는 것이다. 고유명이란 그와 같은 방식으로 '다름 아닌 이것'을 지시하는 것이다. 이때의 가능 세계는 현실 세계의 현실성을 초월한 세계가 아니다. 고유명은 현실 세계와 다른 가능 세계들 속에서 존재하는 이들을 똑같은 '다름 아닌 이것'으로 지칭하는 데서 성립된다. 나쓰메를 고유명으로 부른다는 것은 그가 건축가로 살아가는 세계 속에서도 여전히 그가 '그' 나쓰메로 살아가고 있다는 것을 전제한다. 여기서 고유명을 생각하는 것은 '평행 우주설'과 같은 SF적 설정을 도입하는 것과 무관하다. 왜냐하면 고유명으로서 '이것'(크립키는 이것을 고정 지시어rigid-designator라고 부른다)은 엄밀한 의미에서 '저것일 수도 있었지만 다름 아닌 이것'을 의미하기 때문이다. 여기서 '가능성'은 결코 현실 세계의 '현실성'을 넘어서지 않는다. 그리고 반대로 그런 현실성을 말하기 위해서는 실현되지 않은 다양한 가능성을 전제하지 않을 수 없다. 따라서 "크립키의 입장은 '가능 세계론'이라기보다는 '현실 세계론'이다. 크립키는 현실 세계에서 출발해 가능 세계를 생각하는데 이 현실 세계는 소박한 경험적 세계가 아니라 이미 가능성에서 바라본 현실성의 세계다."[15] 이와 같은 가라타니의 크립키 해석은 타당해 보인다. 왜냐하면 우리 역시 일상에서 '이것이 현실이다'라고 말하면서도 동시에 '왜 저렇지 않고 이렇게 되었을까'를 생각하기 때문이다.

---

14   가라타니 고진, 앞의 책, 45쪽.
15   가라타니 고진, 앞의 책, 49쪽.

내친김에 말하자면 헤겔은 "현실적인 것이 이성적이다"라고 말한다. 이것은 흔히 보수주의로 오인받고 공격당한다. 그러나 헤겔의 요점은 현실성과 이념/이상을 기계적으로 대립시켜서 생각하는 사람들의 사고를 반박하는 데 있었다. 앞서 보았듯이, 우리는 '이것이 현실이다'라고 말하면서도 '왜 저렇지 않고 이렇게 됐을까' 생각한다. '현실적인 것'을 생각할 때 우리는 저 두 가지를 동시에 생각한다는 것이다. 가령 역사가 현실적인 까닭은 단지 그것이 사실이기 때문이 아니라 모든 가능성 속에서 사실이기 때문이다.

그러나 이렇게 가능 세계란 현실 세계의 현실성과 동떨어져 있지 않다고 해도 다음과 같은 물음은 여전히 남는다. ① "가능 세계란 어디에서 오는가?" 혹은 "가능 세계와 현실 세계의 접점은 어디에 있는가?" 그리고 ② "'고유명'은 '주체' 그리고 '타자'의 문제와 어떻게 연결되는가?" 그런데 예리한 독자라면 이미 눈치챘겠지만 저 두 질문은 무관하지 않다.

우선 가라타니가 드러낸 맥락에서 '고유명'은 앞서 보았듯이 '다른 것(가능성)'과 맺는 관계를 내포한다. 고유명은 대상의 지시로 그치는 것이 아니라 '다른 것'과 맺는 관계를 끌어들인다. 그리고 그것은 다름 아닌 '타자'와 맺는 관계다. 고유명은 타인과 커뮤니케이션 해야만 전달될 수 있다. 가령 내가 지은 애완동물의 이름이 누군가에게 전승되지 않는다면 그것은 곧 잊히고 말 것이다. 그러나 이런 타자와의 커뮤니케이션은 어디까지나 비대칭적인 것이다. 고유명을 전달하는 쪽은 전달받는 측이 그것을 고유명으로서 수용할지 어떨지는 사전에 예측할 수 없다. 또한 전달받는 측도 타인이 왜 그런 고유명을 지었는지 곧바로 알 수는 없다. 이렇듯 고유명은 타자와의 비대칭적이고 외면적인 관계 속에서만 성립된다. "가장 중요한 것은 고유명이 그것을 전하는 사람과 받는 사람의 관계의 〔비대칭적인—인용자〕 외면성과 우연성에 의존하고 있다는 것이다."[16]

더 나아가 고유명을 '저것일 수도 있었던 다름 아닌 이것'으로 생각할 때 '저것일 수도 있었다'는 가능 세계 자체가 타자와 맺는 관계 속에서만 알려질 수 있다. 가령 한국에 민주화와 더 나은 사회를 위해 힘쓰다가 산화해간 '열사'들이 존재한다. 그리고 열사들을 추모하는 것은 그/그녀를 '고유명'으로 인식하는 것이다. 열사의 이름은 다르게 될 수 있었는데 다름 아닌 이렇게 되어버린 '그/그녀'로서 존재하는 것이다. 그러나 그런 고유명의 단독성은 열사들을 추모하며 기억을 전승하는 사람들과의 관계 속에서만 알려질 수 있다. 정리하자면 '이 나'와 '이것'의 (특수성과 구별되는) 단독성을 생각하기 위해서는 우선 그것을 '고유명'으로 생각해야 하며 고유명은 무엇보다 (현실 세계와 무관하지 않은) '가능 세계'라는 하나의 양상modality을 도입해야만 사고할 수 있는데, 가능 세계를 알게 되는 계기는 어디까지나 타자와 맺는 관계 속에 있다.

가라타니의 타자론

가라타니는 '타자'와 맺는 관계를 '이 나'와 '이것'이라는 고유명 속에서만 식별할 수 있다고 생각한다. 이때 ① 타자란 누군가가 고유명을 공유할 상대이기도 하지만 ② 동시에 고유명을 가능케 하는 이런저런 '가능 세계'들을 내가 속한 현실 세계 속에 가져오는 자다. 그렇다면 '가능 세계'를 불러오는 타자는 어떤 종류의 타자인가? 앞질러 이야기하자면 그런 타자는 신비롭고 초월적인 타자는 아니다. 그것은 가라타니의 표현대로 오히려 "일상적이고 상대적인 타자"다. 타자란 초월적이거나 저

16   가라타니 고진, 앞의 책, 63쪽.

너머에 있는 이자異者가 아니라 단지 나와 다른 공동체 혹은 공통의 규칙을 공유하는 자다. 그런 점에서 타자는 나와 같은 세계 안에 있는 존재일 뿐이다. 타자의 타자성은 오히려 바로 그런 '흔해빠짐'에 있다. 나아가 타자가 내 현실 세계에 가져오는 '가능성'이 현실 세계를 초월할 수 없는 것 역시 타자의 일상성과 흔해빠짐 때문이다.

이런 점에서 가라타니가 말하는 '타자'는 모리스 블랑쇼Maurice Blanchot, 레비나스, 데리다가 말하는 철학적이거나 문학적으로 음미된 타자와는 완전히 다르다. 내친김에 말하자면 데리다는 자신의 해체론 철학에 입각해서 타자에 대한 '절대적인 환대'의 윤리를 설파한다. 말하자면 타자는 칼을 든 도둑일 수도 있다. 그런 위험을 각오하고서 타자에게 자신의 문을 열어야 한다는 것이다. 또한 레비나스는 '타자'란 바로 '과부와 고아의 얼굴'을 하고 있다고 말하며 이런 타자에게 무한한 배려를 베풀어야 한다고 말한다. 이런 타자론heterology은 주체중심주의를 비판하는 데 중요한 의의가 있을지도 모른다. 하지만 가라타니가 말하는 '타자'론은 그런 것과 결이 다르다. 오히려 그와 같은 윤리에 입각해서 타자의 초월성과 절대성을 강조하는 이들은 실제로는 그런 타자를 이용해서 다른 주체들을 굴복시키고 싶어 하는 것인지도 모른다. 가령 데리다는 윤리적으로 급진적일지는 몰라도 어디까지나 그가 기초한 서유럽의 사회민주주의와 복지국가의 틀을 넘어서는 정치적 기획을 결코 생각하지는 않는다. 더 나쁘게도 '타자에 대한 무한한 윤리'를 강조했던 레비나스는 중국에서 일어난 문화대혁명을 '황화黃禍'라고 불렀다. 즉 저 중국인들은 레비나스에게 '타자'가 아니었던 것이다. 우리는 이를 타자의 윤리를 설파하는 레비나스나 데리다와 같은 해체론적 사상가들의 자기모순이나 위선으로 볼 필요는 없다. 오히려 그들의 보수성은 타자의 '초월성'과 '절대성'을 강조하는 이들이 나아갈 수밖에 없는 필연적 귀결이다.

한편 가라타니가 주목하는 것은 주체를 굴복시키거나 무력화하는 (데리다나 레비나스가 말하는) 타자의 초월성이나 절대성이 아니다. 가라타니는 오히려 그와 같은 타자가 '어떤 (일상적인) 장소와 관계에서 발견될 수 있는가'에 주목한다. 타자가 일상적이고 상대적이라고 말하는 것만으로는 부족하다. 오히려 그런 일상성과 상대성이 어디에서 발견되는지를 물어야 하는 것이다. 이런 문제 설정의 방향 속에서 가라타니는 루트비히 비트겐슈타인Ludwig Wittgenstein의 타자를 주목한다. 비트겐슈타인은 『철학적 탐구』에서 나와 같은 규칙을 공유하지 않는 타자의 예를 드는데 그중 대표적인 것이 외국인과 어린이다. 그와 같은 타자는 어디까지나 언어나 게임의 규칙을 가르치고-배우는 일상적인 관계 또는 장 속에서 발견할 수 있다.

> 『철학적 탐구』에서 한 가지 눈에 띄는 부분은 그가 틈만 나면 아이들을 가르치는 것을 예로 든다는 점이다. 비트겐슈타인에게 아이들은, 외국인과 마찬가지로, 동일한 규칙을 공유하지 않는 타자의 대표적인 예다.
> "우리말을 모르는 어떤 사람, 즉 어떤 외국인이 '기왓장 하나 가져와!'라고 누군가가 소리치는 것을 자주 들었다고 가정해보자. 그 사람은 그가 들은 소리가 한 단어며 아마도 자기네 말로는 '벽돌'이라는 뜻일 거라고 믿고 있을지도 모른다."
> 외국인이나 아이들과 의사소통한다는 것은 곧 공통의 어떤 규칙을 공유하지 않는 사람들을 가르치는 것이다. 이런 상황에서는, 공통의 약호를 공유할 수 없다는 것이 타자에게도 똑같이 의미 있는 것이다. 즉 타자―어떤 공통의 규칙을 공유하지 않는―와의 의사소통은 항상 가르침-배움의 관계를 형성한다고 말할 수 있는 것이다. 의사소통에 관한 지금까지의 이론들은 모두 공유되는 어떤 공통의 규칙을 예외 없이 가정하지만 외국인, 아이, 정신병자와 나눈 대화에선 어떤 공통 규칙도, 적어도 처음에는, 당연

한 것으로 받아들여질 수 없다. 우리 모두 한때는 아이였으며 우리의 부모로부터 언어를 습득했다. 최초의 의사소통은 항상 가르침-배움의 관계 속에서 일어났다. 우리의 일상적인 의사소통조차도 어느 정도 통약 불가능성을 안에 품고 있기 때문에 결국 어쩔수 없이 서로 간의 가르침이 필요하게 된다. 만일 어떤 공통의 규칙이 표면 위로 나타난다면, 그것은 다만 이런 가르침-배움의 상황의 한 결과일 뿐이다.[17]

여기서 가라타니는 비트겐슈타인이 예로 든 외국인과 아이를 타자로 거론한다. 이들이 타자인 이유는 단순히 '같은 규칙을 공유하지 않는다'는 데 있다. 그들에게 어떤 언어의 규칙을 가르치기 위해서는 '규칙 없음'의 상태를 통과하지 않을 수 없다. 그리고 그런 상태를 통과하는 곳이 바로 '가르치다-배우다'의 장이다. 그러나 가라타니가 강조하는 것은 '규칙 없음' 자체가 아니다. 오히려 여기서 그가 강조하는 것은 '가르치다-배우다'의 장을 통과해야만 비로소 공동체에서 공유해야 할 '규칙'이 발생한다는 점이다. 가령 자신이 사용하는 모국어에 '문법'적인 규칙이 있다는 것을 실감하게 되는 것은 자신의 모국어를 타자에게 가르칠 때뿐이다. 근대 이전에는 한국이든 일본이든 모국어에 '문법'이 있다는 것은 상상조차 하지 못했을 것이다. 그러나 그것은 모국어를 가르치는 순간에도 정확히 제시할 수 없다. 단지 외국인이나 어린이가 모국어를 어색하게 사용할 때 고개를 젓거나 웃으면서 '우리는 그렇게 말하지 않는다'고 말할 수밖에 없다. 비트겐슈타인이 말하듯이 '규칙은 그것을 적용할 때만 존재'하는 것이다.

그런데 우리는 여기서 '어린이'를 타자의 예로 든 사례는 오해를

가라타니 고진, 『은유로서의 건축』, 190쪽.

불러일으킬 수 있다는 점에 주의해야 한다. 어린이를 이처럼 타자의 한 사례로 들 때, 이때의 타자란 그야말로 백지상태에 있는 순진무구한 백치처럼 생각할 수 있다. 실제로 어린이에게 무언가를 가르칠 때 곤란하다고 느끼는 것은 그 때문이다. 그러나 실제로 대부분 어린이는, 외국인과 마찬가지로, 자기들 나름의 규칙 체계와 세계관을 이미 가지고 있다. 그 점을 이해해야만 비로소 서로 커뮤니케이션이 가능해진다. 가라타니의 말대로 "서로 가르침이 필요"한 것이다. 이렇듯 자기만의 규칙과 세계관을 가지고 있다는 점에서만 가라타니가 타자의 사례로 든 외국인과 어린이는 서로 호환 가능하다. 그러나 이런 문맥을 벗어나서 '타자'를 어린이=순진한 백치라는 신화적인 표상에 입각해서 해석하는 것도 얼마든지 가능하다. 하지만 그와 같은 타자론은 가라타니가 말하는 문맥을 벗어난다. 가라타니가 말하는 '비트겐슈타인의 타자'를 이와 같은 방식으로 해석한 대표적인 사례는 최정우의 가라타니 해석이다. 그는 『삼미 슈퍼스타즈의 마지막 팬클럽』이라는 소설을 독해하는 와중에 가라타니를 염두에 두며 다음과 같이 말한다.

애당초 승부의 판가름이 무의미한 경기였다. 아니, 같은 룰이 적용될 수 없는 서로 다른 야구를 통해—두 팀은 격돌했던 것이다. 7회 초의 공격은 끝나지 않았다. 오른쪽 잡초 덤불 쪽으로 빠진—2루성 타구를 잡으러 간 '프로토스'는 공을 던지지 않았고, 그 이유는 공을 찾다가 발견한 노란 들꽃이 너무 아름다워서였고, 또 모두가 그런 식이었다. 워낙 힘을 들이지 않았기 때문에, 괴소년은 그렇게 많은 포볼을 던지고도 도무지 지치지 않았고, 또 같은 이유로 아무도 데미지를 입지 않았다. 수비들은 계속 체력을 축적하고, 오히려 전력을 다해 공격하는 타자들이 지쳐만 가는 이상한 경기가 계속 이어졌다. 길고 긴 7회의 공격이 언제 끝날지가 요원했던—아직 원 아웃인가 그랬고—스코어는 20:1인 상

황에서, 결국 타임을 외친 올스타즈의 주장이 웃으며 걸어 나왔
다. / "그만하죠."(292쪽)

서로 규칙을 공유하지 않는 두 개의 축 사이에서 어떤 비트겐슈
타인적 짜릿함이 있다. "노란 꽃들이 너무 아름다워서" 아예 공을
던지지 않는 방만한 야구와 "오히려 전력을 다하는 타자들이 지
쳐만 가는" 치열한 야구는 규칙과 분류의 체계를 서로 달리하는
이질적인heterogeneous 것일 수밖에 없다.[18]

그러나 비트겐슈타인이 거론한 아이들에게는 실제로 그와 같은 "비트
겐슈타인적 짜릿함" 같은 것은 없다. 아이들은 "아예 공을 던지지 않
는" 식으로, 적극적인 규칙과 체계를 내세우지 않는 백치라기보다는 이
미 자신만의 규칙, "전력을 다하는" 자신들만의 세계 속에 살고 있다고
생각하는 편이 더 타당하다. 그래야만 '기왓장'이라고 외치는 소리에
대해 외국인이 '벽돌'이라고 알아듣는 비트겐슈타인의 예화를 이해할
수 있다. 그리고 이렇듯 이들에게 그들만의 규칙과 세계가 있다는 것
을 이해해야만 비로소 무언가를 가르치는 것이 가능해진다. 타자 역시
자신이 속한 공동체의 규칙을 공유한다고 볼 때에만 비로소 가르치고
배우는 측의 두 계열에 대해 다음과 같이 말하는 것이 가능해진다. "두
계열은 이들을 동시에 관통해서 보는 시점이 없을 때만 독립적일 수 있
다. 더욱이 그것은 '신'이라도 관통해서 볼 수 없어야 한다." 어린이와
외국인을 마치 어떤 규칙과 코드도 공유하지 않는 타자로 볼 때 오히
려 이들은 마치 모든 규칙과 코드를 초월한 '신'과 같은 것이 되어버린
다. 실제로 박민규가 묘사하는 '삼미 슈퍼스타즈'라는 기묘한 야구를

18　최정우, 「문학적 분류법을 위한 야구 이야기」, 〈자음과모음〉, 2009년 봄호 참조.

구사하는 팀도 그런 초월적인 존재가 되어버린다.

　이와 비슷한 맥락에서 가라타니의 타자론에서 또 한 가지 간과되는 것(그리고 가라타니 자신도 충분히 주의를 기울이는 데 실패한 부분)이 있다. 가르치다-배우다의 관계 속에서 노출되는 타자의 타자성은 '가르치겠다-배우겠다'는 주체의 결의 없이는 경험할 수 없다. 이 문제에 충분한 주의를 기울인 것은 『무지한 스승』에서 가라타니가 제기한 것과 비슷한 맥락에서 '가르치다-배우다'의 문제를 고찰한 자크 랑시에르다. 랑시에르는 '배움에 대한 의지를 북돋움으로써 누구라도 자신이 모르는 것을 제자에게 가르칠 수 있다'는 평등주의적 교육론을 설파하면서도 가르치고 배우려는 '의지'를 재차 강조한다. "그 자리에서는 의지의 무조건적인 요청이 구현된다. 무조건적인 요청, 즉 해방하는 아버지는 무던한 교육자가 아니라 고집 센 스승이어야 한다. 해방하는 명령은 타협을 알지 못한다. 그것은 자신에게 명령할 수 있다고 가정하는 주체에게만 절대적으로 명령한다."[19] 따라서 타자의 문제를 고찰할 때 우리는 다시 '주체'의 문제로 돌아가지 않을 수 없다. 가르치다-배우다의 관계 속에서 발견된 '타자'를 고찰하기 위해서는 '이나'로서 주체가 지닌 '단독성', 즉 가르치고 배우는 '장'에 진입하겠다는 주체의 단독적인 '결의'를 생각하지 않을 수 없다. 개인(=특수성)과 공동체(=일반성)가 공유하는 규칙을 공유하지 않는 타자(외국인, 어린이)와 커뮤니케이션을 시도하는 저 의지 자체가 단독적인 것이다.

　가르치고-배우는 장소에 선 단독적 주체는 경험적인 의식도, 철학적으로 자신과 자기반성적인 거리를 두는 초월론적인 주관도 아니다. 가라타니는 이런 비트겐슈타인적 타자를 경유했을 때에야 비로소 완전히 새로운 축axis, 특수성-일반성을 넘어선 새로운 축에서 주체성

19　자크 랑시에르, 『무지한 스승』, 양창렬 옮김, 궁리, 2008, 82쪽.

이 출현한다는 것을 지적한다. 가라타니는 특수성-일반성의 축과 단독성-보편성의 축은 다르다고 생각한다. 그가 강조하는 단독적인 주체성은 전자가 아니라 후자의 축에서 나온다. 결국 타자의 타자성은 말하자면 '가르치다-배우다'의 장 속에서 노출된다. 더 나아가 가라타니가 타자의 타자성과 외면성을 경험하는 장소로 예로 드는 것은 '가르치다-배우다'의 관계뿐 아니라 '사다-팔다'의 관계다. 이런 장소 속에서만 비로소 '같은 규칙을 공유하지 않는' 타자의 모습이 구체적으로 드러나기 때문이다. 의사소통 역시 일종의 교환이다. 그는 모종의 교환이 이루어지는 장에서부터 타자의 문제를 생각했던 것이다. 이것은 후일 그의 '교환양식론'으로 이어지는 단초가 된다.

4 가라타니 고진의 철학사

소크라테스는 어떤 실증적인 언명도 부정에 처해질 수 있고, 부정 속에서 음미되지 않으면 진리일 수 없음을 보여주었다. 소크라테스와 프레소크라틱스는 바로 여기서 갈라진다. 후자가 아무리 심원한 인식을 품고 있었건 그것은 단순한 가설로서 '공동의 탐구'에 의해 음미되어야 한다는 것, 이것이 바로 '철학'이며 철학과 비철학을 가르는 '경계 설정'인 것이다. 이런 의미에서 소크라테스란 '반증 가능성'의 다른 이름이다(『탐구 2』).

공동체와 사회

우리는 지금까지 '이 나'와 '이것'의 단독성singularity이 '고유명'에 의존한다는 것, 그리고 고유명은 타자와 맺는 관계 속에서만 가능하다는 것을 보았다. 고유명의 '단독성'은 '보편성'과 연결되어 있는데 이런 보편성이 역시나 일반성과 어떻게 다른지는 의문이다. 이를 다음과 같은 질문으로 바꿔 말할 수 있다. "특수성-일반성의 축과 구별되는 단독성-보편성의 축은 어디에서 나오는가?" 이에 대한 가라타니의 답변은 궁극적으로 '공동체'와 '사회'를 정확하게 구분함으로써 가능해진다.

앞서 '타자'는 '같은 규칙을 공유하지 않는 자'라고 간명하게 정의할 수 있음을 보았다. 이에 착안해서 공동체를 간단히 정의하자면 '같은 규칙을 공유한' 자들의 집합 혹은 그들의 관계다. 또한 앞서 우리는 '타자'란 결국 가르치다-배우다/사다-팔다의 장 속에서 발견할 수 있다는 것을 보았다. 이에 따라 공동체와 구분되는 '사회'를 정의 내리자면 그것은 공동체 사이의 커뮤니케이션과 교류의 장, 즉 '교통 공간'이나 다름없다.

마르크스는 교역이 공동체 '사이[間]'에서 시작된다고 말하고 있다. 그는 그 '사이'에서 수행되는 커뮤니케이션을 '사회적'이라고 부른다. 규칙을 공유하는 사람들 사이에 형성되는 관계는 '공동체'적이다. 한편 '사회적인' 관계는 우리가 의식하지 않는데도 관계 맺어지고 있는 타자와의 관계다. 이와 관련해 나는 마르크스가 『독일 이데올로기』에서 제출했던 '교통交通'이라는 개념에 주목하고 싶다. 후에 '생산관계'로 바뀌는 이 '교통'의 개념에는, 예컨대 마르크스가 "전쟁은 교통의 흔한 형태다"라고 말했듯이, 우연적 · 무=근거적 · 횡단적 · 에로틱 · 폭력적인 뉘앙스가 포함되어 있다. '생산관계'의 개념이 다소 폐쇄된 관계 시스템을 생각하게 하는 것에 비해 '교통'은 동적이고 우연적이다.¹

여기서 가라타니는 제인 제이컵스Jane Jacobs의 『도시의 경제The Economies of Cities』를 근거로 농업공동체가 생산력 발전 등을 통해 도시로 발전했다는 종래의 관념과 달리, 오히려 부족 간 교역의 결절점으로서 원原도시Proto-City가 형성되고 이런 도시를 유지하기 위해 농업이 발전했다는 가설을 내세운다. 이 가설을 빌려 가라타니는 다음과 같이 말한다. "공동체가 확대된 후 다른 공동체와의 교통이 시작되었다는 것은 허위이며, 그 자체가 각 공동체의 기원 신화다. 공동체가 성립함과 동시에 시스템 내부와 외부의 분할과 경계가 발생한다. 이때 그 이전의 교통 공간, 즉 안쪽도 바깥쪽도 없는 공간은 '외부', 달리 말해 제 공동체의 '사이'에 있다고 생각된다."² 그러나 제이컵스가 말하는 역사적으로 현존

---

1   가라타니 고진, 「교통 공간에 관한 노트」, 『유머로서의 유물론』, 이경훈 옮김, 문학과학사, 1998, 35~36쪽.
2   가라타니 고진, 앞의 책, 40쪽.

하는 '도시'가 전부 교통 공간인 것은 아니다. 크리스토퍼 알렉산더가 말하듯이 실제로 경직된 형태의 계획도시도 존재하기 때문이다. "교통 공간은 도시와 동의가 아니다. 도시가 어떤 정해진 존재를 지니는 반면 교통 공간은 눈에 보이지 않기 때문이다. 교통 공간을 고찰하기에 어울리는 것은 바다와 사막이다. 그곳에서는 교통의 선도와 거기 있는 결합의 강도만이 문제 된다. 이를테면 그것은 비행기의 교통망과 비슷한 도표(다이어그램)로 표시될 수밖에 없다."[3]

이와 같이 공동체와 공동체의 사이[間]에 있는 비연장적인[空] 공간 空間으로서 '교통 공간'이라는 '장소'는 비의적인 개념은 아니다. 앞서 비트겐슈타인의 사례에서 드러나는 가르치다-배우다, 사다-팔다라는 실천이 거기서 일상적으로 이뤄지기 때문이다. 그런데 더욱 중요한 것은 이와 같은 공동체/사회의 구분에 입각해 가라타니가 자신만의 '철학사'를 구축해낸다는 점이다. 하나의 철학적 사상은 그것이 구축한 '철학사'와 떼어놓고 생각할 수 없다. 마치 하이데거와 니체의 철학을 그들이 구축한 서양철학사에 대한 서사와 떼어놓고 생각할 수 없듯이 말이다. 가라타니 고유의 철학사를 살펴보려면 우선 플라톤에서 출발하지 않을 수 없다. 우리는 이미 『은유로서의 건축』에서 가라타니가 플라톤의 문제에서 출발했다는 것을 보았다.

플라톤의 대화

『은유로서의 건축』에서 가라타니는 탈근대 사상가들에게 비판의 표적이 된 '플라톤'의 문제 설정이 실제로는 쉽게 피할 수 없는 성질의 것임을 간파했다. 대표적인 것이 플라톤의 이데아론이다. 가령 '말'의 이데아

---

3   가라타니 고진, 앞의 책, 39쪽.

는 비판하기 쉽다. 하지만 '점'의 이데아는 비판하기 쉽지 않다. 실제로 기하학의 점은 일상적인 지각과 표상에서 독립해 있기 때문이다. 점이 지각과 표상에서 독립해 있는 것은 그것이 다른 점과 선 그리고 면과의 '관계' 속에서 '정의'되기 때문이다. 그런데 플라톤이 물은 것은 이런 '점'이 지각과 표상에서 독립되어 있다면 그것은 '어디에 존재'하느냐는 것이었다. 거기서 그는 '이데아'라는 영역을 제안한다. 그런데 무엇보다 중요한 것은 플라톤의 '이데아'가 '대화' 속에서 발견되었다는 점이다.

플라톤이 제기한 '이데아'라는 개념은 후일 플라톤주의자들과 신플라톤주의자들에 의해 그대로 '실체화'되어 현상 배후에 있는 근원적인 영역으로 여겨지고 그런 영역에 다가가기 위한 허망한, 때로는 신비주의적인 노력을 낳았다. 하지만 플라톤의 이데아 개념은 어디까지나 소피스트들과 논쟁을 벌이며 아이러니한 방식으로 제기된 것이다. 자신의 주장과 시점을 끊임없이 바꿔가면서 상대주의와 회의론을 설파한 소피스트들에게 자신이 서 있는 전제와 근거를 소크라테스가 물어가는 과정에서 그들이 결국 '이데아'와 같은 기반 위에 서 있지 않느냐는 아이러니한 반문을 제기하는 식이다. 가령 개별적인 지각과 표상의 한계를 말하는 상대주의에 빠질수록 그것을 넘어선 '이데아'를 부지불식간에 상정하며 그것에 힘입어 일상적인 감각의 허망함을 설파하는 자신을 발견하게 되는 것이다. 게다가 이데아는 현실의 감각적인 현상에 어떤 적극적인 근거를 부여하지 않는다. 왜냐하면 그것은 고도의 추상적인 사고를 통해서만 다가갈 수 있는 '순수 차이=형식화된 관계'이기 때문이다. 가령 현행적인 사물의 배후에서 그것을 생성해내는 것으로 생각되는 '순수 차이'를 말하는 들뢰즈 역시도 실은 암묵적인 '플라톤주의'로 돌아가고 있다(알랭 바디우).[4]

---

4   알랭 바디우, 『들뢰즈: 존재의 함성』, 박정태 옮김, 이학사, 2001.

그런데 가라타니가 다시 한 번 주목하는 것은 '이데아'가 특정한
종류의 '대화' 속에서 발견된다는 사실이다. 들뢰즈와 같은 가장 급진
적인 반플라톤주의자가 실제로는 플라톤의 이데아 개념으로 되돌아가
버렸다면 이들이 모두 기반을 두는 철학적인 '대화dialogue' 방법, 즉 변
증론dialetics을 점검할 필요가 있다는 것이 가라타니의 생각이다. 거기
서 그는 실질적으로 '가르치다-배우다'는 없고, 배운다는 것은 단지 이
데아에 대한 상기에 지나지 않는다는 플라톤의 유명한 '상기론'을 다시
독해한다.

플라톤의 『메논Menon』에서 소크라테스는 기하학을 잘 모르는 한
젊은이에게 어떤 정리를 증명하도록 강요한다. 이 증명 과정에서
소크라테스는 '가르치는 것'도 '배우는 것'도 없으며 오직 '상기'
만이 있음을 증명해 보인다. 이것은 '메논의 역설' 또는 가르침의
역설이라고 알려져 있다. 이 증명은 '대화'의 형태로 수행된다. 그
러나 그 대화는 특별하다. 여기서 소크라테스가 하는 것이라고는
단지 묻는 것뿐이다. '메논아, 너도 알지. 나는 가르치는 게 아니
야……. 나는 단지 묻기만 할 뿐이야.' 확실히 소크라테스는 가르
치고 있지 않다. 그 대화에서 미리 전제되어야 할 것은 다음과 같
은 것을 요구하는 하나의 규칙이다. 즉 어떤 기본 전제(공리)를
받아들인 다음에는 그것과 모순되는 것은 어떤 것도 해서는 안
된다. 그 젊은이가 만일 자신이 앞에서 말했던 것과 모순되는 어
떤 것을 말하게 되면 증명은 물 건너간 것이 된다. 이런 규칙이 소
크라테스와 그 젊은이 사이에 암묵적으로 공유된다.[5]

---

5   가라타니 고진, 『은유로서의 건축』, 183~184쪽.

소크라테스(플라톤)가 소년과 나누는 대화에서 전제로 삼는 것은 '귀류법'으로 알려진 수학의 규칙이다. 일단 어떤 공리를 받아들이고 그것과 모순되는 어떤 것도 하면 안 된다는 절차를 따른다면 기하학의 정리를 누구라도 증명해낼 수 있다는 것이다. 플라톤은 이에 따라 배운다는 것은 단지 이데아를 '상기'해내는 것이라는 주장을 전개한다. 하지만 이데아에 대한 '상기'는 (플라톤과 소크라테스에게) 어디까지나 '대화'를 통해서만 가능하다는 것이 중요하다. "소크라테스(플라톤)가 피력했던 것은, 이성이 세계나 자아 속에 내재적으로 깃들어 있다는 생각이 아니라 대화를 거친 명제들만이 합리적인 것으로 인정될 수 있다는 생각이었다. 대화를 거부하는 사람들은 아무리 깊이 있게 또 아무리 열심히 자신의 진리를 논증한다 하더라도 비합리적인 것으로 간주된다."[6] 플라톤=소크라테스의 진짜 생각은 단순히 '말의 이데아'와 같이 쉽게 희화화할 수 있는 개념에 있는 것이 아니라 수학적 증명과 철학적 탐구가 단일 주관을 넘어선 대화 속에서만 가능하다는 사고에 있다. 플라톤이 수학적 증명을 특권적인 철학적 탐구의 양식으로 간주한 것은 그것이 근본적으로 '대화의 형식'을 취하기 때문이다.

그러나 가라타니가 비판하고자 했던 것은 그와 같은 합리성을 산출하는 '대화' 자체였다. 플라톤을 옹호하든 비판하든, 아리스토텔레스, 헤겔 심지어 들뢰즈와 같은 대다수 철학자와 사상가 플라톤이 전형화한 방식의 대화에 기초한다. "칼 포퍼Karl Popper는 변증법이라는 말에 극도로 반발하며, 또 분명 플라톤이나 헤겔의 변증법에 대해서도 그렇지만 막상 그가 말하고자 하는 바야말로 본래적인 의미에서 변증법(대화)적이다. 이것을 니콜라스 레셔Nicholas Rescher를 따라 법정 논쟁의 형태 속에서 살펴보기로 하자. 예컨대 법정에서 검사 측은 말하자면 가

6 가라타니 고진, 앞의 책, 186쪽.

설의 제안자이고 변호인 측은 논박자다. 이 경우 검사 측에 입증 책임
이 있고 변호인 측은 단지 검사 측의 주장이 가진 모순을 찌르는 것만
으로 족하다. (……) 유효한 반론이 없는 한 검사 측의 가설은 잠정적
인 진리로 간주된다. (……) 포퍼의 '반증 가능성' 주장은 따라서 최종
심 없는 법정 논쟁=대화의 회복을 의미한다. 그것은 플라톤이나 헤겔
과 같은 변증법—겉치레 대화—을 거부하지만 기본적으로 대화적인
것이다. 합리적인가 아닌가는 이런 '대화'를 전제하고 있는가 아닌가에
달려 있다."[7] 내친김에 말하자면 소크라테스의 '대화' 역시 당시 아테네
법정의 대화에 기초한 것이었다. 소크라테스가 자신의 죽음을 담담히
받아들인 것은 그의 주장이 법정에서 '대화'를 통해 관철되지 못했기
때문이다. 소크라테스의 '이성'은 바로 거기에 있다.

　　대화란 '반증 가능성'에 열려 있어야만 비로소 '합리적'이다. 그리
고 철학은 그런 '합리성'에서 출발한다. 말하자면 아무리 절대다수에게
승인받는다 하더라도 미래의 타자가 그것을 반증할 수 있다. 가라타니
는 포퍼가 (비록 플라톤과 프로이트 그리고 마르크스에 대한 몰이해에
서 비롯된 편견으로 가득 찬 태도를 보였음에도) 그런 미래의 타자까
지도 포괄한 '대화'의 가능성을 끌어안았다는 점에서 그를 긍정적으로
평가한다. 나아가 가라타니는 포퍼가 비판한 과거의 철학자들 역시 그
런 '대화'를 염두에 두었다는 식으로 구출한다. 그런데 실제 법정의 대
화는 법정의 규칙을 받아들인 이들 사이에서만 이뤄진다는 것이 중요
하다. 그것은 어쨌든 공통의 규칙을 전제한다는 점에서 사실상 내성적
독백monologue과 같은 것이다. 그와 같은 대화는 "타자를 포함하지 않으
며, 그리고 종종 하나의 독백이 되기 때문이다. 타자를 내면화하기 위
해서는 그 타자가 한 무리의 공통 규칙을 공유하고 있어야만 한다. 그

7　　가라타니 고진, 『탐구 2』, 권기돈 옮김, 새물결, 1998, 232~233쪽.

러나 타자라는 말뜻 자체가 이미 어떤 무리의 공통 규칙도 공유하지 않는 이를 가리키는 말이 아닌가? 대화란 오직 그런 타자와만 하는 것이 아닌가?"[8]

가라타니는 전략적으로 이중적인 태도를 취한다. ① 우선 그는 철학의 내성introspection은 다수의 주관 사이에서 이뤄지는 대화dialogue에서 출발한다는 것을 보여준 뒤, ② 역으로 이런 대화 자체가 실은 '내성적'인 것일 수 있다는 것을 보여준다. 이것은 (비록 미하일 바흐친Mikhail Bakhtin을 호의적으로 인용하지만) 바흐친처럼 '독백'에 '대화'를, 단성성에 다성성을 대치시키는 방법과는 근본적으로 다르다. 가라타니가 말하고 싶은 것은 단순히 독백보다 대화가 우위에 있다는 것이 아니다. 오히려 그가 문제 삼는 것은 철학자들이 '어떤 종류의 대화'에서 출발하느냐다. "여기서 두 가지 '대화'를 구별해야 한다. 즉 법정 내부의 타자와 외부의 타자를 구별해야 한다."[9] 진정한 의미의 대화란 '공통의 규칙'을 공유하지 않는 타자와 행하는 대화다. 그러나 앞서 말했듯이 이런 타자는 신비롭거나 초월적인 타자가 아니다. 또한 대화 규칙이 중요하지 않다는 것도 아니다. 다만 중요한 것은 대화 규칙은 어디까지나 규칙을 공유하지 않는 타자와 나누는 '대화'를 통해서만 비로소 떠오르게 된다는 것이다.

가라타니는 기존 철학자와 사상가 들이 적극적으로 구별하지 않은 제2의 대화, 타자와 나누는 대화를 중심으로 철학사를 해체하고 재구축한다. 이것을 단순히 가라타니의 '포스트모던' 취향으로 해석해서는 안 된다. 앞서 보았듯이 그는 '대화'와 '내성'이 실제로는 구별되는 것이 아니라는 것을 보인다. 그리고 그는 역으로 데카르트와 같은 근대

8　가라타니 고진, 『은유로서의 건축』, 186~187쪽.
9　가라타니 고진, 『탐구 2』, 246쪽.

의 이성중심적이고 합리주의적인 철학자들의 내성적Introspective인 사유
가 '제2의 대화'에서 출발한다는 것을 보여준다. 가라타니는 데카르트
가 말한 '코기토cogito'의 합리성과 보편성을 그와 같은 방식으로 승인한
다. "데카르트의 '코기토'는 내성적인 동시에 내성적이지 않다. 왜냐하
면 그는 어떤 기묘한 '장소'에 서 있었기 때문이다."[10]

데카르트의 코기토

데카르트에게는 수많은 악명이 따라붙는다. 주체와 객체의 이원론을
정립한 철학자, 객체에 대한 주체의 지배, 이성중심주의, 서구중심주의
를 낳은 사상적 원흉쯤으로 그를 거론하는 수많은 저술이 읽히고 있
다. 데카르트가 공격받는 이유는 그가 '코기토=나'의 자명성에 기초해
'나'와 다른 '타자'를 배척하는 주체 중심 서구철학의 출발점이 되었다
는 것 때문이다. 가라타니는 데카르트에 대한 이런 비판의 선구자로 인
류학자 레비스트로스를 꼽는다. 그 역시 인류학자로서 '나'와 다른 수
많은 인류학적 '타자'가 존재한다는 것을 근거로 데카르트를 비판한다.
그러나 『방법서설』에서 데카르트는 수많은 다른 시스템이 있음을 배움
으로써, 그 자신의 사고와 자기 존재에 대해 의문을 품는다. 가라타니
가 주요하게 인용하는 『방법서설』의 다음 구절을 보자.

> 아무리 기묘하고 도저히 믿을 수 없는 것이라 하더라도 철학자
> 들 중 누군가가 이미 말하지 않은 것이란 하나도 없다는 것을 나
> 는 학생 시절부터 알게 되었고, 그 후 여행하는 가운데, 느끼는 것
> 이 우리와 다른 모든 사람이 그렇다고 해서 야만스럽거나 미개한

10   가라타니 고진, 앞의 책, 77쪽.

것도 아니라, 그중 많은 사람이 우리 못지않게 혹은 우리 이상으로 이성을 사용하고 있다는 것을 알게 되었고, 또 어떤 한 사람이 어릴 적부터 프랑스 사람들이나 독일 사람들 속에서 자란 경우에 중국 사람들이나 식인종 속에서 자란 경우와는 얼마나 다르게 자라날 것인가를 살펴보게 되었고, 또 우리가 입는 옷의 유행에서 10년 전에는 우리의 마음에 들었고 또 아마도 10년 후가 되기 전에 다시 우리의 마음에 들, 바로 그 동일한 옷이 지금은 얼마나 이상야릇하고 우스운 것으로 보이는가 하는 것을 살펴보았다.[11]

데카르트는 오늘날의 문화상대론자, 문화비평가처럼 말하고 있다. "데카르트의 코기토는 처음부터 인류학적인 코기토다."[12] 그런데 중요한 것은 오늘날 '문화상대론', '인류학적 상대주의' 등은 이미 데카르트가 말하는 "관습과 선례"의 일부분이 되었다는 것이다. 우리는 더 나아가서 보편주의 대 상대주의라는 저 진부한 대립과 논쟁의 구도 자체가 하나의 관습 또는 선례로서 반복되고 재생산되고 있는 것은 아닌지 의심해볼 수 있다. 그리고 데카르트의 방법적 회의 역시 『방법서설』의 문맥상에서는 바로 보편주의와 상대주의의 반복되는 대립 자체를 문젯거리로 삼는다. 그는 그 문제를 건축에 비유해 다음과 같이 말하고 있다.

어떤 도시의 집들은 그저 다른 모양으로 다시 짓고 그 가로를 좀 더 아름답게 하기 위해서만 그 모든 집을 헐어버리는 일은 없는 것이 사실이다. 그러나 자기 집을 헐고 다시 세우는 사람이 많고, 또 집이 쓰러지려 하거나 토대가 아주 든든하지 못할 때에는 집

---

11 르네 데카르트, 『방법서설·성찰 데카르트 연구』, 최명관 옮김, 창, 2010, 81~82쪽.

12 가라타니 고진, 『유머로서의 유물론』, 12쪽.

을 헐고 다시 세우지 않을 수 없음도 사실이다.[13]

도시의 집을 주어진 꼴대로 고쳐나가는 것을 상대주의, 헐어버리고 처음부터 다시 짓는 것을 보편주의라고 한다면 데카르트는 어느 것이 원리적으로 더 낫다고 말할 수 없다는 것을 인식하고 있다. 그렇기에 데카르트는 국가와 민족 그리고 사회 전체에 어떤 원리를 적용하기에 앞서서 "내 이성을 완전하게는 아니지만 적어도 힘이 미치는 한 가장 잘 사용한다고 확신"[14]할 수 있는 학문적 탐구 방법을 도입하는 데 만족한다. 그중 가장 중요한 것이 "내가 명백하게 참되다고 증명한 것 외에는 어떤 것도 참된 것으로 받아들이지 않을 것"이다. 이것이 그의 방법적 회의의 출발점이다. 이런 데카르트를 합리주의, 보편주의, 주체중심성 등 일반적인 철학사적 조류로 집어넣는 것은 불가능하다. 왜냐하면 데카르트가 채택한 저 방법은 철저하게 사적private인 '나'와 뒤얽혀 있기 때문이다. 데카르트는 자신의 방법을 타인에게 단도직입적으로 일반화하거나 확장하길 거부한다. "데카르트의 '나는 의심한다'가 만인의 기저에 존재하는 '나는 생각한다'일 수 없다. 그것은 사적인 '결단'이다. 만약 그렇지 않다면 『방법서설』에서 그가 '어쩌면 나는 틀렸을지도 모른다'고 쓴다든지 하는 일은 없었을 것이다."[15] 근대철학의 주체성이 데카르트에서 연원한다면 우리는 데카르트가 자신을 지칭하는 '이 나'의 단독성singularity을 보지 않으면 안 된다.

데카르트의 『방법서설』은 프랑스에서 망명해 온 네덜란드 암스테르담이라는 타지에서 썼다는 역사적 사실을 떼어놓고 이해할 수 없

13   르네 데카르트, 앞의 책, 79쪽.
14   르네 데카르트, 앞의 책, 86쪽.
15   가라타니 고진, 『탐구 2』, 89쪽.

다. 『방법서설』에 등장하는 데카르트의 이 '나'는 그런 역사적 사실과 관련되어 있다. "데카르트는 당시 가장 발달한 상업도시에서 살았다. 이곳이 '시장'이었다는 것이 중요하다. 그러나 그는 그곳에 속해 있지 않았다. 네덜란드는 '가장 먼 황야'와 같았다. 프랑스에도 속하지 않고 네덜란드에도 속하지 않은 '장소'. 정말 이것은 지리적인 공간이 아니라 바로 담론적 시스템의 공空=간間이다. '코기토'는 이 '장소' 없이 존재할 수 없다."[16] 자신의 감각과 신체 그리고 명백하게 증명된 것이라 생각했던 수학적 명제까지도 '환상'이 아닐까 의심했던 데카르트의 회의는 바로 공동체와 공동체 사이의 '차이'라는 장소에서 나온 것이다. 가라타니는 이런 데카르트의 '정신'이 사유 일반과 다르다고 말한다. "데카르트의 '나'가 존재하는 까닭은 그가 자라난 프랑스 또는 유럽이라는 공동체 속에서의 '사유' 그 자체를 의심하기 때문이다. 바로 그런 한에서 '정신'이 존재한다. 의식 혹은 자기의식은 '정신'이 아니다. '정신'이란 의식 혹은 자기의식의 외부에 존재한다. 물론 이것도 의식인 이상 내부에 존재한다. 그러나 '코기토'를 내적인 것으로 간주하는 시각에서 볼 때 데카르트의 '코기토'를 특징짓는 것은 오히려 그런 외부성인 것이다. 데카르트주의자도 비판자도 이를 이해하지 못했다."[17] 말하자면 데카르트의 코기토는 그것이 겉보기에 아무리 내적이고 내성적이라 해도 공동의 외부성 속에서만 실존한다는 것이다.

　　데카르트 철학의 또 한 가지 악명 높은 부분은 바로 그가 신체(연장)와 사유에 대한 철저한 이분법을 세웠다는 것, 그리고 그가 그 사이에서 어떤 위계를 세웠다는 것에 있다. 이것이 후일 그가 객체에 대한 주체의 일방적인 지배를 철학적으로 정당화하는 빌미를 제공했다는 비

16　　가라타니 고진, 앞의 책, 78쪽.
17　　가라타니 고진, 앞의 책, 79쪽.

판을 초래했다. 그런데 여기서 주의해야 할 점이 있다. "데카르트가 말하는 '정신'은 습관으로서의 시스템 속에서 '사유'에 대한 의심일 따름이다. 그 이외에는 신체다. 즉 '신체'는 이런 '사유'를 내포한다."[18] 데카르트가 말하는 신체란 사실은 일상적이고 관습적인 사고를 포함한다. 그렇다면 역으로 데카르트는 (후기)구조주의자들에 앞서서 사유가 신체=관습에 의해 규정된다는 생각을 제출한 것이다. 중요한 것은 '나 자신을 의심하고 반성하는 정신 역시도 하나의 신체=관습의 일부에 지나지 않는다면 어떨까?'라는 질문을 제기한 곳에 데카르트의 코기토가 존재한다는 것이다. 이에 입각해서 가라타니는 코기토 에르고 숨Cogito, ergo sum을 '생각하는 나' 일반이 아닌, 그것을 '의심하는 나'로서 단독적 실존이라고 제안한다. 그러나 문제는 앞서 말한 것과 같이 의심하는 내 실존을 단순히 '나는 의심한다'는 사적인 결의만으로 확보할 수 없다는 데있다. 가라타니는 그와 같은 점을 지적하며 "의심이란 언어 게임에 의해 가능하며 언어 게임의 일부"라고 말한다.[19]

위와 같은 문제의식 아래 가라타니는 데카르트의 (악명 높은) '신증명'을 새롭게 독해한다. 가령 데카르트는 '코기토'의 현존이 일시적이라는 것을 인식하고 있었다. "나는 있다, 나는 현존한다. 이것은 확실하다. 그러나 얼마 동안인가? 물론 내가 생각하고 있는 동안이다. 왜냐하면 내가 생각하기를 아주 그친다면, 그 순간 나는 또한 존재하기를, 즉현존하기를 그칠 것이기 때문이다."[20] 그렇다면 '의심하는 나'의 현존을지속적으로 확보할 수 있는 근거는 어디에 있는 것인가? 말할 것도 없이 데카르트는 '신'에서 그 근거를 찾았다. 실제로 그는 코기토의 명증

---

18   가라타니 고진, 앞의 책, 82쪽.
19   가라타니 고진, 앞의 책, 83쪽.
20   르네 데카르트, 앞의 책, 165~166쪽.

성을 증명하는 데서 끝내지 않고, 그것을 보증할 신의 존재를 증명하려 했다. 그러나 여기서 데카르트가 말하는 신은 기독교 신학이 전제하는 '인격신'과 무관하다. 데카르트가 코기토의 명증성을 보증하는 것으로 생각한 신은 오히려 '장소'로서 신이다.

"환상을 환상이라 말할 수 있는 근거는 '신의 존재'밖에 없다는 이 데카르트의 증명은 숙고할 만하다. 데카르트가 말하는 '신'은 사람들이 따로따로 믿고 이 때문에 서로 죽이는 신이 아니다. 이런 신이야 말로 환상이다. 바꾸어 말해 다른 인간이 꿈을 꾸고 있기 때문에 깨어 있지 않으면 안 된다고 생각하는 사람, 즉 스스로 '초월적'인 입장에 있다고 보는 사람이야말로 꿈을 꾸고 있는 사람인 것이다. 데카르트는 이런 사람들 사이에 섞여 '진리'를 말하기를 회피하는데 그의 회의의 근거는 어떤 공동체(시스템)에도 속하지 않는 공=간에서밖에 존재할 수 없었기 때문이다."[21] 이렇듯 "데카르트는 내가 의심하는 까닭이 의심하는 존재가 있기 때문이라고 생각한다. 그것이 데카르트적 의미에서 신이다. 그런데 '의심하는' 데에는 데카르트 자신이 말하듯이 차이의 의식이 선행한다. 역사적-공간적 차이성이 데카르트를 '의심'으로 향하게 한다. 혹은 차이로서의 장소가 어떤 이를 의심하게 한다. 이 차이는 우리가 만들어낸 것이 아니다. 또 이 차이는 동일성에서 바라본 것이 아니다. 예컨대 다수의 문화 체계가 각각 다르다고 할 경우 우리는 암묵적으로 공통의, 말하자면 객관적인 세계를 전제하고 있다. 그러나 데카르트의 경우 이런 객관적 세계 자체가 정초되어야만 한다. '의심하기'를 강요하는 차이, 절대적인 차이 혹은 차이의 절대성이야말로 신이라고 해도 좋다."[22] 데카르트의 신은 이와 같은 차이가 빚어지는 장소에 다름 아니다. 그런데 중요한 것은 차이가 빚어지는 장소가 '우리가 만들어낸' 것도 아니고, 어떤 '동일성에서 바라본' 것도 아니라는 점이다. 왜냐하면 차이가 빚어지는 장소=신은 '역사적'인 것이기 때문이다.

이런 맥락에서 "어떤 한 사람이 어릴 적부터 프랑스 사람들(현실 세계)이나 독일 사람들 속에서 자란 경우에 중국 사람들이나 식인종 속에서 자란 경우(가능 세계)와는 얼마나 다르게 자라날 것인가를 살펴보"는 데카르트 자신이 이미 '고유명'이다. 그러나 데카르트의 코기토가 염두에 두는 가능 세계는 현실 세계의 현실성과 동떨어져 있지 않다. 그는 오히려 저 둘 모두 같은 세계 내에 있다는 것을 강렬하게 의식했다. 그가 단순한 문화상대론자나 회의론자로 그치지 않은 것은 바로 그 때문이다. 가라타니는 철학사 속 사상가들을 이와 같은 방식으로, 즉 고유명으로 독해한다는 점에서 유별나다. 어떤 철학자를 고유명으로 받아들이는 것은 그/그녀가 쓴 텍스트가 안고 있는 수많은 해석의 다양성을 받아들이는 것과 같지 않다. 그것은 오히려 '다르게 쓸 수 있었지만 다름 아닌 이 텍스트를 쓴 사람'을 주목하는 것을 의미한다.

스피노자의 무한

가라타니는 데카르트가 발견한 차이가 빚어지는 장소=교통 공간이라는 '신'에 대한 관념을 중심으로 스피노자라는 근대철학자를 재조명한다. 스피노자는 데카르트를 비판하면서 신체/정신의 이분법을 넘어섰다고 평가받고 있다. 스피노자는 '신체', '정신'이라는 두 가지 실체가 있다는 사고를 거부하고, 그것들 모두 '신'이라는 유일한 무한 실체 속에 있는 두 가지 속성이라고 보았다. 그는 더 나아가 신 속에는 인간의 유한한 사고 양태로 파악할 수 없는 무한한 속성들이 있고 정신과 신체

22   가라타니 고진, 앞의 책, 94쪽.

는 그중 인간이 파악할 수 있는 두 가지에 불과하다는 사고를 제출했다. 그리고 신은 초월적인 인격신이 아니라 수많은 개별적인 사물=양태가 상호착종된 '관계'로서 파악된다.[23] 따라서 신은 비록 무한하지만 개별적인 사물=양태와 같은 차원에 있는 절대적으로 내재적인 신=세계다. "신은 모든 것의 내재적 원인이지 초월적인 원인이 아니다."[24]

이에 따라 스피노자는 기계론적인 인과론을 거부하며 신만이 오직 유일한 '자기 원인causa-sui'이 될 수 있다고 말한다. 그러나 만일 신이 그 자체로 세계라고 한다면 신만이 유일한 원인이라는 이야기는 결국 한 가지 원인이 아닌 무수한 원인이 작용해서 이 세계를 낳는다는 말이 된다. 거꾸로 말하자면 아무리 복잡하고 불가해한 인과관계의 그물망들이 작용한다 해도 그것은 결국 '이 세계'를 넘어서 있지 않다는 말도 된다. 이렇듯 스피노자가 내세운 다원적 결정론 그리고 내재성의 철학은 들뢰즈, 루이 알튀세르Louis Althusser, 안토니오 네그리Antonio Negri를 비롯해 수많은 탈근대 철학자들에게 영감을 주었다.

이렇듯 스피노자의 신 개념은 그의 철학의 핵심 요소다. 그런데 가라타니에 따르면 스피노자는 데카르트를 철저히 비판했으면서도 데카르트의 신 관념을 계승하고 있다고 말한다. 데카르트에게도 신은 '인격'이 아닌 '장소'로서 신이기 때문이다. 그리고 그것은 개별적인 공동체(시스템)와 관습들 사이에서 역사적으로 발견된 '차이가 빚어지는 장소'로 사고된다. 다시 한 번 가라타니는 스피노자의 '신' 관념이 그가 거주했던 '암스테르담'과 무관하지 않다고 말한다.

23 진태원, 「스피노자 철학에 대한 관계론적 해석」, 〈철학논구〉 33권, 서울대학교 철학과, 2006 참조.
24 가라타니 고진, 앞의 책, 131쪽에서 재인용.

데카르트를 비판하기 위해 스피노자를 논거로 드는 사람은 주의해야 한다. 스피노자야말로 데카르트에 반反하면서까지 데카르트를 읽고 그 가능성의 중심에서 생각한 사람이었기 때문이다. 스피노자에게서 '외부적 실존'은 데카르트보다 철저하다. 그는 데카르트처럼 일시적인 망명자가 아니라 기독교 교회는 말할 것도 없이 유대 교회에서도 파문당해 어디에도 없는 '사이'에서 살았기 때문이다. 혹은 '사이=차이' 그 자체를 세계로 삼아.[25]

더 나아가 스피노자는 신=세계 속에서 주체의 자발성이나 자유는 환상에 지나지 않는다고 말한다. "자신이 자유롭다고 생각하는, '즉 자신이 자유의지로 어떤 것을 행하거나 행하지 않을 수 있다'고 생각하는 사람이 있다면 그는 틀렸다. 이런 의견을 진술하는 까닭은 그가 자신의 행동을 의식하기는 하지만 자신이 그렇게 하도록 결정하는 원인들은 모르기 때문이다."[26] 주체는 수동적이고 또 다양한 인과관계의 계열들에 의해 규정되는데도 이런 사실을 모르거나 그 전모를 알 수 없기 때문에 자신을 자발적인 존재로 여긴다는 것이다. 이 점에 착안해 대다수의 탈근대 사상가가 스피노자를 '주체의 죽음'을 선언한 획기적인 선구자로 평가한다. 그러나 가라타니는 여기서 이런 '세계'가 바로 스피노자 자신이 살던 '이 세계=암스테르담'과 무관할 수 없다는 것을 예리하게 간파하며 그것이 '이 나'로서 스피노자라는 주체의 단독성과 무관할 수 없다고 말한다.

25 가라타니 고진, 앞의 책, 108쪽. 여기서 "데카르트를 비판하기 위해 스피노자를 논거로 드는" 대표적인 사람들이 알튀세르와 발리바르 그리고 네그리다.
26 가라타니 고진, 앞의 책, 140쪽에서 재인용.

스피노자에게 신이란 세계다. 데카르트의 '자유의지'나 '신'은 '세계'를 넘어선 것이 아니라 오히려 '세계' 안에서 산출된 표상에 불과하다. 그러나 그것은 데카르트주의에 대한 비판이기는 해도, 코기토를 부정하는 것은 아니다. 그렇게 스피노자는 어떠한 공동체에도 속하고자 하지 않았던 단독적singular인 코기토이며, 외부적인 실존이다. 그는 결코 코기토에 대해 말하지 않았다. 하지만 그 사실은 그가 코기토적이었다는 사실과 배리하지 않는다.[27]

재미있게도 여기서 가라타니는 스피노자를 '주체의 죽음'을 선언한 철학자로 부각하는 많은 탈근대 철학자의 스피노자 독해에 정면으로 맞서고 있다. 결국 가라타니는 스피노자를 독해하면서 데카르트의 '이 나'(코기토)와 스피노자의 '이 세계'(신)를 동시에 조망하고 있다고 해도 좋다. 이 둘을 따로 떼어놓고 본다면 데카르트의 코기토는 다수 주관의 기저에 있는 초월적 자기(합리주의의 시조)가 되어버리고, 스피노자의 신=세계는 낭만주의자들이 바라보는 신, 즉 자연과 같은 것(낭만파의 시조)이 되어버린다. 가라타니는 이에 반해 '코기토'와 '신'을 각각 '이 나'와 '이 세계'라는 고유명으로 동시에 고찰하고자 한다. 그렇다면 스피노자가 '신'으로서 말하고자 했던 '이 세계'란 무엇인가?

　여기서 가라타니는 표상과 관념의 구분을 들고 나온다. 스피노자는 "신이란 절대적으로 무한한 실체, 바꾸어 말해 각각이 영원하고 무한한 본질을 표현하는 무한히 많은 속성으로 이루어져 있는 실체"라는 기하학적 '정의'에서 출발한다. 스피노자는 여기서 신에 대한 올바른 정의에 기초한 '관념'과 신에 대한 '표상'을 구분하며 데카르트가 신에 대한 올바른 관념을 가지지 못했기 때문에, 즉 신에 대한 부적절한 표

27　가라타니 고진, 『유머로서의 유물론』, 87쪽 참조.

상을 가지고 있었기 때문에 신 증명에 집착했다고 비판한다. 예컨대 데 카르트는 신은 나를 속일 리 없다고 말한다. 하지만 이것은 신을 인간 적으로 '표상'하는 것이다. 또한 스피노자는 '개념'과 '관념'은 다르다고 지적한다. 개념 역시 집합적인 사물들에 대한 표상에서 출발하기 때문 이다. 예컨대 개개의 고양이로부터 '고양이'라는 일반 개념이 도출되고 개개의 인간으로부터 '인간'의 본질이 도출되는 식이다. 스피노자는 이 런 '특수한 것으로부터 형성된 보편 개념'을 비판한다. 스피노자의 표 상 비판은 결국 이런 표상들을 '일반화' 그리고 '추상화'한 보편(형이상 학)적 '개념'들에 대한 비판을 포함한다. 신에 대한 '관념'은 개개의 사 물이나 표상에 대한 일반화 또는 보편화(=개념)로부터 끌려 나오지 않 는다. 반대로 신에 대한 관념은 스피노자가 표상(=이데올로기)을 비판 하는 데 반드시 필요하다. 그렇다면 '표상'도 '개념'도 아닌 '관념'이란 무엇일까?

가라타니는 여기서 개별적인 사물에 대한 '표상'이든 더 일반적 인 '개념'이든 모두 '독아론'을 벗어나지 않는다는 점을 재차 지적한다. 표상이 개인의 의식에 떠오르는 것이라면 개념은 공동 주관적인 합의 에 따라 만들어지는 것이다. 또한 공동 주관적인 개념이라 하더라도 그 것은 재차 개별의 주관들을 넘어선 일반적이고 초월적인 '자기' 속에서 음미되지 않으면 안 된다. 그런데 가라타니는 스피노자가 말하는 신에 대한 '관념'은 특수성-일반성의 회로를 넘어서 있다고 말한다. 스피노 자의 신에 대한 기하학적 '정의'는 언뜻 보면 몰역사적이지만 실은 (공 동체 안의) 특수성-일반성을 넘어선 역사성을 내포하고 있다. 왜냐하 면 스피노자의 신=세계 역시 (데카르트의 신과 마찬가지로) 공동체 바 깥의, 공동체와 공동체 사이에 존재하는 차이가 빚어지는 장소이기 때 문이다. 그러나 그런 장소 역시 (이를테면 암스테르담과 같이) 역사적 장소로서 존재한다. 그런 역사성을 염두에 두지 않고 (공동체를 넘어 선) 차이가 빚어지는 장소를 말한다면 결국 다시 '개인-공동체' 혹은

'특수성-일반성'의 회로 안으로 되돌아간다.

또한 가라타니는 스피노자가 말하는 신=세계의 '역사성'이 무엇보다 스피노자의 '무한' 개념에서 드러난다고 말한다. 스피노자는 신을 "절대적으로 무한한 실체"라고 '정의'한다. 그런데 가라타니는 스피노자의 무한 관념이 가假무한이 아닌 실實무한 개념에 기초하고 있다고 말한다. 실제로 가라타니의 주장을 입증하기라도 하듯이 스피노자는 『에티카』에서 무한이 "유한한 부분으로 결합"[28]되어 있다는 생각을 비판한다. 가무한이란 이를테면 자연수 1, 2, 3……을 끝없이 열거해나가는 것이라고 한다면 실무한은 이와 같은 자연수의 집합을 초한수 'א'라는 하나의 '닫힌' 집합으로 사고(칸토어)하는 것에서 출발한다. 이처럼 가라타니는 스피노자가 말하는 신은 결국 '이 세계'를 넘어서 있지 않기 때문에 자연사적 관점을 함축한다고 말한다. "스피노자가 말하는, '우리가 신 혹은 자연이라고 부르는 이 영원하고도 무한한 존재자'는 마치 역사가 없는 것처럼 보인다. 하지만 실은 그 반대다. 스피노자의 말은 일체가 역사적임을 의미한다. 영원이라 할 때 사람들은 무한에 대해서처럼 이 세계를 초월한 것으로 생각해버린다. 그러나 스피노자가 말하는 '영원'은 도리어 이와 같은 외부(초월)가 없다는 것을 의미한다. 바꾸어 말해 역사(사건)에는 이것을 넘어서는 이념, 목적, 이야기가 존재할 수 없으며 이것들은 단지 이 자연사 속에 속하고 또 이 자연사에서 태어나는 표상일 뿐이다."[29] 이렇듯 스피노자의 무한은 '이 세계'를 넘어서 있는 무언가에 대한 표상마저 '이 세계' 안에서 탄생한다는, '이 세계' 자체의 무한성이다. 그렇기에 "스피노자의 '무한'이란 '초월'의 불가능성 또는 '전체성'을 관통하는 것의 불가능성"[30]을 가리킨다.

28 바뤼흐 스피노자, 『에티카』, 강영계 옮김, 서광사, 2003, 31쪽.

29 가라타니 고진, 『탐구 2』, 133쪽.

말할 것도 없이 여기서 '전체성'을 관통하는 것이 불가능한 이유
는 (가라타니는 분명하게 말하지 않지만) 스피노자의 신이 공동체와
공동체 간의 '관계'로서 존재하는 '역사성'이기 때문이다. 스피노자가
암스테르담에서 경험한, 그를 둘러싼 공동체 간의 역사적 관계야말로
초월할 수 없는 것이며 한 공동체의 관점으로는 투과 불가능한 것이
다. 그런데 여기서 주의해야 할 것은 그런 역사성 속에서만 '이 나'의 단
독성뿐 아니라 '이 세계'의 보편성이 떠오른다는 점이다. 특수성(개인)
과 일반성(공동체)을 잇는 것이 '공동 주관성'이라면 단독성('이 나')과
보편성('이 세계')을 잇는 것은 바로 공동체와 공동체 사이의 경합하는
관계와 그것의 존재 방식을 규정하는 '역사성'이라고 할 수 있다. 그러
나 여기서 코기토가 공동체를 넘어선 "외부적 실존"이라고 말하는 것
으로는 부족하다. 오히려 왜 코기토가 공동체 외부의 장소로 나아가려
하는지, 무엇이 코기토를 그와 같은 외부성을 향해 추동했는지를 해명
해야만 비로소 그의 언급이 구체성을 띨 수 있다. 이 점과 관련해 가라
타니는 추상 수준을 뒤섞는다. 가령 그는 '공동체 외부'에서 발견되는
'타자성'과 '공동체 간의 관계'로 드러나는 '역사성'을 주목한다. 하지
만 '타자'와 '역사성' 그 자체를 '신'이라든지 '코기토'와 같은 고도의 추
상적인 관념으로 포착한다고 해도 그것이 정확히 무엇을 의미하는지
를 알 수 없다. 여기에 가라타니는 '암스테르담'이나 '스피노자', '데카
르트'와 같은 구체적인 지명/인명을 들여오지만 그것이 각각 '신=세계'
와 '코기토'를 의미한다고만 말하는 데 그친다. 우리는 이와 같은 가라
타니의 방법론적 한계가 후일 다른 텍스트에 어떤 영향을 미치는지 보
게 될 것이다.

　　정리하자면 가라타니는 스피노자, 데카르트 같은 철학자들을 '고

30　　가라타니 고진, 앞의 책, 135쪽.

유명'으로 사고한다. 어떤 사상가를 고유명으로 사고하는 것은 그 사상가가 자신을 둘러싼 공동체 너머의 '관계'들 속에서 제기되는 문제를 어떻게 사고했는지를 중심으로 살펴보는 것을 의미한다. 가령 스피노자는 『신학·정치론』에서 '양도할 수 없는' 자연권의 문제를 사고했는데 가라타니는 양도할 수 없는 권리로서 자연권은 한 공동체 내부가 아닌 공동체 바깥의 타자와 맺는 관계에서 제기될 수밖에 없다고 주장한다. 반면 토머스 홉스Thomas Hobbes는 공동체=국가 안에서 자연권을 사고했기 때문에 그것을 '주권자'에게 양도한다는 식으로 생각한 것이다. 또한 다른 철학자들은 바로 그와 같은 공동체 바깥의 관계 속에서 발생하는 문제들, 이를테면 '가르치다-배우다'(비트겐슈타인), '사다-팔다'(마르크스)의 문제를 사고했다.

　가라타니는 고유명에는 '가능 세계'와 빚어지는 차이 속에서 조망되는 '현실 세계'의 역사성(=저것이 아닌 이것)이 개재되어 있다고 생각했는데 이것 역시 공동체 외부와 맺는 관계 속에서 알려질 수 있다. 그리고 그는 '역사성'을 공동체와 공동체의 관계 속에서 사고하고 있음이 분명하다. 이를테면 역사성이란 한 공동체 안에서 개인이 아무리 초월적인 시점을 취해도 그의 공동체 바깥과 맺는 관계를 초월할 수 없다는 데서 드러난다. 이런 역사성은 임의로 형식화될 수 없기 때문에 '단독적'이고 '일회적'인 것이다. 그렇기에 개별 공동체를 넘어선 역사적 보편성은 그 관계 속에서 살아가는 '이 나'의 단독적이고 일회적인 실존과 분리될 수 없다. 역사성이 결여되어 있다는 것은 "일회적인 사건성이 결여되어 있다는 것과 같은 의미다. 예를 들어 오에 겐자부로大江健三郎에게 장애아가 태어났다는 것에는 '의미'가 없으면 안 된다. 그것은 이 사건이 그에게 예를 들어 장애아 문제라는 일반적인 의미로 해소될 수 없기 때문이다."[31] 비록 방법론상의 한계가 있지만 이와 같이 가라타니는 특수성-일반성을 넘어선 단독성-보편성이라는 새로운 축을 통해 자신만의 사상사를 재구축한다. 그러나 엄밀히 말해 우리는 가라타니가 재구축한 철학사를 일종의 '사다리 걷어차기'의 연장선상에 있는 것으로 이해할 필요가 있다. 가라타니가 제기한 '공동체냐 교통 공간이냐'와 같은 구분은 '존재망각이냐 존재물음이냐'(하이데거) 또는 '허무주의냐 힘에 대한 의지냐'(니체)와 같은 구분의 연장선상에 있다. 그러나 그런 구분은 후일 가라타니의 작업에서 의미를 잃는다. 말 그대로 그는 새로운 경지에 도달할 때 이전의 작업을 마치 사다리 걷어차 버리듯이 방기하는 경향이 있다. 결국 가라타니는 『탐구』에서 철학사의 전면적인 재구축을 시도했다기보다는 그것을 통해 '이 세계'와 '이 나'의 보편적이면서도 역사적 연관을 사고하는 길을 모색했다고 해야겠다.

반철학자 가라타니 고진

이렇듯 1980년대에 가라타니는 '고유명' 철학에 입각해 자신만의 고유한 '철학사'를 구축한다. 그러나 한편으로 이런 철학사는 기존 철학사의 체계에 대항하는 '반철학anti-philosophy'이기도 하다. 지금까지 가라타니의 서술을 본 독자는 이미 눈치챘겠지만 가라타니의 철학사는 철학자의 텍스트를 그것을 둘러싼 역사적 정황으로 되돌림으로써 성립한다. 데카르트도, 스피노자도, 비트겐슈타인도 그들이 위치한 역사적 장소와 분리될 수 없다. 바디우는 반철학을 다음과 같이 정의한다. "반철학이란 철학적 진술의 '의미'와 '진실성'을 그것을 둘러싼 역사적 상황으로 환원함으로써 기존의 체계성에 입각한 철학적 진리를 해체하는 경향이다."[32] 바디우는 이런 점에서 비트겐슈타인을 '위대한 반철학자'

---

31   가라타니 고진, 『역사와 반복』, 조영일 옮김, 도서출판 b, 2008, 113쪽.

32   Peter Hallward, 'Anti-Philosophy', "Taking Sides", *Alain Badiou: A Subject Faithful to Truth*, University of Minnesota Press, 2003.

중 한 사람으로 평가한다. 비트겐슈타인 역시 철학적 명제의 '의미'를 우연적인 언어 게임의 실천으로 환원했기 때문이다. 가라타니도 비트겐슈타인을 높이 평가한다는 점에서 바디우가 말한 반철학자 계열에 속한다고 할 수 있을 것이다.

> 내가 한마디 하고 싶은 것은 이 '의미'가 철학 안에서는 결정될 수 없다는 점이다. 그것이 아무리 급진적이라 하더라도 그 전도는 어떤 경우에는 단지 또 하나의 형식적 게임에 지나지 않는 것으로 끝나버릴 수도 있으며, 또 다른 경우에는 우리가 미처 알아차리기도 전에 이미 지배적인 이데올로기가 되어 있기도 한다. 관념론이 오히려 혁명적인 의미를 수행하고, 또 유물론이 오로지 보수 반동적인 의미만을 지니는 그런 시대와 장소도 있는 법이다. 그러므로 철학 안에서 철학의 '의미'를 결정하는 것은 불가능하다.[33]

이것은 바디우가 말한 것과 같은 가장 '탁월한 반철학자'의 입장이다. 바디우에 따르면 반철학은 "체계적 명증성이라는 철학적 자임에 대해 언어론적·논리적·계보학적 비판"[34]을 가한다. 마찬가지로 가라타니는 주체든 타자이든 그런 철학적 범주들은 가르치다-배우다, 사다-팔다와 같은 관계를 맺는 '장소'에서 발견된다는 논점을 고수한다. 그런데 아직 이 단계에서 가라타니는 공동체에 외부적인 장소로 나아가도록 주체를 추동하는 것이 무엇인지를 설명하지 않는다. 그것을 말하지 않은 채 단지 주체와 타자가 위치한 역사적 '장소'만을 말하는 것이 바

33 가라타니 고진, 『은유로서의 건축』, 177~178쪽.
34 Peter Hallward, *Alain Badiou: A Subject Faithful to Truth*, University of Minnesota Press, 2003, p. 21 에서 재인용.

로 '반철학'이다. 반철학이 지닌 문제는 단순히 철학의 명증성에 대항
한다는 것이 아니라 그마저도 어중간한 '철학'이 되어버린다는 데 있
다. 철학이 의존한다고 반철학이 폭로하는 '역사성', '차이', '장소'는 그
자체가 이미 철학적이고 추상적이다. 이런 반철학의 한계를 넘어서려
면 우선 철학이 의존하는 장소, 관계, 역사뿐 아니라 그런 장소, 관계,
역사를 창안하는 보편적인 '기획'을 제시해야 한다. 앞으로 보겠지만
가라타니는 2000년대에 이런 과제를 푸는 데 일정 부분 성공한다. 그
는 그것을 '교환양식 D'라고 부른다.

　　여기서 드는 또 한 가지 의문은 가라타니가 왜 그토록 집요한 '반
헤겔주의자'가 되었느냐는 점이다. 가라타니는 시종일관 헤겔이 공동
체 너머의 우연적이고 역사적이며 불투명한 관계를 '사후의 시점'에 서
서 투과적인 것으로 바라보고 있다고 비판한다.

　　예컨대 헤겔은 본질은 결과 속에서 알 수 있다고 말한다. 우리가
　　'결과' 속에서 보게 되면 어떤 복수의 계열도 하나의 계열로 보이
　　게 된다. 따라서 헤겔에게 역사는 한 계열이다. 이에 대해 다수성
　　을 주장해도 소용없는 일이다. 복수 계열, 단순하게 말해 두 계열
　　의 독립성은 어디서 확보될 수 있을까? 그것은 이자=二者 관계에서
　　쌍방향 혹은 전후에 동시에 설 수 없는 관계 속에서만 있을 수 있
　　다. 즉 이것이야말로 '팔다-사다'라든가 '가르치다-배우다'라는
　　비대칭적인 관계인 것이다.[35]

가라타니는 '팔다-사다'와 '가르치다-배우다'를 철학이 의존하는 고유
한 관계적 장소로 본다. 그러나 헤겔은 철학이 어떤 특정한 역사적 장

35　　가라타니 고진, 『탐구 2』, 69쪽.

소에 의존한다는 것을 몰랐을까. 반대로 헤겔은 역사적 장소를 특정하는 것이야말로 곤란하다는 것을 알았다. 이를테면 가라타니가 말하는 '암스테르담'은 실은 어디에도 없는 장소다. 암스테르담에 거주한 사상가들이 모두 다 데카르트나 스피노자와 같은 철학자는 아니었다. 헤겔은 철학 이념을 실현할 수 있는 역사적 장소를 어떤 구체적인 '실체'로 지목해서 생각하는 사고방식을 거부한다. 여기서 우리는 슬라보예 지젝이나 마르쿠스 가브리엘Markus Gabriel처럼 "실체는 동시에 주체로서 사고해야 한다"는 헤겔의 명제에 주목해야 한다. 헤겔은 주체가 의존하고 또한 참조하는 실체 자체가 이미 주체 그 자신처럼 분열되어 있고 유한하다는 사고를 최초로 제시한 철학자였다. 우리는 헤겔이 말하는 (그 자신이 주체이기도 한) '실체'를 가라타니가 말하는 '교통 공간'에 대입해서 생각해볼 수 있다.

그렇게 해서 우리는 총체적으로 형이상학적, 선험적, 사변적의 세 입장을 확인할 수 있다. 첫 번째 입장에서 실체는 단순히 바깥에 실존하는 것으로 인식되며, 또 철학의 과제는 그 기초적 구조를 분석하는 것이다. 두 번째 입장에서 철학자는 객관적 실체의 가능성의 주관적 조건들, 그 선험적 생성을 탐구한다. 세 번째 입장에서 주관성은 실체 속에 재차-새겨-넣어지지만, 단순히 객관적 실체의 한 부분으로 축소되지는 않는다. 다시 말하자면 실체의 주관적 구성, 주체를 즉자로부터 분리시키는 틈은 온전히 인정되는 반면, 바로 이 틈은 그(헤겔이 그러하듯이 그리스도교 신학의 용어를 사용하자면) 텅 빈 자기 채용으로서 실체 속으로 옮겨진다. 현상은 실체로 축소되지 않고 오히려 현상의 그 과정 자체가 실체의 관점에서 인식된다. 그 결과 물음은 '만일 그런 게 있다면 우리는 현상으로부터 실체로 옮겨 갈 수 있는가'가 아니라 '어떻게 해서 현상과 같은 것이 실체의 한가운데에서 발생할 수 있는가,

또 실체가 스스로에게 나타날 수 있는 조건은 무엇인가' 하는 것
이다.[36]

이렇듯 헤겔의 정신은 "객관적 실체의 한 부분으로 축소되지는 않는
다." 이런 틈새가 존재하는 이유는 주체가 단지 '유한'하거나 '불완전'
해서가 아니다. 오히려 외부의 암묵적인 참조점으로 존재했던 실체 자
체가 불완전하고 유한하기 때문에 주관과 객관 사이의 틈새가 벌어지
는 것이다. 주체와 실체 사이의 "틈새는 실재 속으로 옮겨진다." 따라서
실체에 대한 완전한 파악으로서 존재하는 절대정신이 실제로는 '불완
전'한 것이다. 오히려 그 불완전성을 가장 완전하고 철저하게 이해하고
있기에 절대정신이라 불리는 것이다. 이렇게 헤겔은 가라타니의 입장
을 나름의 방식으로 선취하고 있다.

　　우리는 이미 데카르트, 스피노자, 칸트의 '코기토'란 자신이 속한
개별 공동체, 그리고 그 안에서 이루어지는 '반성'을 넘어선 외부적 실
존이라는 것을 보았다. 그리고 코기토는 공동체와 공동체 사이에 있는
'교통 공간'(가라타니) 속에서만 존재할 수 있다는 것을 보았다. 또한
'타자' 역시 그런 공간 속에서 발견할 수 있는 것이다.

　　문제는 그런 공간, 공동체와 공동체 사이에 있는 교통 공간이란
어떤 자명한 '실체'로서 존재하는 것이 아니라는 점이다. 반대로 헤겔
은 개별 공동체에서 아무리 반성에 반성을 거듭해도 붙잡을 수 없는
'세계'를 반성하려면 우선 그 자신이 '어떤' 공동체를 실현해야 할지를
물은 최초의 철학자다. 단지 공동체를 넘어서 교통 공간이 있다고 말
하는 것만으로는 부족하다. 그런 교통 공간으로 존재하는 세계에 참여

36　마르쿠스 가브리엘, 『신화, 광기 그리고 웃음』, 임규정 옮김, 인간사랑, 2011,
　　240~241쪽. 국역본 원문에서는 '실재'로 번역된 substance를 '실체'로 바꾸어 인용했다.

하려면 자신이 존재하는 공동체의 존재 방식을 반성하고 재창안해야 하는 것이다. 이것은 헤겔이 이성적 국가를 만들어나가는 정치적 기획에 관심을 기울인 이유를 설명해준다. 국민국가가 존재하기 이전에 지역적·부족적 '공동체'들 너머의 교통 공간을 경험하기 위해서는 공동체 바깥으로 추방된다든지, 재난을 겪고 피난을 간다든지 하는 역사적 우연성이 필요하다. 그러나 국민국가라는 정치공동체는 이미 그런 외부에 대한 자각으로서 성립해 있다. 무엇보다 헤겔이 말한 '국가'는 오늘날 현실적으로 존재하는 네이션=스테이트와는 다르다. 당시 헤겔이 살던 프로이센은 제대로 된 국민국가조차도 존재하지 않던 상황이었다. 즉 사전의 시점에 서 있던 것이다. 그럼에도 국가는 무엇보다 현실적이어야 하기 때문에 그것을 단순히 '앞으로 도래해야 할 이성적 국가'라고만 말할 수 없다. 이미 실현되어 있는 것에 기초해서 생각하지 않을 수 없는 것이다. 그렇다면 (나중에 보겠지만) 헤겔이야말로 사전의 시점과 사후의 시점에 모두 서서 '보편성'을 사고한 최초의 트랜스크리틱 사상가가 아니었을까?

가라타니 고진이라는 고유명

II. 트랜스크리틱 사상가, 가라타니 고진

가라타니의 첫 번째 사상적 전회(포스트모던 비평가에서 세속적 비평가로 전회)가 1980년대에 발생했다면 두 번째 전회는 1990년대에 일어났고 그런 사상적 전회는 『트랜스크리틱』에 집약되었다.

아즈마 히로키의 설명을 빌리자면 1980년대 이전에 가라타니가 봉착한 이중구속 상태는 다음과 같다. 한 개인은 구조나 시스템 내에서 규정된 채 존재할 수밖에 없지만 그/그녀의 존재론적 고통과 문제의식은 마치 그것을 '넘어서' 있는 것 같다. 그런데 고통의 초월성이 역으로 개인이 구조와 시스템을 넘어설 수 '없다'는 것을 더 첨예하게 드러낸다. 1970년대 초반까지 초월 '불가능성'에 천착하면서 그것의 원리적인 근거를 묻는 고통스러운 작업에 치중한 가라타니는 1980년대에 들어서서 가르치다-배우다, 사다-팔다와 같은 문제들에 대한 '세속적 비평'으로 돌아선다. 거기서 가라타니는 구조와 시스템의 초월 가능성을 묻기보다는 오히려 그런 구조와 시스템(공동체)이 '복수'로 존재한다는 사실에 눈길을 돌린다. 그리고 복수의 시스템 간의 관계 속에서 '주체'와 '타자'를 둘러싼 문제를 사고하는 방향으로 전회한 것이다. 이런 노선에 따라 가라타니는 비트겐슈타인, 데카르트, 스피노자, 키에르케고르, 마르크스와 같은 사상가들을 각자의 '고유명'으로서 새롭게 독해한다.

앞서 말했다시피 그와 같은 전회에는 일정한 한계가 있다. 한마디로 말하자면 그들을 '고유명'으로 새롭게 사고한다고 해도 그것이 결국 현실에서 무엇을 의미하는지 불분명하기 때문이다. 코기토가 복수의 공동체 사이에 서고자 하는 '이 나'의 외부적 실존이라면 그런 코기토를 추동하는 것은 무엇인가? 그리고 그/그녀의 '기획'은 무엇인가? 그렇다면 1990년대에 일어난 전회의 정체는 무엇인가? 가라타니는 『트랜스크리틱』 한국어판 서문에서 다음과 같이 말한다.

> 1990년까지 나는 적극적인 말이라면 어떤 발언도 할 수 없었다. 그렇긴 하지만 그 후로 자본제 경제나 국가에 대한 계몽적 비판 또는 문화적 저항에 머무르는 데 만족할 수는 없었다. 나는 근본적으로 다시 생각하려 하는 과정에서 칸트를 만났다. 내가 하려고 한 것은 마르크스를 칸트적 '비판'에서 다시 생각해보는 일이었다. 그리고 그것을 완성하는 데 결국 10년이나 걸리고 말았다. 나는 단순한 비판에 그치지 않고 구체적이고 적극적인 이론을 제출하고 싶었다. 그렇게 하지 않으면 이전의 책과 기본적으로 다르지 않기 때문이다.[1]

1990년대 이르러 가라타니는 다시 한 번 칸트와 마르크스를 자신만의 '고유명'으로 읽어내고 그것에 힘입어 자신만의 사상적 의제를 가지게 된다. 앞서 우리는 가라타니가 '고유명'과 연관되어 있다고 말하는 '역사성'이 무엇인지, 그리고 그런 역사성 속에서 공동체와 공동체 사이의 관계가 어떠한 방식으로 존재하는지 살피고, 나아가 그런 공동체 너머의 장소에서 코기토=주체가 가져가야 할 기획이 불분명하다는 것을 지적했다. 그런데 1990년대 이후 가라타니는 호수제, 재분배, 상품교환이라는 세 가지 '교환양식'을 들고 나온다. 각각은 공동체 내에서뿐 아

---

1   가라타니 고진, 『트랜스크리틱』, 송태욱 옮김, 한길사, 2005, 12쪽.

니라 공동체가 그것의 바깥과 맺는 관계의 구조적 유형이다. 가라타니는 세 가지 교환양식이 접합되는 양상에 입각해 '역사성' 자체를 새롭게 재조명하고 이에 따라 자신이 앞으로 나아갈 방향을 모색한다. 물론 이런 교환양식론 중 어느 것도 마르크스나 칸트의 생각은 아니다. 그것은 가라타니만의 '고유명'이다.

가라타니는 칸트와 마르크스도 '고유명'으로 받아들인다. 이는 가라타니의 고유명의 철학과 무관하지 않다. 2부에서 우리는 『트랜스크리틱』을 중심으로 가라타니가 이 두 사상가에 힘입어 자신만의 독자적인 방법에 도달하는 과정을 살펴볼 것이다.

1 『트랜스크리틱』과 칸트

『시령자의 꿈』에서 칸트는 스베덴보리 또는 형이상학을 긍정함과 동시에 그것을 긍정하는 자신을 비웃는 방식으로 썼다. 『순수이성비판』에서 이 방식은 이성이 자신의 한계를 뛰어넘어 지식을 확장하는 것을 부정함과 동시에 이성이 그렇게 하지 않을 수 없는 '욕동'을 인정해야 하는 형태가 되었다. 『시령자의 꿈』에 나타난 풍자적 자기비평이 『순수이성비판』에서는 이성에 의한 이성의 비판이 되었다. 즉 칸트는 자기 문제로 취급하지 않고 '이성의 자연적 본성이 이성에 부과한 문제'로 다루었다. 그것이 '초월론적 비판'이다(『트랜스크리틱』).

『트랜스크리틱』의 전사前史

칸트는 잘 알려졌다시피 선험적 주관이 자신의 오성의 범주와 감성의 형식들을 감각 자료에 던져 넣어서 인식을 '구성해낸다'는 시각을 견지했다. 여기서 문제는 이런 선험적인 범주와 형식들이 아니라 그것을 이용해 인식의 구성을 '행하는' 자의 정체는 무엇이냐는 것이다. 칸트는 '인식 작용'의 주체가 블랙박스로 존재한다는 것을 간파하며 그것을 '초월론적 통각transzendentale apperzeption'이라고 부른다. 칸트는 초월론적 통각이 존재하는 방식에 대한 적극적인 인식을 구할 수는 없으며 단지 선험적 범주와 형식의 근거를 되묻는 초월론적 반성을 통해 그것이 단지 '존재한다'는 것만을 알 수 있다고 말한다. 이렇듯 초월론적 통각은 우리 경험의 기반이 되는 '나'다. 『탐구 2』에서 가라타니는 아직 칸트를 부정적으로 평가한다. 가라타니는 칸트의 초월론적 통각이 반성적인 자기의식에 지나지 않으며 그것은 데카르트와 스피노자의 '코기토'와 달리 공동 주관적으로 타당한 일반적인 '나'에 지나지 않는다고 말한다. 그리고 그것은 헤겔이 말한 '절대정신'으로 이어진다고 말한다.[1]

칸트에게는 이런 '타자'가 없다. 단독성으로서 주체는 단지 일반적인 초월론적 주체의 개별적 발현으로 간주된다. 헤겔이 이것을 받아들였다는 것은 두말할 것도 없다.[2]

가라타니의 두 번째 전회는 칸트의 '초월론적 통각 X'를 위와 전혀 다른 방식으로 재평가하는 것과 맞물려 있다. 그러나 그 전에 칸트가 철학에 일으킨 '코페르니쿠스적 전회'를 가라타니가 어떤 방식으로 재해석하는지를 먼저 살펴볼 필요가 있다.

칸트의 코페르니쿠스적 전회

가라타니는 칸트의 '물자체' 개념에 주목한다. 우선 칸트는 선험적 주관이 자신이 가진 범주와 형식들을 통해 인식 내용을 구성해낸다 하더라도, 사물이 있는 그대로 존재하는 방식(=물자체)을 알 수 없다고 말한다. 후일 이와 같은 '물자체' 개념은 많은 철학자에게 비판의 표적이 되었다. 가령 헤겔과 요한 피히테Johann Fichte는 물자체는 '우리가 알 수 없는' 것으로 주관에 의해 '정립'된 것이라고 말한다. 물자체를 인식 주관을 초월한 사물로 생각하는 칸트를 비판한 것이다. 이렇게 비판하는 철학자들은 칸트의 물자체 개념을 어디까지나 인식론적인 개념으로 받아들인다. 그런데 가라타니는 물자체가 실은 공동체 너머와 미래의 '타자'를 함축한다고 주장하며, 칸트가 철학에 일으킨 '코페르니쿠스적 전회'란 실은 '물자체=타자'를 향한 전회라고 주장한다.

1   가라타니 고진, 『탐구 2』, 권기돈 옮김, 새물결, 1998, 99~100쪽 참조.
2   가라타니 고진, 앞의 책, 179~180쪽.

칸트가 말하는 '코페르니쿠스적 전회'는 주관성 철학으로 전회하는 것이 아니라 오히려 그것을 통해 이루어진 '물자체'를 중심으로 하는 사고로 전회하는 것이다. 칸트가 주관성이라고 간주되는 선험적 구조를 해명하려고 한 것은 이 때문이다. 그렇다면 '물자체'란 무엇인가. '물자체'는 『실천이성비판』에서 직접적으로 말해지기 이전에 기본적으로 윤리적인 문제와 관련된다. 다시 말해 '타자'의 문제인 것이다. 물론 칸트는 거기서 시작하지 않았고 나도 거기서 시작하지 않는다. 그러나 내가 이 책에서 말하고자 하는 것은 칸트의 '전회'가 '타자'를 중심으로 하는 사고의 전회라는 것, 그리고 그것이 칸트 이후 호언장담해온 그 어떤 사상적 전회보다 근원적이라는 사실이다.[3]

이제 가라타니는 칸트를 "역사상 처음으로" 타자라는 개념을 철학에 도입한 철학자로 상찬한다. "타자는 '물자체'라는 용어로 또는 '감성'의 수동성으로 말해진 타자성이다."[4] 가라타니는 물자체 개념을 단순히 우리가 인식하지 못하는 '사물'로만 받아들여서는 안 되는 이유를 다음과 같이 설명한다.

물자체는 물物과 타아他我로 나누어 생각할 수 없다. 과학적 가설(현상)을 부정하는 것은 물이 아니다. 물은 말하지 않는다. (공동체를 넘어선) 타자가 말하는 것이다. 그러나 이 타자가 반증하기 위해서는 반드시 감성적인 데이터를 수반해야 한다. 따라서 물자체가 타자라는 것과 물자체가 물이라는 것은 모순되지 않는다. 중

3　가라타니 고진, 『트랜스크리틱』, 송태욱 옮김, 한길사, 2001, 73쪽.
4　가라타니 고진, 앞의 책, 154쪽.

요한 것은 물이든 타자이든 그 '타자성'이다. 그렇다고 해서 그것은 절대 신비적인 것이 아니다. '물자체'로써 칸트는 우리가 선취할 수 없는, 그리고 마음대로 내면화할 수 없는 타자의 타자성을 의미하고 있다. 따라서 칸트는 우리가 현상밖에 알 수 없다는 것을 한탄하는 것이 아니다. '현상'(종합판단)의 보편성은 오히려 그런 타자성을 전제하는 한에서만 성립할 수 있다.[5]

가라타니의 칸트 독해 이면에는 자신이 1980년대에 세공한 '차이', '타자' 개념과 '고유명' 개념이 작동하고 있다. 가라타니에 따르면 칸트가 살던 쾨니히스베르크는 당시 그 지역에서 국제무역의 중심지였다. 이곳은 스피노자와 데카르트가 살았던 암스테르담과 마찬가지로 '차이가 빚어지는 장소'였다. 이런 시스템 간의 '차이성'은 시차視差=parallax라고 불리게 된다. 이런 시차는 여러 형태로 재생된다. 가라타니는 대륙의 합리론과 영국의 경험론 사이의 차이를 '시차'라는 용어로 개념화한다. 가라타니는 칸트의 저작 중 상대적으로 덜 알려진 『형이상학자의 꿈에 비추어 본 시령자視領者의 꿈』에서 시차라는 개념을 끄집어낸다. 그것은 통역 불가능한 두 시스템 사이의 차이와 같은 것이다. 그런데 중요한 것은 이런 시차가 단지 시스템 사이의 차이에 그치지 않고 자신을 반성하는 과정에 존재하는 어떤 '불투명성'으로도 존재한다는 점이다. 가령 우리는 녹음된 자신의 목소리를 듣거나 예기치 못하게 찍힌 자기 사진을 볼 때 어떤 기묘한 이질감을 느낀다. 내가 생각한 나 자신과 '다른' 목소리와 얼굴이 기록되어 있지만 이 또한 '나'라는 것을 인정하지 않을 수 없는 사태에 당혹스러워하는 것이다. 내가 평소 나라고 생각했던 것 역시 '나'의 일부이지만 한편으로 저 이물감을 가져오는 경험 역시 '내' 일부다. 이것 역시 하나의 시차적 경험이라 할 수 있다.

가라타니는 칸트가 '시차'라는 용어를 후일 『순수이성비판』에서 '이율배반antinomy'이라는 용어로 재개념화하게 된다고 말한다. 칸트는 우리가 현상을 넘어선 예지적 영역을 판단할 때 모종의 '이율배반'에 빠지게 된다고 말한다. 이율배반이란 모순되는 정명제와 반대명제가 동시에 성립하는 사태를 의미한다. 예를 들어 '세계는 시간적으로도 시초가 있으며 공간적으로도 한정된 것이다'와 '세계는 시간적으로도 공간적으로도 무한하다'라는 두 명제는 모순되지만 둘 다 성립할 수 있다. 말하자면 두 명제는 마치 유클리드 기하학과 비유클리드 기하학처럼 저마다 별개의 '공리계'를 형성한다. 그러나 가라타니는 (칸트의 『시령자의 꿈』을 빌려) 이런 이율배반은 실제로는 '광학적 기만'에 지나지 않는다고 말한다. 예컨대 수학에서 다양한 공리계들은 앞서 보았듯이 수학의 사회적 적용(응용) 가능성 때문에 도입된다. 유클리드 기하학이든 비유클리드 기하학이든 그 공리계들은 그것을 각각 평면과 구면/곡면에 적용하기 위해 도입한 것이다. 말하자면 공리계 외부의 '타자' (공리계의 응용 가능성) 없이 공리계를 도입하는 것은 공소하다. 그 사실을 지워버릴 때 공리계들 사이의 이율배반이 비로소 철학자들의 골칫거리가 되는 것이다. 그런데 가라타니는 칸트가 이미 이런 공리계의 문제를 당대의 '비유클리드 기하학'을 접하면서 인식했다고 주장한다. 이는 그가 당대의 통념과 달리 수학을 '분석판단'이 아닌 '종합판단'으로 간주한 이유를 설명해준다.

그렇다면 칸트의 말대로 이율배반이란 '물자체=타자'에 자신의 개념을 독단적으로 적용하는 "이성의 월권"(칸트)이 초래한 것이다. 칸트가 이성의 '월권'을 경계하는 부분에서 우리는 '물자체'가 윤리적 함의를 짙게 지닌다는 점을 간파할 수 있다. 다시 말해 공동체 속에서 아무리 자신의 인식을 반성한다 하더라도 그 반성의 타당성을 반증해오는 타자=물자체가 항상 존재한다는 것을 말하고 싶었던 것이다. 칸트

가 '선험적'이라고 말했던 오성의 범주도, 직관의 형식들도 이런 타자
=물자체에 노출된다. 그렇다면 칸트가 열거한 순수 오성개념의 4강
12목四綱十二目[6]이 어느 사회에서나 '보편적'인 것이 아니라는 지적(『철학
과 굴뚝청소부』의 이진경)은 칸트에 대한 비판이 될 수 없다.

일반성과 보편성

　칸트의 물자체가 '타자'라는 자신의 주장을 지지하기 위해 가라
타니는 칸트가 『판단력비판』에서 '비평'의 문제를 고민했다는 것을 예
로 들며 이런 비평의 문제가 타자의 문제를 동반한다고 말한다. 그 저
서에서 주요한 해명 대상으로 논의된 '판단력'이란 개별 경험을 법칙
아래로 포섭하는 능력, 사물의 미추를 판별하거나 자연적 산물의 존
재 이유를 판단하는 능력이다. 그것은 판단 대상이 되는 사물과 그것
을 포섭하는 개념 사이에서 자유로운 일치를 발견하는 능력이다. 자유
로운 판단 능력은 무엇보다 취미판단에서 부각되는데 도덕적 판단이
나 과학적 판단과 달리 취미판단에서는 판단 대상과 그것을 포섭하는
개념(미추, 목적론적 개념 등등) 사이에 어떤 필연적 연관도 없기 때문
이다. 이런 점 때문에 많은 이가 칸트의 『순수이성비판』이 인식의 필연
성과 보편성을 구하는 저작인 반면 취미판단을 주요하게 다루는 『판단
력비판』은 인식의 상대성을 구하는 저작이라고 생각한다. 그런데 『판
단력비판』에 대한 가라타니의 해석은 이와 궤를 달리한다. 가라타니는
칸트의 『순수이성비판』이 이미 '취미판단'의 문제에서 출발했다고 말

6　판단의 순수한 형식들을 분류한 칸트의 판단표를 의미한다. 분량: 단일성, 다수성,
　　총체성 / 성질: 실재성, 부정성, 제한성 / 관계: 실체성, 인과성, 상호성 / 양태: 가능성,
　　현실성, 필연성.

한다. 가령 가라타니는 『판단력비판』에서 취미판단이 모종의 '보편성'
을 '요구ansinnen'한다는 사실을 발견한다.

> 칸트는 취미판단을 쾌적함과 구별했다. 쾌적함은 개별적이지만
> 취미판단은 보편적인 것을 '요구'받는다. 다시 말해 다른 사람들
> 이 그 판단을 받아들여야 하는 것이다. 비트겐슈타인의 말로 하
> 면 쾌적함은 '사적 언어'이지만 취미판단은 이미 공동의 언어 게
> 임에 속해 있다. 칸트가 공통 감각이라고 하는 것은 바로 이것이
> 다. 그런데 문제는 이들 언어 게임이 다수 존재한다는 사실이다.
> 따라서 취미판단에서 보편성은 서로 다른 규칙 체계를 소유하는
> 자 사이의 커뮤니케이션 문제다. 취미판단에 대해 보편성을 '요
> 구'하는 것은 모든 종합판단의 기저에 흐르는 공통된 문제다. 따
> 라서 칸트가 예술에서만 그 고유의 특수한 문제를 찾아냈다는 것
> 은 있을 수 없다. 오히려 칸트는 취미판단의 '비평'에서 모든 문제
> 를 보려고 했다.[7]

취미판단이 요구하는 보편성은 칸트 자신이 구분하듯이 일반성과는
다르다. "어떤 사람이 쾌적한 물건으로 손님을 대접해 사람들을 기분
좋게 할 줄 알면 우리는 그 사람을 가리켜 '그 사람은 취미가 있다'고
말한다. 그러나 이 경우 보편성은 비교적인 의미밖에 갖지 않는다. 즉
그것은 일반적 규칙(경험적 규칙은 모두 일반적 규칙이다)이다. 그러
나 미에 관한 취미판단이 확립하려는 것이나 요구하는 것은 바로 이 보
편적 규칙이다."[8] 여기서 일반적 규칙은 미/추에 관한 공통 감각common

---

7   가라타니 고진, 앞의 책, 81쪽.
8   가라타니 고진, 앞의 책, 78쪽에서 재인용.

sense에 기초해 있다. "공통 감각은 규범적이며 그것을 기초로 대부분의 범용한 작품들이 만들어진다. (……) 그것을 변하게 하는 것은 공통 감각과 대립해 거기서 일탈하는 개인들—천재—이다."⁹

『순수이성비판』에서 선험적인 보편성을 요구하는 '종합판단' 역시 '취미판단'과 다르지 않다. "궁극적으로 분석판단을 제외한 판단은 취미판단으로 귀착된다." 또한 칸트는 윤리적 판단(실천이성비판)과 미적 판단(판단력비판) 그리고 과학적 판단(순수이성비판)을 엄격히 구분하지만 그것은 독자적인 윤리적 세계나 미학적 세계 그리고 과학적 세계가 있어서가 아니다. 칸트가 자신의 도덕철학에서 도덕을 쾌락이나 행복의 기초로 보는 것을 거부한 것은 쾌락과 행복을 '부정'해서가 아니다. 윤리적 판단을 할 때 주관은 단지 행복이나 쾌/불쾌에 대한 판단을 괄호 안에 넣는 '초월론적 환원'(후설)을 행할 뿐이다. 미에 대한 판단 역시도 도덕적이거나 인식적 관심을 괄호에 넣을 때만 성립된다. 이런 환원을 수행하는 주체가 이를테면 '초월론적'이다. 그렇다면 칸트의 '초월론적 통각'이란 그와 같이 초월론적 환원을 행하는 의지라고 할 수 있다. 그러나 동시에 우리는 무언가(=물자체)에 의해 그런 환원을 행하도록 요구받는다.

여기서 어떤 종류의 판단이든 공동체 안의 공통 감각을 넘어선 '타자'의 승인을 요구하는 것으로 드러난다. 그러나 그것은 공동체 안에서 이루어지는 다른 주관과의 '합의'와는 다르다. "합의는 단지 '공통 감각' 가운데서 이루어지고, 또 그것을 강화할 뿐이다. 만약 보편성이 있다면 '공통 감각'을 넘어서는 것이어야 한다."¹⁰ 이런 타자의 예로 가라타니는 이전에도 거론한 바 있는 어린이와 외국인과 같은 공동체 바

9   가라타니 고진, 앞의 책, 79쪽에서 재인용.
10   가라타니 고진, 앞의 책, 85쪽.

깥의 타자를 든다. 하지만 『트랜스크리틱』에서 가라타니는 이런 타자를 공간적으로만이 아니라 시간적으로도 생각한다. 가령 그는 '미래의 타자'를 들고 온다. "우리가 선취할 수 없는 타자란 미래의 타자다. 그보다 미래는 타자적인 한에서 미래다. 현재로부터 상정할 수 있는 미래는 미래가 아니다. 이렇게 보면 보편성을 공공적 합의에 의해 기초 지을 수는 없다. 공공적 합의는 기껏해야 현재의 어떤 공동체에 타당한 것에 지나지 않는다."[11]

가라타니는 미래에서 오는 타자=물자체가 '보편성'을 가능하게 한다고 말한다. 그것은 어떤 공동체에서 합의하는 '일반성'(패러다임)과는 다르다. 가라타니는 칸트가 이렇듯 보편성과 일반성을 철저하게 구분한 것은 그가 근대 경험과학의 문제에 직면했기 때문이라고 말한다. 가령 칸트 이전에는 단순히 '까마귀는 검다'와 같은 '전칭명제'가 보편적이라고 생각되었다. 그러나 데이비드 흄David Hume과 같은 회의론자는 전칭명제를 경험적으로 검증하는 것은 불가능하기에, 즉 앞으로도 있을 무한한 판단 대상들을 검증해야 하기 때문에 사실은 관습적으로 합의된 명제에 지나지 않는다고 말한다. 그런데 가라타니는 포퍼를 인용하며 보편성은 오히려 '반증 가능성'에 의해 뿌리를 내린다 말한다. "전칭명제는 적극적으로 검증되지 않지만 적극적으로 반증될 가능성을 갖는다. 그리고 반증되지 않는 한 참이라고 가정된다. 예를 들어 포퍼는 명제의 보편성은—명제가 반증 가능한 형태로 제기되었고—그 명제에 대해 반증이 나오지 않는 한 보편적이라고 생각했다."[12] 가라타니는 칸트가 바로 '반증해오는 타자'를 '물자체'로 말하고 있다고 주장한다. "과학 인식은 자연에 대해 가설을 세우는 오성의 능동성과 구상력,

---

11   가라타니 고진, 앞의 책, 169쪽.
12   가라타니 고진, 앞의 책, 84쪽.

그리고 그 가설의 보편성을 가능하게 하는 '타자'를 전제하고 있다."[13]

　이렇듯 명제의 보편성이라는 것은 타자의 반증 가능성에 노출되는 한에서만 잠정적으로 승인된다. 보편성은 단지 잠정적인 것일 수밖에 없다고 해도 좋다. 하지만 가라타니는 이런 잠정성이 흄이 말하는 명제의 '관습'적 정당화와는 다르다고 생각한다. 반대로 **특유한 잠정성이 보편성을 적극적으로 초래한다**고 봐야 한다. 예컨대 보편적인 언명은 지금-이곳의 공동체들을 넘어 미래의 타자에게도 타당하도록 노력해야 할 뿐 아니라 그들에게 타당성을 검증받을 수 있는 형태로 제시되어야 한다. 바로 그런 가설의 형태가 보편적인 것이며, 그런 가설 자체가 이미 어떤 윤리적 태도를 전제하고 있는 것이다.

　한나 아렌트Hannah Arendt는 칸트의 『순수이성비판』과 『실천이성비판』이 '단일한 주관'에서 출발하기 때문에 타자의 문제가 다뤄지지 않는다고 비판한다.[14] 가라타니는 오히려 칸트가 보편적 인식의 가능성을 묻는 『순수이성비판』에서 복수의 주관을 도입하지 않고 단일한 주관에서 출발한 이유는 그가 복수의 주관 사이의 합의만으로 보편성을 담보할 수 없다는 사실을 이해하고 있었기 때문이라고 반박한다. 이미 보았듯이 단일 주관이냐, 복수의 주관이냐 하는 문제는 '형식적'인 것에 지나지 않는다. 언어 규칙 속에서는 단일 주관이 이미 공동적으로 음미된 주관이다. 칸트가 말하는 오성의 범주와 직관의 형식은 언어적인 관습을 통해 인간이 세계를 인식한다는 후대 철학의 '언어론적 전회'를 선취하고 있다. 그러나 중요한 것은 같은 언어를 공유하지 않는 공동체 바깥의 타자, 그리고 무엇보다 미래의 타자다. 칸트의 전회는 그것으로 향했기 때문에 그 어떤 철학 사상의 전회보다 더 근본적이다.

13　가라타니 고진, 앞의 책, 189쪽.
14　한나 아렌트, 『칸트 정치철학 강의』, 김선욱 옮김, 푸른숲, 2002 참조.

자유와 초월론적 가상

칸트는 보편적인 인식과 윤리의 가능성을 신 또는 보편이성과 같은 형이상학적 실체가 아니라 물자체를 향한 주관의 특정한(=초월론적) 태도에서 구했다. 가령 칸트는 경험적 현상을 넘어선 영역, 즉 물자체에 자신의 개념을 독단적으로 적용하는 것을 "이성의 월권"이라고 분명히 말한다. 우리는 물자체에 대해 생각할 수 있지만 그것을 경험적으로 직관할 수는 없으며 그런 구별이 없는 한 이율배반에 빠질 수밖에 없다. 이것을 '타자'로 바꾸어 말하자면 우리는 육박해오는 미래의 타자에 대해 생각할 수 있지만 그가 가져올 반증이 무엇인지는 알 수 없다.

한편 칸트는 『실천이성비판』에서 물자체에 대해 미리 무언가를 말하는 것이 불가피하다고 말한다. 칸트는 그것을 '초월론적 가상'이라고 말한다. 그런 가상은 감각이나 상상력이 초래한 가상과는 다르다. 여기서 칸트는 일정 부분 형이상학을 복권한다.

『순수이성비판』(1781년)에서 칸트가 한 비판은 낡은 신학적 형이상학을 향하고 있는 것처럼 보인다. 그러나 실제로 그는 서문에서 기술하고 있는 것처럼 일찍이 학문의 여왕이었던 형이상학이 이미 쇠퇴해 조소의 표적이 된 것, 그런데도 이성이 강요당하고 있는 다양한 형이상학적 과제는 소멸되지 않았다는 것, 그리고 그것은 실천적(도덕적)으로 해결되도록 지향되어야 한다는 것을 시사하고 있다. 따라서 칸트가 비판한 것은 낡은 양식의 형이상학이라기보다도 오히려 그것을 조소한 계몽주의자였다고 말해야 한다. '계몽'이란 가상에서 해방되는 것이다. 만약 가상이 감각에 기초한 착오라고 한다면 그것을 이성에 의해 시정하는 것은 쉽다. 칸트 이전의 계몽주의자는 그렇게 생각해왔다. 그런데 제거할 수 없는, 무리하게 제거한다 해도 다른 형태로 재현되어버리는 어떤 가상이 있다. 칸트는 그것을 초월론적 가상이라고 부른다.[15]

이처럼 칸트는 "이성이 자신의 한계를 뛰어넘어 지식을 확장하는 것을 부정함과 동시에, 이성이 그렇게 하지 않을 수 없는 '욕동'을 인정"[16]해야 했다. 이와 같은 곤란함은 무엇보다 칸트의 유명한 도덕적 지상 명령, '타인을 수단으로만이 아니라 동시에 항상 목적으로서도 대우하라'라는 언명에서 잘 드러난다. 타인을 목적으로 대우하라는 것은 타인을 '자유'로 대하라는 것을 의미한다. 타인이 자신을 자유로 대해주는 것을 반길지 어떨지는 알 수 없는 일이다. 인간은 알 수 없는 존재라 도리어 종속당하는 것을 원할 수 있다. 그런 점에서 이 명제 역시도 일종의 월권이다. 칸트 도덕철학의 핵심은 '자유로울 것'을 '의무'로 내세우는 데 따르는 모종의 비약을 감수하는 데 있다. 또한 칸트의 도덕철학은 흔히 어떤 의무론적 윤리로만 알려져 있어서 오해를 불러일으킨다. 가라타니가 말하듯이 "칸트가 이 의무를 공동체가 부과하는 의무라고 간주하지 않은 것은 명백하다."[17] 그것은 자유가 '자유로워야 한다'는 의무=명령 이외에서는 생겨나지 않는다는 것을 의미할 뿐이다. 그리고 '자유로워지라'는 명령 속에서는 자유로운 행위의 내용이 무엇인지를 적극적으로 말할 수 없다. 그렇다면 이런 명령은 어디에서 나오는가?

칸트는 『순수이성비판』에서 '제3이율배반'을 통해 '자유'라는 이념이 다음과 같은 이율배반을 초래한다는 것을 말하고 있다.

정명제 : 자연법칙에 따르는 인과성은 그것으로 세계의 모든 현상을 도출할 수 있는 유일한 인과성이 아니다. 현상을 설명하기 위해서는 그 밖에 자유에 의한 인과성을 상정할 필요가 있다.

15   가라타니 고진, 『네이션과 미학』, 조영일 옮김, 도서출판 b, 2009, 69쪽.
16   가라타니 고진, 『트랜스크리틱』, 90쪽.
17   가라타니 고진, 앞의 책, 199쪽.

반대명제 : 무릇 자유란 존재하지 않는다. 세계의 모든 것은 자연법칙에 따라서만 생겨난다.

여기서 '인간은 자유로운 존재'라는 명제와 함께 '인간은 자연법칙에 종속되어 있다'는 명제도 동시에 성립한다. "나는 내가 행위하는 시점에서 결코 자유가 아니다"(칸트).[18] 동시에 칸트는 『실천이성비판』에서 "타자를 자유로운 존재로 대우하라"는 것을 도덕적 의무로 내세운다. 결국 타자와 주체를 자유로운 존재로 간주하는 명령은 '이념적 가상'이라고 해도 좋다. 이런 '이율배반'은 어떻게 해결해야 할 것인가? 우선 가라타니는 칸트가 제3이율배반에서 말하는 반대명제는 근대과학의 인과성이라기보다는 스피노자 식 결정론을 의미한다고 덧붙인다. 스피노자는 모든 것을 필연적으로 결정하는 인과성의 계열들이 너무나 많고 복잡하기 때문에 우리가 그것을 자유나 우연으로 상정하는 것이라 생각했다. 칸트도 이와 같은 명제를 승인한다. 그렇게 본다면 인간의 행위에 책임을 물을 수 없게 된다는 것이 상식이다. 그런데 "여기서 주목해야 할 것은 칸트가 행위의 자유를 사전적이 아니라 사후적으로 보고 있다는 점"[19]이다. 가령 "우리는 어떤 행위가 죄라는 것을 모른 채 저지르는 경우가 있다. 그럼 모르고 했다면 책임이 없는 것일까. 사후적으로 그것을 알 수 있는 능력을 가진 자라면 책임이 있다고 해야 한다."[20]
칸트는 '자신의 준칙이 만인에게도 보편타당하도록 행동하라'는 '정언명령'을 내세웠지만 내가 정언명령을 따르고 있는지는 사전에 알수 없다. 실제로는 다른 심리적인 동기와 외적인 원인에 의해 규정된

---

18   가라타니 고진, 앞의 책, 194쪽에서 재인용.
19   가라타니 고진, 앞의 책, 196쪽.
20   가라타니 고진, 앞의 책, 197쪽.

것일지도 모른다. 이렇듯 자유는 '사후적'으로 책임을 묻는 것에 의해 초래된다. 예컨대 도덕적인 책임은 언제나 '다르게 할 수 있었다'는 가능성으로만 알려질 수 있다. 그것은 이미 일어난 사건의 인과적 필연성을 부정하는 것이 아니다. 그리고 그런 가능성을 통해 제기된 책임이야말로 자아와 타자를 자유로운 존재로 간주할 것을 명령한다. 물론 '다르게 할 수 있었을' 가능성이 무엇이었는지는 사전에 선취해서 말할 수 없다. '다르게 할 수 있었다'는 가능성 역시 타자에 의해 알려진다. 여기서 비록 가라타니가 스스로 명시하지는 않았지만 이것이 바로 고유명이 함축한 '가능 세계'의 문제와 연관되어 있다는 것을 간파할 수 있다.

칸트의 코뮤니즘

이 지점에서 가라타니는 다시 한 번 특수성-일반성의 축과 단독성-보편성의 축 사이의 구분을 칸트의 『계몽이란 무엇인가』라는 저작에서 인상적으로 재확인한다. 칸트에게 계몽된 주체란 세계공민의 일원으로서 이성을 '공적으로' 사용하는 자다. 우리는 흔히 공적인public 것을 공동체/국가와 관련된 사항으로 이해하고 그것을 사적/개인적 문제와 구별하곤 한다. 그러나 칸트는 정반대로 공동체/국가의 일원으로서 이성을 사용하는 것을 '이성의 사적인 사용'으로 분류한다. "공민으로서 어떤 지위 또는 공직에 임하고 있는 사람은 그 입장에서만 자신의 이성을 사용하는 것이 허용된다. 이것이 곧 이성을 사적인 방법으로 사용하는 것이다."[21] 이성의 공적인 사용이란 반대로 '세계공민의 일원'으로서 이성을 사용하는 것을 의미한다. 그러나 칸트는 그런 '세계공민적 사회'란 실존하지 않는다는 점을 이해하고 있다. 현실에서 우리는 한 나

---

21   가라타니 고진, 앞의 책, 170쪽에서 재인용.

라의 국민, 한 공동체의 일원, 누군가의 아버지 어머니, 아들/딸로 존재
한다. 따라서 이성을 공적으로 사용하는 것은 자신이 속한 공동체에서
'도약'을 감행하는 것에 더 가깝다. 여기서 "세계시민 사회를 향해 이성
을 사용하는 것은, 개개인이 이를테면 미래의 타자를 향해 현재의 공공
적 합의에 반해서라도 그렇게 하는 것이다."[22]

　가라타니는 칸트의 윤리학을 일본의 경험에 비춰 풀어낸 『윤리
21』이라는 저서에서 미나마타병 사건을 하나의 예로 든다. 처음에 있
었던 공장 폐수를 방류하는 관행은 암묵적인 공공적 합의에 기초한 것
이었다. 결국에는 그런 합의를 깨는 것에서 '윤리'가 출현한다. 미나마
타병의 문제가 전 세계적으로 알려지면서 그것은 다시금 공동체의 규
제를 불러들이게 되었다. 하지만 그런 규제를 도입하게 된 계기는 기존
에 있던 공동체 내의 규칙과 합의를 넘어서는 것에 있다. 결국 칸트의
"전회는 공공적인 것의 우위를 말한 데 있는 것이 아니라 공공적인 것
의 의미를 바꿔버린 데 있다."[23]

　우리는 가라타니의 초기 저서에서 공동체를 넘어서고자 하는 의
지가 어떤 것인지, 그것이 어떤 기획으로서 존재하는 것인지 불분명함
을 보았다. 1990~2000년대에 이르러 가라타니는 칸트의 『영구평화론』
에서 그 문제를 풀 단초를 찾는다. 이 시기는 그가 네이션, 국가, 자본
에 대한 문제를 적극적으로 생각하기 시작한 시기이기도 하다. 『트랜
스크리틱』 외에도 『네이션과 미학』에서는 칸트의 역사철학적 구상을
설명하는 데 많은 지면을 할애한다. 또한 우리는 우선 가라타니가 종
교 문제를 다루는 방식을 주목해야 한다. 가령 동구권 붕괴 이후 사회
주의/공산주의 이념은 한낱 종교에 지나지 않았다는 조소가 일었다.

22　　가라타니 고진, 앞의 책, 171쪽.
23　　가라타니 고진, 앞의 책, 170쪽.

가라타니는 거기에 대해 '공산주의/사회주의는 종교 같은 것이 아니다'라는 식으로 대응하지 않는다. 오히려 가라타니는 "종교는 윤리적인 한에서만 긍정될 수 있다"는 칸트의 언명을 곱씹는다. 어찌 보면 '타자를 자유로운 존재로 간주하라'는 도덕적 의무도 '종교적'이다. 그런 도덕적 의무는 '신'과 '영혼' 그리고 '영혼의 불멸성'에 대한 형이상학적 이념을 다시 불러들인다. 칸트가 초월론적 가상이 불가피하다고 말하는 것은 사실 종교의 불가피성을 말하는 것과 같다. 그는 이 점을 『윤리21』에서 다음과 같이 설명한다.

> 칸트는 종교적인 주장(신이나 영혼, 저세상)을 이론적으로 증명하는 것은 형이상학이라며 논박했다. 또한 현실에 존재하는 종교를 미신이나 몽매한 것으로 부정했다. 그러나 윤리적(실천적)으로만은 그것이 필요하다는 것을 인정했다. 만약 이 세계가 모든 것이고 죽으면 끝이라고 한다면 사람들은 윤리적이기보다는 현실의 행복을 지향할 것이다. 그러므로 사후의 생명이나 심판이 있다는 신앙은 윤리성을 북돋우는 것이다. 칸트는 윤리적인 한에서 종교를 인정했다. 종교는 이 세상에서 착하게 살면 저세상에서 구원받는 식의 것이 아니다. '자유로워지라'는 지상 명령에 따르기 위해서 그런 신앙이 필요한 것이다. 실제로 저세상을 믿지 않는 사람도 사후에 자신이 어떻게 평가될지 걱정하고 있다면 어떤 의미에서 사후의 삶을 믿고 있는 것이다.[24]

위와 같은 칸트의 종교관은 『영구평화론』에도 그대로 계승된다. 그는 그곳에서 각국의 분쟁이 사라지고, 모든 사람이 세계공민의 일원이 되

24　가라타니 고진, 『윤리21』, 송태욱 옮김, 사회평론, 2001, 97쪽.

는 '세계공화국'의 상태를 상정한다. 하지만 칸트는 그것이 '이념적 가상'에 지나지 않는다는 것을 알고 있다. 그 자신부터가 '영구평화는 무덤 속에서나 가능하다'는 회의를 제기한다(『영구평화론』서문). 게다가 칸트는 인간에게는 '반사회적 사회성'이라는 자연적 소질이 존재한다고 생각했다. 전쟁이 불가피하다고 본 것이다. 하지만 칸트는 전쟁의 참상을 겪는 것은 불가피하더라도 바로 그 이유 때문에 '세계공화국'이라는 이념으로 서서히 나아간다고 생각했다. "자연이 인간에게 부여한 모든 자연적 소질을 발전시키는 데 사용하는 수단은 사회에서 이들 소질 사이에서 생기는 적대 관계에 다름 아니다. 그러나 이 적대 관계가 결국 사회의 합법적 질서를 설정하는 원인이 되는 것이다."[25] 그렇기에 인간의 사회성이란 '반사회적 사회성'이다. 그리고 『영구평화론』에서 칸트는 세계공화국 상태로 나아가기 이전의 '예비 단계'로서 국가들의 연합을 이론적으로 구상했다. "하나의 세계공화국이라는 적극적 이념 대신에 (만약 모든 것을 잃어서는 안 된다고 하면) 전쟁을 방지하면서 지속적으로 확대되는 연합이라는 소극적인 대체물만이 법을 싫어하는 호전적인 경향을 저지할 수 있는 것이다."[26] 칸트의 구상은 후일 '패권국가'에 의해서만 세계정신을 실현할 수 있다고 생각한 헤겔과 당대의 현실주의자들에게 비웃음을 샀지만 제1차 세계대전 이후 국제연맹으로, 제2차 세계대전 이후 국제연합으로 실현되었다. 칸트는 전쟁을 지양하는 '영구평화' 상태, 즉 '세계공화국'이라는 이념을 '일국'에서 실현할 수 없다는 것을 잘 알고 있었다. 그런 이념은 다른 국가와 맺는 관계 속에서만 실현할 수 있다. 칸트 자신도 독일을 파멸로 몰아넣은 '30년 전쟁'의 후손이었다. 그의 역사철학에도 '물자체'를 중심으로 한

---

25   가라타니 고진,『네이션과 미학』, 74~75쪽에서 재인용.
26   가라타니 고진, 앞의 책, 144쪽에서 재인용.

그의 사상이 반영되어 있다.

이런 점에서 칸트의 코기토는 데카르트의 코기토와 스피노자의 코기토와 다르지 않다. 데카르트와 스피노자 역시 '암스테르담'이라는 국제무역의 중심지에서 다른 공동체와 담론 체계들 사이의 '차이'를 경험했고, 칸트 역시 당대 국제무역 도시였던 쾨니히스베르크에 거주했다. 칸트의 코기토는 그가 있던 장소와 무관한 것이 아니다. 그 역시 다른 공동체와 공동체 '사이'에서 물자체=타자를 향한 전회를 이뤄낸 것이다. 그런데 무엇보다 중요한 것은 이런 전회가 세계공화국이라는 '기획'을 동반했다는 사실이다. 단순히 어떤 차이를 빚어내는 장소에 서 있다는 사실이 중요하지는 않다. 가라타니의 칸트 독해는 그의 정치관에 초래된 변화를 반영한다.

사전事前과 사후事後

가라타니의 칸트 해석은 독자에게 다음과 같은 소박한 의문을 불러일으킨다. '정말로 칸트는 가라타니가 말한 바를 염두에 두었는가?' 물론 한 사상가를 자신만의 방식대로 독해하는 것은 관행적이다. 이 과정에서 사상가들이 미처 의식하지 못한 그러나 그의 텍스트를 추동하는 무언가를 재발견해내는 것이 재평가/재독해의 관건이다. 가라타니의 표현을 빌리자면 그것은 어떤 사상가/철학자를 그 가능성의 중심에서 읽어내는 일이다. 그런 재평가/재독해 방식은 그것을 수행하는 사상가 자신의 '고유명'과 같은 것이다. 가라타니의 독해 방식이 독자에게 당혹감을 불러일으키는 것은 가라타니가 독해하는 사상가의 논리를 그 사상가의 실제 경험적 입장과 무관한 지점으로까지 일관되게 밀어붙이는 데 있다.

무엇보다 가라타니는 칸트가 "사후가 아닌 사전의 시점에 섰다"고 말한다. 물자체도, 영구평화도, 취미판단의 문제도 '사전의 시점'에서 볼 수 있다. 가라타니가 거론한 미나마타병 문제도 국가적인 환경 규제를 도입하기 전의 시점에서 바라봐야만 그것이 지닌 윤리적 함축을 이해할 수 있다. 그러지 않으면 그것은 국가와 자본에 대한 대항운동의 문제가 아닌 '국가이성'(규제)의 문제로만 비치게 된다. 앞서 보았듯이 가라타니는 헤겔과 같은 사상가는 사건의 의미를 '사후'의 관점에서 사고한다고 말한다. 그런 헤겔의 관점에서라면 결국 '국가'에서 궁극적으로 이성을 실현한다는 사상이 정당화된다. 그러나 사전의 시점에서는 국가에 그와 같은 것을 기대할 수 없다. 보편성을 불러오는 것은 오히려 국가이성 안에서 사고될 수 없는 타자=물자체다.

이렇듯 초기 저서에 있던 ① 데카르트/스피노자 대 헤겔의 대립 구도는 ② 칸트와 헤겔의 대립 구도로 반복되고 재생된다. ①에서는 전자가 상이한 계열들을 투과할 수 없는 차이가 빚어지는 장소에 섰다면 후자는 그동안 있었던 시간의 계열들을 종합하는 장소에 서 있다. ②에서 이와 같은 차이는 다시금 '사전'과 '사후'라는 두 시점의 차이로 정리된다. '타자' 역시도 공동체 사이의 '장소'에서 발견되는 존재로서만이 아니라 사전의 시점에서 바라본 불확실한 미래의 타자 모습으로 그려진다. 다만 가라타니가 내세우는 사전과 사후의 구분이 너무나 도식적이라는 느낌을 지울 수 없다. 그의 도식적 구분은 후일 마르크스 독해에서도 난점을 초래한다. 가라타니는 마르크스가 상품의 가치를 그것이 '팔리기 이전'의 시점에서 고찰하며 '팔리지 않을 수 있다'는 가능성에서 공황을 고찰했다고 말한다. 하지만 가라타니는 그 가능성을 공황이 도래한 사후에야 파악할 수 있다는 점은 놓치고 있다. 예컨대 사건의 불확실성을 사후에 비로소 깨달을 수 있는 것이다. 그리고 사후의 시점에서 과거의 일에 대한 책임을 물을 때에도 우리는 이미 앞으로의 일을 도모하기 위해 과거의 책임을 묻는, 그런 사전의 입장에 서 있을 수 있다. 그 누구도 사전과 사후의 시점에 순수하게 서 있는 경우는 없는 것이다.

무엇보다 가라타니를 읽으면서 독자가 겪는 어려움은 이미 지적했듯이 그가 사용하는 개념의 '추상 수준'을 구분하지 않는다는 데 있다. 예를 들어 가라타니가 칸트를 독해하는 핵심적인 회전축은 바로 '물자체'를 '타자'로 읽어내는 데 있다. 그런데 그의 '타자' 개념 자체도 다양한 추상 수준에 걸쳐 있을 수 있다. 가라타니는 '타자'가 '가르치다-배우다'라든지 '사다-팔다'와 같은 관계의 장에서 '초월론적으로' 발견된 것이며 무엇보다 그런 타자가 초월론적인 관점으로 전환할 것을 요구한다고 말한다. 그러나 동시에 그런 타자는 흔한 상대적인 타자다. 물론 타자가 초월론적으로 발견된다는 것과 타자가 일상적이고 흔한 존재라는 것은 모순이 아니다. 그러나 전자와 후자 사이에는 추상 수준의 차이가 존재한다. 가령 공동체 바깥의 타자라 하더라도 그것이 반드시 주체에게 어떤 초월론적 전회를 불러일으키지는 않는다. 그렇다면 일상적인 타자와 더불어서 그와 같은 타자에게서 발견되고 재음미되는 타자성을 구분해야 한다. 하지만 가라타니는 그렇게 하지 않는다. 그래서 그의 『트랜스크리틱』에서 '타자'라는 용어를 설명하는 구체적인 사례들을 비교적 풍부하게 소개하고 있지만 동어반복처럼 보인다.

무엇보다 가라타니가 말하는 '초월론적transcedental'인 것이 무엇인지 불분명하다. 여기에는 최소한 세 가지 수준이 중첩되어 있다. 첫째, 공동체(체계)와 공동체(체계) 사이에서 일어나는 관점의 부단한 이동. 둘째, 공동체와 그 안의 시간축을 넘어선 '미래'의 타자를 향한 지향성. 셋째, 도덕적/인식적/미학적 시점을 취하기 위해 다른 관심사들을 괄호 안에 넣는 정신적 작용. 이 세 가지 의미가 동시에 중첩되어 있어서 가라타니가 반복적으로 강조하는 칸트의 '초월론적 전회'라는 것의 의미를 파악하기 대단히 어렵다.

추상 수준의 구분에 대한 소홀함은 '초월론적 통각'과 '초월론적 가상' 사이의 구분이 이뤄지지 않는다는 또 다른 문제로 이어진다. 이

점에 대해서는 이미 지젝이 『시차적 관점』(해당 제목은 가라타니의 '시차'라는 용어를 차용한 것이다)에서 지적한 바 있다. "초월론적 주체의 정확한 위치는 칸트가 초월론적 가상이라고 부른 것이나 마르크스가 사유의 객관적으로 필연적인 형식이라고 부른 것의 위상이 아니다."[27] 이 문제는 『세계사의 구조』에서도 이어진다.

결국 가라타니가 2000년대 초반에 들고 나온 '트랜스크리틱'(횡단식/이동식 비평)이 그만의 고유의 '방법'인 것은 분명하지만 그것이 정확히 무엇인지는 여전히 불분명하고 혼란스럽다. 따라서 그의 방법이 스타일로서는 통용되기는 쉬워도 진지한 탐구를 낳는 방법론으로서 수용되기 어려운 점이 있다. 당시 그가 내세운 트랜스크리틱은 한편으로는 (이를테면 두 시점과 시스템 사이의) '시차'를 통해 발견된 개별 시스템과 공동체를 넘어선 어떤 구조를 드러내는 그만의 비판적인 '방법'이면서도, 동시에 개념적인 순서와 추상 수준을 뒤섞는 '알리바이'가 되기도 한다. 여기서 나는 그가 '트랜스크리틱'과 '횡단식/이동식 비평' 사이의 등식에 빗금을 쳐야 했다고 주장하고 싶다. 한 공동체와 체계 안에서 보이지 않는 어떤 세계의 보편적 구조를 비판적critical으로 드러내기 위해서는 처음에는 횡단식/이동식 계기와 추동력이 필요할 수도 있다. 하지만 그렇게 발견한 보편적 구조의 개념적인 체계를 구성하기 위해서는 최초의 횡단적인 관점을 폐기해야 한다. 후일 『세계사의 구조』에서 가라타니는 그와 같은 방식으로 자신만의 체계에 도달한다. 그러나 나중에 보겠지만 그의 체계는 방법론상의 결함에서 기인한 난점을 많이 안고 있다. 만일 이때 가라타니가 자신의 트랜스크리틱에 대해 트랜스크리틱을 수행했다면, 다시 말해 자기상대화로 일관하는 자신의 방법론 자체를 재차 상대화하는 방식을 이용했다면 어땠을까?

---

27   슬라보예 지젝, 『시차적 관점』, 김서영 옮김, 도서출판 마티, 2010, 48쪽.

2 『트랜스크리틱』의 전후前後

오늘날 자본제 경제, 국가, 네이션은 서로 보완하게 되어 있다. 예를 들어 각자
가 경제적으로 자유롭고 또 하고 싶은 대로 행동해 그것이 경제적인 불평등과
계급적 대립으로 귀결된다면, 그것을 국민(네이션)으로서의 상호부조적인 감정
에 의해 제거하고 국가에 의해 자본의 방종을 규제하고 부를 재분배한다는 식이
다. 즉 자본=네이션=스테이트라는 보로메오 매듭은 유연하고 강력하다. 그리고
이것은 19세기 후반 선진자본주의 국가에서 확립되었다(『네이션과 미학』).

세속적 비평의 진전

가라타니는 자신의 사상을 구축해나가는 과정에서 비평가의 입장에
서 점점 멀어진다. 그러나 그에게서 비평가라는 꼬리표를 떼어내기 전
에 그의 '세속적 비평'이 어떻게 진전되어왔는지를 살펴볼 필요가 있다.
『트랜스크리틱』 전후로 쓰인 그의 주요 작업들은 2000년대 이와나미
쇼텐에서 '가라타니 정본'의 일환으로 발간된『역사와 반복』,『문자와
국가』,『네이션과 미학』에 실려 있다. 가라타니의 1990년대 작업들은
대부분 2001년 출간되는『트랜스크리틱』의 구상이 진전되는 와중에 쓰
였다. 그리고 1990년대 작업의 상당수는 '국가'와 '네이션'이라는 정치
적 문제에 비판적으로 천착한다. 그리고 그것은 1980년대에 이뤄진 '세
속적 비평'으로의 전회를 더욱 철저히 하고 있다. 그 결과 가라타니는
자본=네이션=스테이트라는 근대의 보로메오 매듭을 '발견'한다. 근대=
모더니티란 자본, 국가, 네이션의 특정한 역사적 결합양식으로 성립된
다. 그렇다면 근대 비판은 개개의 네이션, 국가, 자본에 대한 비판이 아
닌 이들의 결합양식에 대한 비판이 되어야 한다.

다만 가라타니의 1990년대 작업을 그 자체로 읽을 때는 한눈에

이해되지 않는다. 그 당시의 작업은 자본=네이션=스테이트라는 구조론적 결합을 종합적으로 명시한『트랜스크리틱』을 염두에 둘 때 비로소 쉽게 읽힌다. 그것을 감안한다면 가라타니의 1990년대 작업의 주요 논점에 대해 다음과 같이 말할 수 있다.

① 가라타니는 1990년대 들어서 '역사'를 어떤 '구조의 반복'으로 파악하게 된다. 가령 국가와 네이션은 어떤 목적이나 방향을 향해 '발전'해나가는 것만은 아니다. 그 발전 속에 어떤 '반복'이 은폐되어 있다. 가령 2차 대전의 야만성은 단순히 '과거'의 문제만은 아니다. 그 야만성과 위기는 오늘날에도 전혀 다른 모습으로 '반복'되고 있다.

② 근대(모더니티)의 주된 특징 중 하나는 본래 별개이던 '민족(네이션)'과 '국가(스테이트)'가 결합했다는 것이다. 그런 결합을 추동한 것은 자본이 초래한 공황이라는 '위기'다. 공황은 자본이 초래하는 구조론적 반복이다. 그것은 동시에 네이션=스테이트가 추동하는 반복(전쟁과 제국주의)을 불러들인다.

③ 가라타니는 국가와 네이션의 '반복'을 파악하기 위해서는 그것들이 결합하게 된 역사적 '기원'으로 돌아가야 한다고 생각한다. 네이션=스테이트의 기원을 알기 위해서는 우선 '문자와 언어'의 제도라는 문제를 생각해야 한다. 가라타니는 라틴어나 한자와 같은 세계문자에서 각국의 '민족어'가 '자립'해나가는 역사적 과정을 추적하며 네이션=스테이트란 실은 '세계제국'에서 분절해나간 것이라는 생각에 도달한다. 이것은 이후 근대 이전의 역사를 종합적으로 다룬『세계사의 구조』의 집필 동기가 된다.

가라타니가 역사를 어떤 '구조론적 반복'(=반복강박)으로 볼 때 언뜻 역사적 사건의 '단독성'과 '일회성'이 실종된 것처럼 보인다. 하지만 가라타니는 그와 같은 반복성이 오히려 역사적 사건의 단독성을 설명한다고 본다. 반복되는 것은 역사적 사건이 아니라 사건 배후에 있는 자본, 네이션, 스테이트의 관계다. 가라타니가 자본, 네이션, 스테이트처럼

8

언뜻 일반적이고 구조적인 '항'으로 보이는 개념들을 내세우는 이유는 거기에 있다. 물론 이들의 관계는 개별 국가나 개별 민족공동체 내에서 음미될 수 없다. 흔히들 역사를 망각한 민족은 역사를 반복한다고 한다. 하지만 가라타니는 역사를 어떤 관점에서 기억하느냐가 더 중요하다고 본다. 역사를 한 공동체=국가 안에서 기억할 때야말로 역사는 부지불식간에 다시 '반복'된다. 역사와 그 반복적 구조를 트랜스내셔널한 시점으로 파악해야 한다는 가라타니의 문제의식은 여기서부터 떠오른다. 그 인식은 후일 『세계사의 구조』에 그대로 반영된다. 여기서는 『트랜스크리틱』으로 체계화되기 이전에 '비평'으로 제시된 가라타니의 작업을 간단하게 살펴볼 것이다.

네이션-스테이트

가라타니는 '네이션'이 근대에 '미학적 상상력'으로 나타났다고 말한다. 그는 우선 네이션이 18~19세기 유럽에서 출현한 낭만적/미학적 운동에서 기원한다고 본다. 네이션의 동질성은 흔히 공동의 언어, 공동의 문화에 기초한다고 하는데 공동의 언어, 문화 자체가 어떤 미학적 상상력 안에서만 가능하다. 이것은 네이션(민족공동체)이 '상상의 공동체'라고 비판하는(베네딕트 앤더슨) 것과 궤를 같이하는 듯하다. 하지만 가라타니는 이때의 '상상'이 오히려 적극적이고 종합적인 것이라 본다. 네이션은 "국가와 시장사회를 종합하는 상상력"[1]으로서 기능한다. 그렇다면 우리는 오히려 상상력 자체에 대해 생각해야 한다. "왜냐하면 네이션이 성립하는 것과 철학사에서 상상력이 감성과 오성을 매개하는

---

1   가라타니 고진, 『네이션과 미학』, 조영일 옮김, 도서출판 b, 2009, 31쪽.

지위에 놓이는 것은 같은 시기"[2]였기 때문이다.

　　여기서도 가라타니는 칸트를 염두에 두고 있다. 칸트 역시 상상력이 오성과 감성을 매개하는 역할을 한다고 말한다. 상상력의 역할 부여는 '낭만주의'의 출현과 무관하지 않다. 그는 상상력에 대한 중시는 어떤 도덕감정의 출현과 무관하지 않다고 말한다. 영국 철학자 프랜시스 허치슨Francis Hutcheson의 제자 애덤 스미스는 『도덕감정론』에서 그것을 공감sympathy이라 말했다. 그것은 기존 종교에서 말하는 사랑과 자비와는 다르다. 그것은 타인의 처지에 이입하는 능력으로서 어떤 '공감능력=상상력'을 요구하는 것이다. 다른 한편으로 그런 상상력은 자신의 이기심을 전제해야만 가능하다. 잘 알려졌다시피 『국부론』을 쓴 스미스는 개개인의 이기심을 긍정했다. 그리고 그것은 도덕적 공감능력과도 양립한다. 그렇기 때문에 스미스는 자본제를 긍정하면서도 그것이 가져오는 폐해를 깨달은 최초의 후생경제학자라는 평가를 받는 것이다. 이렇듯 타인에게 감정을 이입하는 능력(상상력)은 애초에 '시장경제'가 출현해야만 가능하다. 여기서 가라타니는 네이션의 기반에 존재하는 상상력 자체가 시장경제(자본)와의 연관 속에서 나타났다는 것을 지적하고 있다. 덧붙여 그는 도덕감정이 후일 프랑스혁명에서 '우애'의 정신으로 나타난다고 말한다.

　　이런 특별한 종류의 '감정'과 '상상력'은 특히 독일에서 철학적인 음미의 대상이 되었다. 과거에 그것은 이성보다 열등한 것으로 취급받았다. 하지만 18세기가 되자 감정과 상상력에 오성 또는 이성을 넘어선 도덕적·인지적 능력이 있다는 관점이 확산되었다. 이 관점은 기본적으로 감성학=미학aesthetics이라 불렸다. 그것은 미에 관한 학문을 의미하지 않는다. 가라타니가 지적하듯이 알렉산더 바움가르텐Alexander

---

Baumgarten은 『미학』을 '감성적 인식의 학'이라 했다. 칸트가 그의 '미학'에 반대한 것은 감정에 이성적 계기가 존재한다는 생각 때문이었다. 그는 상상력에서 오성과 감성을 매개하는 기능을 발견하지만 동시에 그런 종합이 '상상적'이라는 것을 분명히 한다. 칸트는 오성(우리가 생각하는 것)과 감성(우리가 실제로 존재하는 방식)이 '분열'되어 있다는 것, 그리고 그것을 '종합'하는 것은 상상적이라는 것을 보여주었다. 그 종합은 사전에 주어지지 않는다. 반면 종합의 계기가 사전에 존재한다고 간주하게 된 것은 칸트 이후의 헤르더와 피히테 같은 낭만파 철학자들부터다. 그것은 그들이 칸트의 어소시에이셔니즘(=세계공화국의 이념)을 부정하고 내셔널리즘으로 전향한 것과 병행한다.

예컨대 요한 헤르더Johann Gottfried von Herder는 자신의 언어철학에서 칸트적 주관을 부정하고, 그것에 대항해 풍토, 언어, 그리고 언어공동체로서의 민족Volk이라는 감성적인 기반에서 출발한다. 이어 요한 피히테Johann Gottlieb Fichte도 네이션의 핵심은 언어에 있다고 생각한다. 네이션을 구성하는 것은 혈연적·지연적 공동성도 정치적 국가도 아닌 언어적 관습이라는 것이다. 피히테는 네이션이 국가와 달리 언어 속에서 자신만의 '내적 국경'을 지닌다고 말한다(『독일 국민에게 고함』). 이런 내적 국경으로서 언어는 외적 국경으로 '외화'된다. 그것은 감성적인 것 안에 이성적인 계기가 함축되어 있다는 말과 같다. 가라타니는 이들이 감성에서 이성적 계기를 찾는 만큼이나 반대로 이성을 '감성화=미학화'한다고 말한다. 여기서 산과 강은 언어(문학)를 통해 내셔널한 풍경으로 전환된다. 가라타니는 독일의 낭만파 철학이 헤겔에게서 '완성'된다고 말한다. 가령 헤겔은 『법철학』에서 '시민사회' 단계의 시장질서를 넘어선 경찰이나 사법부 그리고 신분제 의회를 포함한 국가기구를 다룬다. 헤겔에 따르면 그것은 아직 '오성적 국가'에 지나지 않는다. 거기에는 네이션이 가지는 감정적 계기가 결여되어 있기 때문이다. 그것들의 통합은 '이성적 국가', 즉 네이션=스테이트에서 비로소 가능하게 된다. 가라타니는 이에 대해 다음과 같이 비판한다.

> 헤겔은 한편으로 민족이 가족이나 부족이라는 감성적 기반에서 기인한다는 것을 시사하면서도, 다른 한편으로 그것은 가족·공동체를 넘어선 시민사회를 다시 넘어서 실현될 고차원, 즉 국가에서만 나타난다고 말한다. 헤르더와 마찬가지로 이미 감성의 단계에 이성의 맹아가 있으며, 그것이 전면적으로 실현된다는 식이다. 거기에서는 감성과 이성을 연결하고 있는 상상력이 사라지고 없다. 즉 그것이 상상물에 지나지 않는다는 것이 망각되고 있다. 요컨대 헤겔의 국가는 미학화되어 있는 셈이다.[3]

이와 비슷한 맥락에서 가라타니는 내셔널리즘이 근대 초기에는 '언문일치'운동으로서 존재한다는 점을 지적했다. 동시에 그는 언문일치가 새로운 문亥=에크리튀르의 창조라는 점을 지적한다. 이는 이미 그가 『일본근대문학의 기원』에서 지적한 사항이다. 가라타니는 일본의 경험을 서구로 확장한다. 근대 이전에는 '이탈리아어'가 존재하지 않았다. 근대 이탈리아어는 단테가 이탈리아의 한 방언으로 『신곡』을 쓴 것을 통해 성립되었다. 독일 낭만파 역시도 루터가 라틴어로 쓰인 『성서』를 독일의 지역 방언으로 번역함으로써 성립되었다. 언문일치=민족어는 새로운 문어=에크리튀르를 통해 창조되었는데 그것은 무엇보다 제국의 문자(라틴어, 한자)로 쓰인 경전과 고전을 '번역'하는 것을 통해 가능해졌다. 네이션이란 근대 이전 '제국'의 언어와 종교에서 '분절articulate'된 것이다. 이렇듯 네이션과 그것에 기초한 근대 국민국가는 '문자'를 둘러싼 역사적 제도와 무관할 수 없다.

---

3 가라타니 고진, 앞의 책, 47~48쪽.

또한 1990년대 이후 가라타니는 '네이션'이 단순히 역사적 작위의 소산임을 지적하는 것을 넘어서 네이션이 어떠한 경제적 기반에서 유래하는지를 묻는다. 네이션을 단순히 공동의 환상이라고 치부해도 그것은 더욱더 '신비화'될 뿐이다. 가라타니는 네이션이 오히려 '호수제 reciprocity'라는 교환양식에 기초한다고 말한다. 자본이 상품교환에 기초하고 국가가 수탈-재분배에 기초한다면 네이션의 '감정sentiment'은 바로 '호수제'에서 유래한다. 마르크스는 상품교환이 공동체와 공동체 사이에서 시작된다고 말한다. 그러나 당연하지만 공동체나 가족 안에도 광의의 '교환'이 있다. 그것이 바로 (인류학자 마르셀 모스 등이 강조한) 증여와 답례의 호수제다. 부모가 자식을 돌보는 것은 증여다. 자식이 그것에 대해 답례를 할지 어떨지는 알지 못하지만 부모는 자식이 있어주는 것만으로도 보답을 받았다고 생각할지 모른다.[4] 가라타니는 이것이 교환처럼 보이지는 않지만 오히려 다른 교환의 기초가 된다고 말한다. 가령 전 자본주의적 봉건제에서 이뤄지는 수탈을 마르크스는 '경제외적 강제'라고 부른다. 이는 그것이 상품교환과 다르다는 것을 의미한다. 하지만 지배자가 지속적으로 수탈하기 위해서는 부를 일정 부분 재분배하고 공적 역할을 수행해야 한다. 바꿔 말해 지배자와 수탈당하는 자의 관계가 지속되기 위해서는 그것이 '호수적 교환'으로 표상(상상)되어야 한다. 가라타니는 근대적 네이션=스테이트의 역사적 기원을 바로 거기서 발견한다.

증여와 답례의 호수제는 평등주의적이지만 '경쟁'과 '위계질서'와

4　가라타니는 시종일관 '호수제'가 공동체 내부에서 이뤄진다고 생각하는 듯하지만 후일 『세계사의 구조』에서는 호수제가 원시사회에서는 오히려 '공동체와 공동체' 사이의 '교역'(예를 들면 쿨라 교역)으로도 존재했다는 점을 지적한다. 하지만 당분간 가라타니는 증여와 답례를 공동체 내부의 교환으로 생각하는데 이것은 네이션=스테이트가 성립한 근대 이후에 가능해진다.

도 무관하지는 않다. 그것은 북아메리카 원주민 사회에서 이뤄지는 선
물 경쟁 의례인 '포틀래치'에서도 분명하다. 거기서는 아낌없이 주는 측
이 받는 측의 자발적인 '복종'과 함께 '권위'를 얻는다. 권위란 갚는 것
이 불가능한 증여를 받았다고 느끼게 만드는 것이다. 호수제가 지배적
인 미개사회는 권위를 얻자마자 재산을 탕진하기 때문에 지속적인 지
배계급을 만들지 못한다. 안토니오 그람시^{Antonio Gramsci}는 자발적 복종
을 얻는 권위를 정치권력과 구별해 '헤게모니'라고 부르고 알튀세르는
그것을 억압적 국가장치와 구별되는 '이데올로기적 국가장치'라고 부
른다. 그러나 이런 자발적 복종의 근저에는 호수적 교환이 발견된다.
이 때문에 지배기구나 국가기구를 타도하려고 하면 아이러니하게도 지
배당하는 공동체의 저항과 만난다.

따라서 네이션이 설사 '언어'와 '제도'가 낳은 역사적 산물이라 하
더라도, 그리고 비록 '상상적'인 것에 불과할지라도 거기에는 (역사유
물론의 용어를 빌리자면) 분명한 물적 토대가 있다. 네이션이 국가와
시민사회를 매개하고 종합하는 '상상력'일 수 있는 것은 그것이 증여
와 답례의 '호수제'라는 교환에 기초하기 때문이다. 그렇기 때문에 네
이션은 한편 국가나 자본주의적 시장경제와 대립한다. 제3세계의 사회
주의운동 역시도 네이션을 환기함으로써 성공할 수 있었다. 그러나 네
이션은 궁극적으로 국가나 자본주의를 넘어설 수 없다. 오히려 가라타
니는 네이션이 자본=네이션=스테이트의 연결고리를 완성한 공범이라
고 본다.

오늘날 자본제 경제, 국가, 네이션은 서로 보완하게 되어 있다. 예
를 들어 각자가 경제적으로 자유롭고 또 하고 싶은 대로 행동해
그것이 경제적인 불평등과 계급적 대립으로 귀결된다면, 그것을
국민(네이션)으로서의 상호부조적인 감정에 의해 제거하고 국가
에 의해 자본의 방종을 규제하고 부를 재분배한다는 식이다. 다

시 말해 자본=네이션=스테이트라는 보로메오의 매듭은 유연하고 강력하다. 그리고 이것은 19세기 후반 선진자본주의 국가에서 확립되었다.[5]

네이션은 절대주의 왕정이 해체되고 신민subjects 사이의 새로운 동질성이 확립되어야 비로소 이뤄질 수 있다. 네이션은 상이한 부족과 언어공동체(방언) 사이에 이때까지 없었던 '동질성'을 확립해야만 존재할 수 있다. 가령 프랑스혁명 당시 프랑스어를 쓰는 사람은 프랑스 내에서도 인구의 40퍼센트에 지나지 않았다. "사람들이 신하 또는 '국가의 백성'인 동안은 네이션이 성립하지 않는다. 네이션=스테이트가 확립되는 것은 절대적 왕권이 폐지되고, 그때까지 왕의 신하였던 사람들이 주체subject가 될 때다. 즉 그 기원이 잊히고 마치 국민이 그 이전부터 존재했던 것처럼 표상될 때 네이션이 확립되는 것이다."[6] 네이션에도 근대문학과 유사한 전도가 존재하는 것이다.

국가 수탈과 재분배	네이션 호수제
자본 상품교환	어소시에이션 X

　　한편 가라타니는 국가를 수탈-재분배라는 교환양식에 입각해 설명한다. 그런 경제적 기반 위에 서 있는 한 네이션과 마찬가지로 국가

5　　가라타니 고진, 앞의 책, 27쪽.
6　　가라타니 고진, 앞의 책, 21쪽.

를 단순한 '환상'으로 치부할 수 없다. 근대 이전의 국가는 '세계제국'과 그 아주변에 있는 '봉건제'로 존재했다. 세계제국은 이를테면 세계종교는 물론이고 세계문자(라틴어, 한자)를 중심으로 교역 루트를 형성하며 아주변과 주변을 통합해왔다.

가라타니의 요점은 오늘날의 근대국가가 '세계제국'으로부터 '분절'되어 나왔다는 데 있다. 이렇게 근대국가가 세계제국으로부터 '자립'한 것은 배후에서 상품경제가 들어와 진행됨으로써 가능해졌다. 초기의 근대국가=절대왕정은 세계제국(중국, 오스만 튀르크 등등)의 주변부에 형성된 상품시장에 뛰어들며 그 안에서 차익을 추구해왔다(중상주의). 거기서 국가는 이전(세계제국)부터 있던 '관료제'와 '상비군'을 재활용해 무역 경쟁에 뛰어들고 상인자본의 편의를 봐준다. 과거의 수탈-재분배 기구는 그로써 공납국가에서 화폐경제에 기초한 근대적 조세국가로 탈바꿈한다. 그것은 초기에는 유럽의 절대왕정으로 존재했고 후일 부르주아혁명 등에 의해 '폐지'됨으로써 본격적인 네이션=스테이트가 시작된다. 그러나 그렇다고 해서 자본과 국가의 본질이 변화하지는 않는다.

여기서 가라타니는 국가의 주권을 '환상'이나 '이데올로기'로 치부하는 탈근대 이론을 경계한다. 푸코는 국가에 자립적인 주권(이성)이 있다는 관점을 거부하고 국가제도가 미시적인 권력관계의 그물망에 의해 성립된다고 보았다. 하지만 가라타니는 그것이 '국가를 내부에서만 바라보는 관점'이라고 비판한다. 국가를 내부에서 보면 '국가'는 환상일 뿐이며 여러 사회적 관계의 다발에 지나지 않는다고 말할 수 있다. 하지만 국가가 지닌 주권과 자립성이 명확하게 보이는 장소는 국가 바깥이다. 평소에는 국가에 어떤 의지가 있다고 생각되지는 않지만 전쟁이나 공황과 같은 위기상태(예외상태)에서는 그것이 바로 드러난다. 홉스가 드러낸 주권의 본질은 바로 '예외상태=자연상태'에 있다.

국가는 다른 국가에 대해 국가라는 테제에 입각해서 가라타니는 과거 현실사회주의뿐 아니라 오늘날 '제3의 길'을 모두 비판한다. 가령 현실사회주의의 폐해를 목도한 일부 좌파는 국가에 뭔가 문제가 있다면 국가권력을 '민주화'하면 된다는 생각으로 돌아섬으로써 대내적인 사회민주주의적 재분배의 길을 택했다. 하지만 거기서 국가의 '본질=리바이어던'은 변하지 않는다. 역사가 입증하듯이 대내적으로 사회민주주의적인 국가는 대외적으로 제국주의적이다. 사민주의 국가가 재분배하는 것은 결국 노동자와 해외에서 수탈한 '잉여가치'다. 최근 좌파 성향의 프랑스 사회당 올랑드 정부가 과거 프랑스의 식민지인 말리의 내전에 개입하는 정책으로 선회한 것이 이를 잘 보여준다. 그러나 이것을 개별 사회민주주의자에 대한 거부감으로 받아들여서는 안 된다. 가라타니는 오히려 오늘날 자본=네이션=스테이트의 지배적인 국가 형태가 바로 '사회민주주의'라고 생각한다. 오늘날 우파든 좌파이든 모두 어느 정도는 '사민주의적'이다. 가라타니는 국가가 수탈-재분배라는 교환양식에 기초한다고 생각하며 사민주의적 형태의 국가는 국가의 폭력성을 지양하기는커녕 오히려 더 명확히 드러낸다고 본다.

발전이냐 반복이냐

한편으로 자본=네이션=스테이트의 연결고리가 완성된 이후에도 국가들과 자본들 간의 관계는 끊임없이 반복(강박)되어왔다. 앞서 보았듯이 '역사의 반복'이란 역사적 사건의 반복이 아니라 역사적 사건을 둘러싼 '관계'들의 '반복'이다. 가라타니는 이 반복성을 다음과 같은 도표로 정리한다.

	~1810	1810~1870	1870~1930	1930~1990	1990~
세계자본주의	중상주의	자유주의	제국주의	후기자본주의	신자유주의
헤게모니 국가		영국		미국	
경향	제국주의	자유주의	제국주의	자유주의	제국주의
자본	상인자본 (매뉴팩처)	산업자본	금융자본	국가독점자본	다국적자본
세계상품	섬유산업	경공업	중공업	내구소비재	IT/금융
국가	절대주의	네이션 =스테이트	제국주의	복지국가	지역주의

여기서 특이하게도 가라타니는 1930~1990년대를 '자유주의'의 '반복'이라고 부른다. 그리고 오늘날 신자유주의는 '제국주의'의 '반복'이다. 이것은 '제국주의'를 자본주의의 최종 단계라고 말한 레닌의 선형적인 역사관과는 다르다. 가라타니는 제국주의와 자유주의가 모습을 달리하면서 국면마다 교체, 반복되는 경향이라고 본다. 가령 그는 제국주의에 대해 다음과 같이 말한다.

근대 자본주의 국가의 원점은 중상주의=절대주의 왕권에 있다. 근대의 네이션=스테이트는 그것을 부정하면서 그로부터 국민이나 영토를 이어받고 있다. 그 때문에 국민국가를 넘어서려는 운동은 절대주의 국가를 넘어 어떤 의미에서 구세계제국의 원리를 회복하려는 것을 지향하게 된다. 실제로는 그것은 네이션=스테이트의 연장으로서 제국주의다. 즉 1930년대에 독일의 '광역경제'나 일본의 '대동아공영권'은 그와 같은 것이었다. 그러나 제2차 대전 후 미소 냉전구조가 해소된 1990년대에서도 유사한 것이 생겨났다.

네이션=스테이트는 글로벌한 시장경제에 의해 그 윤곽이 희미해 졌으나, 동시에 그것은 단일 세계시장으로 해소되지 않는 복수의 지역적인 집합을 만들어냄으로써 그에 대항한다.[7]

따라서 제국주의와 자유주의의 '반복'은 다음을 의미한다.

① 제국주의란 '반복'되는 자본=네이션=스테이트 간의 구조 또 는 관계로서, 경제적으로는 산업구조의 세계적 변동(=세계 기축상품의 교체) 과정으로, 그리고 정치적으로는 헤게모니 국가가 부재한 상태로 특징지어진다. 각국의 네이션=스테이트가 헤게모니를 둘러싸고 경쟁 하는 국면이다. 한편 이 국면은 이윤율 저하라는 불황기로 특징지어지 는데 이때 개별 네이션=스테이트를 넘어선 블록경제가 나타난다

② 자유주의란 일정한 헤게모니 국가 아래 세계시장이 안정적으 로 통합되는 국면이다. 경제적으로는 새로 등장한 기축상품을 중심으 로 호황을 누리며 정치적으로는 재분배와 자유주의적 정책으로 네이 션=스테이트의 틀이 안정된다. 가라타니는 재미있게도 냉전 시기가 자 유주의적 단계라고 말하며 그것이 영국 헤게모니와 유사한 국제질서 를 가져왔다고 말한다. 서구 사민주의 좌파는 미소 양극 체제의 덕을 보며 국내 복지정책을 관철할 수 있었다.

가라타니는 역사의 반복을 '모형화'하는 데서 마르크스의 『루이 보나파르트의 브뤼메르 18일』을 참조한다. 이 책은 마르크스의 저작 중에서 '시사비평'적인 성격이 강하기 때문에 '역사유물론'으로 정리된 다른 저작에 비해 상대적으로 덜 주목받았다. 그런데 가라타니는 이 책 을 역사의 반복을 주제화하는 전범典範이라 평가한다. 여기서 '반복'되 는 것은 이를테면 '불황'과 '대표제의 위기'다.

---

7   가라타니 고진, 『역사와 반복』, 조영일 옮김, 도서출판 b, 2008, 59~160쪽.

『브뤼메르 18일』이 다루고 있는 것은 반복강박의 문제다.『자본론』이 포착한 것은 자본의 축적운동 그 자체의 반복강박성이다. 그것은 끊임없는 차이화에 의해 자기증식을 하지 않으면 안 된다. 그리고 그것은 불황-호황-공황-불황이라는 반복(경기순환)을 피할 수가 없다. 한편『브뤼메르 18일』에서는 근대국가의 정치 형태가 해결될 수 없으며, 더구나 그것을 해결하려고 하는 노력이 불가피하게 불러일으키게 되는 반복강박을 포착하고 있다. 1990년대에 인정할 수밖에 없었던 것은 지금 다시 그와 같은 반복강박 안에 우리가 있다는 것이다.[8]

『자본론』이 자본의 반복강박을 보여준다면『브뤼메르 18일』은 네이션=스테이트의 반복강박을 보여준다. 물론 저 두 가지 반복은 동떨어져 존재할 수 없다. 일단『브뤼메르 18일』에 등장하는 루이 보나파르트의 황제 등극은 왕정을 폐지한 1848년 혁명 이후의 보통선거제 아래서 일어났다는 점에서 특이하다. 그 사건의 배경에는 공황과 국제 경쟁의 압력이 있었다. 파시즘도 보통선거제가 역설적으로 독재자를 낳는 보나파르티슴의 반복으로 볼 수 있다. 여기서 '반복강박'이란 말할 것도 없이 프로이트의 개념이다. 반복강박이란 억압된 것이 의식되지 않은 채 무의식적으로 회귀하는 양상을 의미한다. 이를테면 공황은 산업자본주의 아래서 억압되어 있던 '화폐물신주의fetishism'의 회귀다. 호황기에는 산업자본의 '생산력'이 중요하고 '화폐'는 생산된 가치를 표시하는 수단에 불과하다는 사고가 만연한다. 하지만 마르크스는 공황에 이르면 모두 화폐를 축장하기 위해 혈안이 된다고 말한다. 마찬가지로 보나파르티슴은 보통선거제 아래 억압되어 있던 뭔가가 다시 회귀한 것

8　가라타니 고진, 앞의 책, 17~18쪽.

이라 할 수 있다. 그것은 대표제라는 표상시스템에 존재하는 구멍이다. 내친김에 말하자면 자본제 화폐경제도 상품의 가치를 '화폐'를 통해 대표=표상하는 시스템이다.

> 마르크스가 『자본론』에서 해명하려고 한 것은 화폐에 의해 조직되어 있는 환상적 시스템이다. 그러나 그것은 경제적 하부구조라고 말해서는 안 된다. 역으로 그것은 경제적 하부구조를 조직하고 은폐하는 상부구조, 바꿔 말해 표상시스템이다. 그러므로 그것은 항상 파괴될 위기를 내재하고 있는 것이다. 한편 『브뤼메르 18일』에는 또 하나의 표상시스템, 즉 대표제가 불가피하게 갖는 위기가 문제로 다루어지고 있다. 『자본론』이 경제를 표상의 문제로 파악했다고 한다면 『브뤼메르 18일』은 정치를 그와 같이 파악하고 있다.[9]

보나파르트의 사상은 바로 자본주의가 초래한 계급대립을 행정권력에 의해 해소하는 것, 대외적으로 제국주의 정책을 취해 혁명을 국내적으로 불필요하게 만드는 것이었다. 보나파르티슴은 역사의 고유명이기도 하지만 동시에 '반복'되는 어떤 관계이기도 하다.

> 마르크스는 보나파르트를 여러 계급의 대립을 소거하는 자로 다루었지만, 이 '대립'은 이 시기 영국 경제에 압박을 받은 프랑스의 고유한 문제와 관계가 있다. 동시에 이것은 글로벌한 자본주의와 국민국가 경제의 대립으로 일반화할 수 있다. 예를 들어 국민경제를 희생시키는 시장 자유화인가 그것에 대한 보호인가 하는

9　　가라타니 고진, 앞의 책, 21쪽 참조.

대립은 눈앞에 놓인 최대의 정치적 쟁점 중 하나였다. 그들의 요구를 모두 만족시키는 것처럼 행동하는 정치가는 '보나파르트주의자'라고 해도 좋다. 물론 그것이 항상 파시스트인 것은 아니다. 1930년대에 독일이나 일본에서 파시즘이 생겨났는데, 그것은 '보나파르티슴'의 한 양상으로 보는 게 좋다.[10]

결국 자본주의 경제의 반복강박은 네이션=스테이트의 반복강박과 겹친다. 이렇게 『브뤼메르 18일』에 기초해서 생각하면 파시즘을 설명하기 위해 구태여 마르크스주의에 정신분석을 도입할 필요가 없다. 이미 마르크스가 프로이트의 『꿈의 해석』을 선취하고 있기 때문이다. 마르크스는 보나파르트의 황제 등극 과정을 단기간에 이루어진 꿈과 같은 사태로 분석하는데, 이 경우 마르크스가 강조하는 것은 '꿈의 사상', 즉 실제적인 계급적 이해가 아니라 '꿈의 작업', 즉 그들의 계급적 무의식이 한 사람에게로 압축·전이되어가는 과정이다. 그리고 마르크스가 여기서 드러낸 '계급투쟁'이란 계급적 이해가 정치적 표상=재현representation의 장에서 압축되고 전치되어가는 과정이나 다름없다. 계급투쟁은 중층 결정된 담론의 장 안에서만 존재한다.

여기서 독자는 소박한 질문 하나를 던지지 않을 수 없다. '역사가 이렇게 반복되기만 하는 것일까? 과거로부터 뭔가를 배워가면서 발전해나가기도 하지 않는가?' 물론 역사는 점점 나아지는 측면이 있다. 가라타니는 국가와 자본의 반복강박에 덧붙여 긍정적인 반복성을 지목한다. 그것은 바로 '어소시에이션'이다.

---

10 가라타니 고진, 앞의 책, 41쪽.

어소시에이션과 세계공화국

앞서 우리는 네이션이 호수제에 기초한다는 것을 보았지만 그것이 처음부터 네이션이라는 '형태'로 존재했던 것은 아니라는 점이 중요하다. 수탈-재분배도, 상품교환도 처음부터 '국가'와 '자본'의 형태로 존재하지는 않았다. 1990년대 이후부터 가라타니는 네이션-스테이트 아래 억압되고 변질되어온 호수제가 국가와 자본에 대항하는 어소시에이션으로 반복되어왔다는 점을 주장한다. 근대 이전에 어소시에이션운동은 '보편종교'(기독교, 이슬람교, 불교 등)로 나타났다. 가라타니는 보편종교운동이 도시와 상업 지역에서 먼저 시작되었다는 점을 주목해 다음과 같이 말한다. "그것은 공동체의 유대로부터 한 번 잘려 나간 개인에 의해서만 열렸던 것이다."[11]

예를 들어 보편종교운동은 사도 시대의 기독교처럼 초기 단계에 사유재산을 부정한다. 가라타니는 보편종교에서 제4의 교환양식 X를 발견한다(이는 후일 『세계사의 구조』에서 교환양식 D로 불린다). 이 교환양식 X는 한편으로 경제적이면서도 도덕적이다. 교환양식 X는 공동체 안에 한정된 호수제를 넘어설 것을 '명령'한다는 점에서 호수제와 다르지만 한편으로는 상품교환이 초래하는 불평등과 격차를 '부정'한다는 점에서 호수제와 닮았다. 물론 그것이 구체적인 사회구성체로 실현된 적이 없기에 교환양식 X에 적극적인 내용을 부여할 수 없다. 그럼에도 나머지 "세 가지 교환양식이 집요하게 남아 있는 한 이 교환원리도 규제적 이념(칸트)으로서 계속 남는다."[12] 가라타니 자신은 엄밀하게 구분하지 않지만 교환양식 X는 화폐나 네이션과 같은 '초월론적 가상'과 구분되는 '초월론적 통각'으로 간주되어야 한다(1장의 사전事前과

---

11   가라타니 고진, 앞의 책, 23쪽.
12   가라타니 고진, 앞의 책, 23쪽.

사후事後 참조).

　　앞서 보았듯이 네이션은 상상적 공동성 속에서 개개인의 불멸성을 새롭게 되찾으려는 세속종교라고도 할 수 있다. 그렇다면 국가와 자본에 대항하는 운동은 네이션의 상상력과 어떻게 다른가? 여기서 가라타니는 칸트의 '세계공화국' 이념을 다시 환기한다. 칸트는 인간에게 자연적 소질로서의 '반사회적 사회성'이 있다고 말한다. 이런 '자연적 소질'은 오히려 국가들 간의 경합이 지속되는 '자연상태'에서 온다. 이 자연상태는 물론 자연적이기보다는 역사적인 것이다. 여기서 칸트는 세계공화국의 이념이 '국제연합'으로 서서히 실현될 것이라는 예측에 이끌렸다. 물론 그 과정에서 전쟁의 참상을 겪는 것은 불가피하다. 실제로 칸트의 구상은 두 번의 세계대전을 거치고 나서야 오늘날의 국제연합UN으로 구현되었다. 하지만 헤겔이 조소했듯이 국제연합은 오늘날에도 무력하다. 이 무력함을 극복할 방안은 없을까? 이 점에 대해서 아직 1990년대의 작업들은 충분히 해명하지 못한다.

　　다만 가라타니는 세계공화국의 이념이 반복되는 이유를 『네이션과 미학』에서 설명한다. 그는 이 저서를 칸트와 프로이트 사이를 오가는 '트랜스크리틱'이라고 말한다. 하지만 엄밀히 말해 가라타니는 프로이트를 통해 칸트의 '세계공화국' 이념을 보충하고 있다.

　　가라타니는 프로이트가 초자아라는 개념에 도달할 시기에 1차 대전의 전쟁신경증 환자들과 조우했다는 역사적 사실을 환기한다. 이들은 전쟁이 끝난 이후에도 각자의 꿈속에서 매일 밤 전쟁을 치르고 있었다. 프로이트는 대상을 잃은 공격충동이 자신에게 되돌아옴으로써 전쟁신경증이 성립된다고 보았다. 그리고 가라타니는 초자아 개념이 임상적/역사적 경험과 무관하지 않다고 말한다. 자아의 공격충동이 자신에게로 역전됨으로써 그것은 초자아의 죽음충동으로 재현된다. 가라타니는 또 다른 문헌적 근거를 『문명 속의 불만』으로 제시한다. 프로이트는 당대의 낭만주의와 카를 구스타프 융Carl Gustav Jung과 달리 인간이

'초자아'로부터 치유될 수 없고 그럴 필요도 없다고 생각한다. 초자아는 통념과 달리 사회적 금기의 강제가 아니기 때문이다. 초자아는 자아의 공격충동에 기초하기 때문에 자아가 말 그대로 '죽음'에 이르지 않는 한 초자아의 '죽음충동'을 없앨 수 없다. 이 초자아는 물론 역사적인 것이다. 자아의 공격충동 자체가 역사적이기 때문이다. 가령 수백만 명을 절멸시킨 전쟁을 개인의 심리만으로 설명할 수 없다. 그것은 오히려 네이션=스테이트의 '반복강박'되는 공격충동으로만 설명할 수 있다.

가라타니는 프로이트가 독일의 재무장을 규제하는 바이마르 헌법을 '초자아'로 보았다고 말한다. 당시의 파시스트와 공산주의자는 바이마르 헌법이 패전 때문에 강요된 것으로 보았지만, 사실 그것은 네이션=스테이트의 공격충동이 자신에게로 향한 결과다. 독일은 바이마르 헌법을 폐기하고 또 한 번 세계대전에 휘말렸지만 그 결과 더 강한 초자아를 가지게 되었다. 가라타니는 전쟁이 초래한 초자아로 일본의 재무장을 금지하고 영구적 전쟁 포기를 천명한 '헌법 9조'를 설명한다. 일본의 우익은 헌법 9조는 미 군정이 강제한 것일 뿐이며 '정상국가'로 되돌아가야 한다고 주장해왔다. 그런데 가라타니는 그들이 헌법을 개정할 기회가 있었는데도 그동안 하지 않은 이유를 주목한다. 그것은 외부의 간섭 때문이 아니다. 헌법 9조는 일본이 발산한 공격충동으로 만들어진 일본인들 자신의 초자아다. 그렇기 때문에 우익이 헌법 개정을 일상적으로 입에 올려도 실제 선거에서는 무의식적 저항감 때문에 그것을 의제화하거나 국민투표에 붙이지 못하는 것이다. 이렇듯 네이션=스테이트의 공격충동이 '반복강박'되는 만큼 그것은 또한 초자아로서 '반복강박'된다. 결국 가라타니는 프로이트의 '초자아' 개념을 통해 칸트의 역사철학적 테제를 새롭게 조명하는 것이다. 다시 말해 세계공화국의 이념은 초자아라는 형태로 반복강박된다.

3 마르크스의 트랜스크리틱

일반적으로 말해 경제학이란 인간과 인간의 교환행위에서 '수수께끼'를 인정하지 않는 학문을 말한다. 그 밖의 영역에는 복잡기괴한 것이 있겠지만 경제행위는 즉물적sachlich이고 명쾌하다. 그러나 (……) 이른바 경제학이 대상으로 하는 영역은 특별히 단순하거나 실제적인 것이 아니다. 화폐나 신용이 짜내는 세계는 신이나 신앙의 세계와 마찬가지로 완전히 허망한 동시에 무엇보다 더욱 강력하게 우리를 유린한다(『트랜스크리틱』).

마르크스 그 가능성의 중심

마르크스에 대한 독해로 넘어가기 전에 가라타니는 (통상적인 관념과 달리) 칸트의 윤리가 경제적인 문제와 무관할 수 없다는 것을 지적한다. 그 점은 칸트의 후기 역사철학과 정치철학 저서에서 드러난다. 앞서 칸트가 말한 '세계공화국'의 이념은 "무역을 통해 아주 밀접하게 연관되어 있는 우리 유럽 대륙에서 각 국가가 겪는 동요 상태가 다른 국가에까지도 분명히 영향을 미치게 될 것"[1]이라는 사태에 의해 보증된다. "그 결과 다른 국가들까지 위험에 휩쓸리게 되므로 다른 국가들은 스스로 중재자가 되어—비록 합법적인 형태를 갖추지는 못한 것이지만—이전 세계에서는 그 예를 찾아볼 수 없는 미래의 거대한 국제기구를 서서히 준비하게 될 것이다."[2] 가라타니의 말대로 "칸트는 '인류'를

---

1 임마누엘 칸트, 「세계시민적 관점에서 본 보편사의 이념」, 『칸트의 역사철학』, 이한구 옮김, 서광사, 2009, 41쪽.
2 임마누엘 칸트, 앞의 책, 41쪽.

그저 '이성적'이라는 종차에 의해 정의하지 않고, 구체적으로 민족·인종의 종합 속에서 보고 있었으며, 게다가 그것을 화폐경제의 침투에서 보고 있었던 것이다. 인류를 구체적으로 종합해가는 것은 바로 공격성을 단념함으로써 성립하는 '교환', 상품경제다."[3]

여기서 가라타니는 칸트 독해에 관한 헤르만 코헨의 지적을 수용한다.[4] "너의 인격과 모든 타자의 인격에서 인간성을 단지 수단으로뿐 아니라 동시에 항상 목적으로 사용하도록 행위하라"는 도덕법칙에서 칸트는 인간을 수단으로 사용하는 것을 부정하지 않았다. 칸트의 윤리는 인간이 서로를 수단으로 사용하는 "생산관계를 전제하고 있다."[5] 그것을 고려하지 않는 인격적인 관계는 수도원이나 학생 기숙사 사이의 몽상에 지나지 않는다. 칸트적 윤리학이 경멸당하는 경향은 '뿐 아니라'를 '가 아니라'로 읽어왔기 때문이다. 칸트의 윤리는 목적의 물질적이고 경제적인 기반에서 존재한다. 그리고 역으로 물질적이고 경제적인 문제에서 윤리가 실현되어야 한다. 그러나 그것은 '타자를 수단으로뿐 아니라 목적으로 대하는 것'을 불가능하게 하는 사회적 시스템을 바꾸지 않고는 불가능하다. 그렇기에 칸트는 '세계공화국'의 이념을 들고 나온 것이다. 세계공화국은 국가 간의 전쟁이 종식된 상태일 뿐 아니라 그것을 불러온 계급적대도 지양된 상태를 의미한다. 이런 점에서 가라타니는 칸트를 '코뮤니즘(=공산주의)' 계열의 사상가로서 다시 읽어낸다. 칸트의 말을 빌리자면 경제적 기반을 갖지 않은 코뮤니즘은 공허하고 도덕적 기반을 갖지 않은 코뮤니즘은 맹목적이다.

가라타니는 이런 칸트 독해에 입각해서 마르크스의 코뮤니즘을

---

3   가라타니 고진, 『네이션과 미학』, 조영일 옮김, 도서출판 b, 2009, 117쪽.
4   가라타니 고진, 『트랜스크리틱』, 송태욱 옮김, 한길사, 2005, 219쪽 참조.
5   가라타니 고진, 앞의 책, 220쪽.

다시 읽어낸다. 마르크스가 말한 코뮤니즘은 자본주의가 귀착되는 자연사적 필연성이 아니다. 가령 젊은 마르크스는 『헤겔 법철학 비판 서설』에서 종교 비판은 인간이 경멸당하고 예속당하는 모든 관계를 뒤집으라는 지상 명령(무조건적인 명령)으로 끝난다고 말한다. 가라타니는 이 '지상 명령'에 칸트적인 사고가 숨어 있다고 본다.

　　가라타니에게 마르크스는 자본주의의 종말이나 공산주의의 필연성을 예언한 사상가가 아니다. 그에게 마르크스는 우선 자본의 본성을 철저히 해명함으로써 그것이 지양되는 것이 지극히 어렵다는 것을 밝혀낸 사상가다. 여기에 대해 가라타니는 다음과 같이 말한다. "내게 마르크스는 '공산주의'자가 아니라 우리가 지금 속한 자본주의 경제가 무엇인지 깊이 고찰하고자 한 사람이었다. 자본주의는 사람이 부정한다든가 다른 것으로 대체할 수 있는 '주의'가 아니다. 그것은 '교환'이라는 데 내재하는 근원적인 패러독스에 의해 잉태된 것으로 오히려 인간의 조건과 관련이 있다."[6]

　　가라타니는 이런 관점을 이미 1970년대에 『마르크스 그 가능성의 중심』이라는 에세이에 제출했다. 여기서 드러난 가라타니의 기본 관점은 다음과 같다.

　　이른바 마르크스주의는 역사에서 경제적 하부구조가 상부구조를 규정한다고 되어 있다. 그러나 그런 역사에 대한 인식은 애덤 스미스에게서 기인한 것으로, 다시 말하면 산업자본주의적 사회가 성립한 후에 발견되었다. "인간 해부는 원숭이 해부의 열쇠이다"(마르크스, 『정치경제학 비판 서설』). 역사에는 일정한 목적 따위란 없다. 자본제 이전의 사회는 자본제를 통해서만 이해된다. 또

6　가라타니 고진, 『마르크스 그 가능성의 중심』, 김경원 옮김, 이산, 2003, 8쪽.

자본주의가 무엇인지 모르고 이루어진 개혁은 그 이전으로 퇴행하지 않을 수 없다. 하지만 이른바 경제적인 관점에서 사고하는 한 자본주의를 이해할 수는 없다. '자본주의' 자체는 상부구조도 아니지만 하부구조도 아니다.『자본론』에서 마르크스는 상품의 '신학적 · 형이상학적 수수께끼'를 찾아냈는데, 그것은 자본주의가 바로 일종의 '종교적'인 위상에 놓여 있다는 것을 의미한다. 사람들은 마르크스의 '공산주의'를 종교적이라든가 유토피아라고 생각한다. 그러나 자본주의 자체가 종교적이며, 공산주의는 단지 자본주의의 논리 자체에서 현실적으로 탄생한 것이다.[7]

여기서 가라타니는 마르크스를 단순히 공산주의 사상가나 자본주의 비판자가 아니라 경제적 현상을 넘어서 다양한 영역에 대한 비판을 불러올 수 있는 가능성의 중심으로 바라보고 있다. 그러나 이 단계에서는 아직 '비판가로서의 마르크스'만이 부각되어 있을 뿐, 자본주의의 지양으로서 염두에 두었던 코뮤니즘의 '기획'이 무엇이었는지에 대한 고찰이 결여되어 있다. 결국 트랜스크리틱에서 새로운 것은 두 가지다. ① 가라타니는 상품교환이 호수제와 수탈-재분배와 나란히 존재하는 여러 교환양식 중의 하나라고 본다. 자본제 경제가 상품교환에 기초한다면 국가와 네이션은 각각 수탈-재분배와 호수제에 기초한다. ② 현실의 자본제 경제는 단순히 상품교환으로만 존재하는 것이 아니라 수탈-재분배 그리고 호수제와 구조론적으로 결합되어 있다. 따라서 가라타니는 자본주의를 지양한다는 것은 국가와 네이션을 지양한다는 것과 무관할 수 없다는 주장을 제기한다. ③ 가라타니는 여기서부터 자본-네이션-스테이트를 동시에 지양하는 '코뮤니즘'의 기획을 구체적으

---

7   가라타니 고진, 앞의 책, 8쪽.

로 사고한 사상가로서 마르크스를 부각한다.

마르크스의 트랜스크리틱

가라타니가 마르크스를 독해하면서 자신의 '트랜스크리틱'이라는 방법을 어떻게 관철하는지를 살펴보자. 가라타니는 마르크스의 유물론이 단적으로 영국의 경험론과 독일의 관념론 사이의 '시차'를 통해 발견되었다고 말한다. 이를테면 마르크스는 국가와 종교 속에 소외된 '인간의 본질'을 회복하는 문제에 천착한 루트비히 포이어바흐(청년헤겔파)에 대해서는 인간이 묶인 물질적이고 사회적인 조건을 내세우며 비판하지만 영국의 고전경제학에 대해서는 역으로 '상품'이라든가 '화폐'와 같이 언뜻 경험적으로 자명한 것들의 '본질'이 무엇인지에 대해 비판적으로 음미하는 식으로 관점을 이동했다. "중요한 것은 이미 분명해진 것처럼 마르크스가 끊임없이 이동하고 전회하면서 각 시스템에서의 지배적인 담론을 '외부의 위치에서' 비판하고 있다는 점이다. 그러나 '외부의 위치'는 뭔가 실체적으로 존재하는 것이 아니다. 마르크스가 서 있는 것은 담론의 차이이자 그 '사이'이며, 그것은 오히려 어떤 위치도 무효로 만들어버리는 것이다. 중요한 것은 관념론에 대해서는 역사적인 수동성을 강조하고, 경험론에 대해서는 현실을 구성하는 범주의 자율적인 힘을 강조하는, 마르크스의 '비판'의 발놀림이다."[8] 가라타니는 이렇게 마르크스가 '트랜스크리틱'으로 전회하는 것을 『독일 이데올로기』에서 발견한다.

손님의 관심을 끌기 위한 이 철학적 선전을—원래 그것은 어엿한

---

8   가라타니 고진, 앞의 책, 276~277쪽.

독일 시민의 가슴에 자선적 애국심을 불러일으키기조차 하는 것이지만—올바로 평가하기 위해서는, 또 이런 청년헤겔파의 전운동의 하찮음과 지방적 편협함을, 즉 이 영웅들이 '실제로 하고 있는 일'과 그 '하고 있는 일에 대한 환상, 미화'의 희비극적인 대조를 눈앞에 직접 보여주기 위해서는 우선 독일 바깥이라는 위치에서 이 우당탕거리는 소란 전체를 바라볼 필요가 있다.[9]

알튀세르를 비롯해서 많은 논자는『독일 이데올로기』가 마르크스가 청년헤겔파의 (인간의 소외된 본질—신, 국가—을 본연의 형태로 회복시켜야 한다는) 문제 설정을 극복하고, '인간의 본질'을 현실의 사회적 관계와 물질적 조건 속에서 고찰하는 더욱 '성숙'한 단계로 나아가게 되는 분수령이 된다고 보았다. 하지만 가라타니는 우선 이와 같은 인식에 도달하기 이전에 마르크스가 뼈저린 정치적 좌절을 겪었다는 사실을 지적한다. 예를 들면 독일의 정치철학과 프랑스의 사회주의운동을 결합하려 했던『독불 연감』의 시도는 프랑스 사회주의자들에게 보기 좋게 묵살당했다. 무엇보다 프리드리히 엥겔스Friedrich Engels를 비롯해 당시의 정치적 망명자들과 함께 결성한 비밀결사 '공산주의자 동맹' 역시 흐지부지되었다. "자신만만한 청년 마르크스는, 독일 철학이 전혀 통하지 않을 뿐 아니라 원래 그런 종류의 이론과는 동떨어진 곳에서 움직이고 있는 '현실'을 좋든 싫든 간에 뼈저리게 느끼지 않을 수 없었다."[10] 그런데 그것은 프랑스 사회주의자와 영국 고전경제학자 각자에게 익숙한 '현실'과는 다르다. 현실은 오직 "담론들의 차이"를 통해서만 식별된다.『독일 이데올로기』에서 마르크스와 엥겔스는 역사를 경제를

9   가라타니 고진, 앞의 책, 234쪽에서 재인용.
10   가라타니 고진, 앞의 책, 234쪽.

중심으로 경험론적으로 볼 것을 주장했다. 하지만 그것은 영국에서는 흔해빠진 견해였다. 이미 애덤 스미스부터가 그런 '역사유물론'을 구상한 바 있다. 그렇다면 오히려 마르크스가 말년에도 청년헤겔파의 관념론적 방법을 버리지 않았다는 점이 강조되어야 한다. 가령 독일 관념론자들은 범주 자체의 운동에 입각해서 현실의 운동을 설명한다. 마르크스는 그것이 '전도'되어 있다고 조소하지만 또 다른 한편으로 '자본'에서 종교적/관념적인 능동성을 발견했던 것이다.

또한 가라타니는 『트래스크리틱』 이전부터 『독일 이데올로기』가 '교통交通'의 문제에서 출발한다는 점을 주목한다. "이와 관련해 나는 마르크스가 『독일 이데올로기』에서 제출했던 '교통'이라는 개념을 주목하고 싶다. 후일 '생산관계'로 바뀌는 이 '교통'의 개념에는, 예컨대 마르크스가 '전쟁은 교통의 흔한 형태다'라고 말하듯이, 우연적·무=근거적·횡단적·에로스적·폭력적인 뉘앙스가 포함되어 있다. '생산관계'의 개념이 다소 폐쇄된 관계 시스템을 생각하게 하는 것에 비해 '교통'은 동적이고 우연적인 개념이다."[11] 『독일 이데올로기』는 상이한 민족과 공동체 간의 '교통' 속에서 인간의 역사가 만들어진다는 관점을 제시했다. 그런데 이 교통은 하나의 담론 체계에서 조망될 수 없다. 왜냐하면 이 교통은 단순히 물질적이고 경제적인 교류뿐 아니라 그것에 동반되는 사상적/이념적 교류, 자연계와 인간계 사이의 물질대사 그리고 심지어 '전쟁'까지도 포함되는 것이기 때문이다. '교통'의 성격은 '생산관계'라는 용어 안에서는 잊히지만 사실은 생산관계 자체가 교통 속에서만 존재한다. 가라타니가 『독일 이데올로기』에서 주목하는 것은 교통=교환이 지닌 다의성이다. 하지만 마르크스는 후일 그런 교환을 '상품교환'을 중심으로 살펴보았다. 따라서 『독일 이데올로기』의 교통은 『자

11   가라타니 고진, 앞의 책, 35~36쪽.

본론』에서 생산관계로 대체된다. 이렇듯 가라타니는 마르크스가 주목한 '교통=교류형태'의 다양성에 재차 주목하며, 마르크스가 체계화하지 않은 다른 형태의 교통, 즉 교환양식들을 제공한다. 여기서 가라타니는 칼 폴라니Karl Polanyi가 말하는 '재분배'와 더불어 '증여'의 '호수제'를 가져온다.

결국 가라타니는 자본과 국가와 네이션은 각각 다른 '교환'의 원리에 기초한다고 생각해야 한다고 제안한다. 따라서 가라타니는 국가와 네이션이 자본제라는 경제적 토대 위에 성립한 '상부구조'라는 생각을 거부한다. 네이션과 국가 그 자체가 이미 경제적인 교환의 한 형태이기 때문이다. 이렇듯 자본과 더불어 국가와 네이션이 별개의 교환원리 위에 성립된다면 '자본'을 강제로 폐기한다고 해서 '네이션'과 '국가'가 해소될 수는 없다. 부르주아적 근대국가에서는 애초에 별개의 교환양식으로 존재했던 국가(수탈과 재분배), 네이션(종교), 자본(상품교환)이 서로 떼려야 뗄 수 없는 '삼위일체'가 되었다. 자본축적 자체가 네이션과 국가 없이는 지속될 수 없을 뿐 아니라 국가의 개입도 네이션의 감정에 의해 추동된다. 이런 네이션과 국가의 강화는 다시금 '자본'을 부활시킨다. 또한 네이션과 국가는 다른 네이션과 국가에 대해 존재한다. 자본 역시도 다른 자본과의 경쟁 속에서 존재한다. 따라서 한 국가 안에서 자본을 지양하는 것만큼이나 네이션=스테이트를 지양하는 것 역시 힘들다. 마르크스 자신도 '일국의 혁명'은 불가능하며 '세계동시혁명'만이 자본제를 지양할 수 있는 유일한 경로라고 생각했다. 일국의 혁명은 곧바로 고립이나 다른 국가의 개입을 불러오기 때문이다. 그것에 대항하기 위해서 더 강한 네이션=스테이트가 초래되며 그것은 궁극적으로 자본의 부활을 가져온다. 이것이 가라타니가 공산권의 붕괴를 통해 목도한 과정이었다.

그런데 이런 자본, 국가, 네이션 이면에 있는 상이한 교환원리들은 단순한 역사적 회고를 통해 발견될 수 없다. 그것들은 모두 '초월론적으로 발견'된다. 언제나 그렇듯이 가라타니는 뭔가가 '초월론적으로 발견'되었다는 것의 의미를 자세히 설명하지는 않는다. 다만 문맥상으로 볼 때 이런 교환양식들이 초월론적으로 발견된다는 것은, 그것들이 국가와 네이션의 '바깥'에서, 즉 그들 외부의 '관계' 속에서 국가와 네이션의 성립 근거를 물을 때에야 비로소 발견될 수 있다는 의미다. 가라타니는 저 세가지 교환양식에 대한 '초월론적 고찰'을 우선 마르크스에게서 배웠다고 말한다. 그는 마르크스의 '가치형태론'에서 그와 같은 교환양식들에 대한 초월론적 고찰을 볼 수 있다고 주장한다.

마르크스의 가치형태론과 정치경제학 비판

가라타니는 『자본론』에서 마르크스의 '(노동)가치론'보다는 1장에 등장하는 '가치형태론'에 주목한다. 가치형태론의 골자는 다음과 같다. 우선 마르크스는 '상품'의 본질이 무엇인지, 상품을 상품으로 만드는 것이 무엇인지를 묻는다. 상품은 생산자 자신이 사용하기 위해 생산한 것이 아니라 그 바깥의 시장에서 팔기 위해 생산한 노동생산물이다. 이런 상품에는 이중적인 속성이 있다. 우선 모든 노동생산물은 저마다 사용가치(쓸모)를 지닌다. 그런데 '상품'이라는 형태의 노동생산물에는 개별 상품의 우연적인 사용가치를 넘어선 교환가치가 있으며 이런 가치는 역사적이고 사회적인 특성을 지닌다.

여기서 마르크스는 상품이 다른 상품과 교환될 수 있는 관계체계 속에 있어야 비로소 상품일 수 있다는 점에 착안해 '가치형태'에 관한 논의를 전개한다. 처음에는 ① '단순한/우연한 가치형태'가 있다. x량의 상품 A가 y량의 상품 B와 교환된다. 여기서 A를 B로 교환할 때 A가 자신의 가치를 B를 통해 표시한다고 할 수 있다. 이때 전자는 상대적 가치형태가 되고 후자는 '등가형태'가 된다. 그러나 단순한/우연한 가치형태에서 무엇이 등가형태이고 무엇이 상대적 가치형태인지는 전적으로 우연에 좌우된다. 곧이어 마르크스는 단순한 등가형태들이 연쇄적으로 이어지는 ② '전개된 가치형태'를 보여주고 나아가 한 상품이 배타적으로 등가형태에 있고 다른 모든 상품이 상대적 가치형태에 있는 ③ '일반적 등가형태'를 보여주며 종국에는 화폐가 '일반적 등가형태'의 자리를 차지하게 되는 ④ '화폐형태'로 나아간다.

흔히 ① 단순한 가치형태 ② 전개된 가치형태 ③ 일반적 등가형태 ④ 화폐형태로의 '발전'은 '논리적'이면서도 '역사적'이라고 이야기한다. 그런데 가라타니는『마르크스 그 가능성의 중심』(1978년)에서 '가치형태'가 오히려 '초월론적/계보학적'으로 발견된 것이라는 견해를 제출한다. 마르크스가 보여준 것은 오늘날 존재하는 '화폐형태'로의 역사적이거나 논리적인 발전 과정이 아니다. 마르크스가 보여준 것은 어떤 사물이 상품인지 화폐인지는 그것이 놓인 '위치'에 따라 결정된다는 것이다. 가령 어떤 사물이 화폐가 되는 것은 그것이 다른 모든 상품의 가치를 표현하는 특권적 (등가형태의) 위치에 놓이기 때문이다. 금이든 은이든 그런 위치에 놓이기 때문에 화폐가 된다. 그런데 "고전경제학자들은 화폐를 단지 이차적인 외재물로 간주함으로써 가치형태에 존재하는 비대칭성을 부인했다."¹² 말하자면 고전경제학자들은 다른 상품을 통해 가치를 표현하는 '상대적 가치형태'와 그 자신이 다른 모든 상품의 가치를 표현하며 교환될 가능성을 지닌 '일반적 등가형태' 사이의 비대칭성을 포착하지 못했다는 것이다. 저 둘이 비대칭적이라는 것은 화폐(일반적 등가형태)를 가진 측과 상품(상대적 가치형태)을 가진 측의 권력관계가 비대칭적이라는 말과 같다. 화폐를 가지고 사는 측에서는 언제든지 원하는 상품을 그 가치대로 살 수 있지만 파는 측에서는 그것이 팔릴지 어떨지 사전에 알 수 없기 때문이다. 고전경제학자들은

12 가라타니 고진, 앞의 책, 339쪽.

이 비대칭성을 사상하고 화폐를 상품교환의 중립적 매개물로 보았다
는 것이다.

　　마르크스의 가치형태론이 '계보학적/초월론적' 탐구에 의해 유도
되었다는 것은 '가치형태'가 경험적인 탐구만을 통해서는 발견될 수 없
다는 의미다. "마르크스가 말하는 '단순한 가치형태'는 앞으로 화폐로
의 발전을 더듬어갈 역사적인 출발점이 아니라 고전경제학에서 명백해
진 시장경제로부터 초월론적(계보학적)으로 거슬러 올라가는 데서 발
견된다."[13] 마르크스는 가치형태론이 함축하는 교환의 비대칭성을 상
품교환의 존립 근거를 상품교환의 장 바깥에서 물음으로써 발견한 것이다.
그것은 역사의 출발점에 놓인 교환형태를 상정함으로써 역으로 지금-
여기의 자본제 상품교환에 존재하는 도착倒錯을 더욱 선명하게 보여주
는 방법이다. 이런 점에서 마르크스의 방법은 초월론적/계보학적이라
는 것이다.

　　이로써 가라타니는 가치형태론에서 드러난 '사다-팔다'의 비대칭
성이 '화폐를 가진 자와 상품을 가진 자' 사이 권력관계상의 비대칭으
로 나타난다고 말한다. "W-G-W'과 G-W-G'은 동일한 과정의 표
리인 것처럼 보여도 결정적으로 다른 것이다. 그 주도권은 화폐(소유
자)가 쥐고 있다."[14] 물론 '호황기'에는 비대칭성이 보이지 않는다. 그것
은 '공황'일 때만 보인다. 가라타니는 다음과 같은 『자본론』의 유명한
구절을 인용한다. "조금 전까지만 해도 부르주아는 호경기에 도취되
어 자신만만하게 '상품이야말로 화폐'라고 하면서, 화폐를 순전히 관념
적 산물이라고 선언했다. 그런데 이제는 모든 시장에서 화폐만이 상품
이라고 외치는 소리가 들려온다. 사슴이 신선한 물을 갈망하듯 부르주

13　　가라타니 고진, 앞의 책, 339쪽.
14　　가라타니 고진, 앞의 책, 352쪽.

아의 영혼은 유일한 부인 화폐를 갈망한다."[15] 이렇듯 가라타니는 고전파 경제학자들이 모두 화폐를 무시함으로써 상품의 가치가 교환을 통해 '실현'된 이후의 시점에서 사태를 고찰한다고 본다. 반면 마르크스는 "상품을 사용가치와 교환가치의 종합으로 보았을 때 거기에 존재하는 곤란함을 알고 있었다. 그것은 그가 이를테면 '사전'에 보았기 때문이다. 상품이 사용가치이자 가치라는 것은 감성적이라는 것과 초감성적이라는 것, 유한적이라는 것과 무한적이라는 것의 '종합'이지만, 그것은 어떤 '도약'이 없이는 있을 수 없다." 가라타니에 따르면 마르크스는 '사전'의 시점에서만 볼 수 있는 교환의 위기(공황의 가능성)를 보았다고 한다. 상품이 팔리지 않는다면 아무리 많은 노동시간이 투하되었다 해도 가치는 실현되지 않는다. 그렇다면 오히려 상품을 '가치'로 만드는 것은 그것을 구매하는 화폐의 힘이다.

한편 교환의 위기는 상품교환이 판매(W-G)와 구매(G-W)의 공간적/시간적 분리를 초래한다는 사정과 무관하지 않다. 이 분리는 상품교환이 서로 다른 공동체 사이에서 시작되기 때문에 일어난다. "마르크스가 말한 것은 상품교환의 발생이 공동체와 공동체 사이에서 시작한다는 점이다. 상품교환은 공동체의 경계선, 공동체가 다른 공동체 또는 다른 공동체의 성원과 접촉하는 지점에서 시작된다."[16] 교환에 수반되는 비대칭성 그리고 그것을 보여주는 상품의 가치형태도 공동체의 바깥에서 볼 때에만 분명해진다.

자본은 교환에 내재한 위기를 '신용'이라는 형태로 해소한다. 자본주의는 교환에 내재한 위기를 미래로 지연하는 신용의 체계다. 가라타니에 따르면 마르크스는 자본주의를 '신용=종교의 세계'로 재발견했

15   칼 마르크스, 『자본론 1-상』, 김수행 옮김, 비봉출판사, 2005, 176쪽.
16   가라타니 고진, 앞의 책, 341~342쪽.

다. 가라타니는『자본론』3권이 신용 과정에 대한 서술이라고 말한다.[17] 신용은 상품이 '팔릴 것'으로 간주하며 실제로 판매될지 어떨지 모르는 불확실한 상태를 미래로 이전한다. 생산된 상품이 시장에서 팔리기 이전에 미리 '가치'를 담지하는 것은 신용 메커니즘 덕분이다. 그렇다면 우리가 경험하는 자본주의의 위기는 본래 '신용공황'이라고 할 수 있다. "마르크스는 G-W-G′에서 W-G′이 실현될지(상품이 팔릴지) 어떨지 하는 것에서 '목숨을 건 도약'을 보고 있다. 그때 덧붙여야 할 것은, 실제로 자본은 상품이 팔린 것으로 간주하고 운동을 계속한다는 사실이다. 그것이 '신용'이다. 공황은 단순히 팔리지 않았다는 사실이 아니라 팔린 것으로 되어 있던 것이 최후의 결제에서 팔리지 않았다는 사실로 판명됨으로써 발생한다."[18] 이에 따라 가라타니는 일반적인 '(정치)경제학'과 마르크스의 '정치경제학 비판'의 차이를 다음과 같이 서술한다.

일반적으로 말해 경제학이란 인간과 인간의 교환행위에서 '수수께끼'를 인정하지 않는 학문을 말한다. 그 밖의 영역에는 복잡기괴한 것이 있겠지만 경제행위는 즉물적sachlich이고 명쾌하다. 그러나 (……) 이른바 경제학이 대상으로 하는 영역은 특별히 단순하거나 실제적인 것이 아니다. 화폐나 신용이 짜내는 세계는 신이나 신앙의 세계와 마찬가지로 완전히 허망한 동시에 무엇보다 더욱 강력하게 우리를 유린한다.[19]

---

17   이런 규정은 논쟁의 여지가 있다.
18   가라타니 고진, 앞의 책, 261쪽.
19   가라타니 고진, 앞의 책, 313~314쪽.

마르크스의 '비판'은 '교환의 수수께끼'에서 출발해서 그 수수께끼를 해결하는 '종교적인 믿음=신용'의 체계로서 자본주의를 '재발견'하는 데 있다. 이런 점에서 형이상학을 비판하면서도 그것의 불가피성을 보았던 칸트의 '비판'은 마르크스에게서도 반복된다. (가라타니에 따르면) 마르크스는 자본의 축적을 향한 충동을 상품이 사전에 이미 팔린 것으로 간주하는 '형이상학적' 운동이라고 간주한다. 자본의 축적 욕동 자체가 사변적=투기적speculative이다. 우선 마르크스가 자본가의 기원으로 꼽은 수전노는 화폐=교환가치를 축적하는 과정에서 오히려 사용가치에 대한 욕망을 단념하는 도착적인 욕망에 사로잡혀 있다. 그것은 이를테면 천국에 보물을 쌓으려는 욕동과 같다. 오늘날의 산업자본가는 '합리적인 수전노'다. 그는 화폐를 축적하기 위해 상품을 파는 유통과정에 직접 뛰어들기 때문이다. 이런 차이가 있지만 자본축적은 결국 사용가치를 넘어선 교환 가능성(=화폐) 자체를 축적하고자 하는 운동이다. 그것은 전도된 충동이다. 그것은 산업자본주의 단계에 '억압되었지만' 항상 자본제 경제를 따라다니며 '반복강박'되는 것이다. "자본의 운동은 일종의 '반복강박'이다. 그것이 전면적이 되는 것은 자본제 생산에서이지만, 이 반복강박은 상인자본이나 수전노로 거슬러 올라감으로써만 분명해진다."[20] 자본축적의 운동은 자본이 생산한 상품이 이미 팔렸다고 간주하는 한에서 지속될 수 있다. 사전에 상품이 팔렸다고 간주하는 신용 자체가 이미 '사변적=투기적'이다. 하지만 이런 형이상학적 사변=신용은 '교환' 자체에 내재한 근본적인 도착(비대칭성)에서 유래하기 때문에 간단히 물리치기는 힘들다.

20 가라타니 고진, 앞의 책, 357쪽.

가라타니 고진의 '자본론'

이미 보았듯이 가라타니는 마르크스의 노동가치론보다는 그의 '가치 형태론'에 더 주목한다. 이렇게 볼 때 어떤 상품이 가치인 것은 '화폐'에 의해 교환되기 때문이다. 상품에 가치를 부여하는 것은 '화폐'에 의해 규제되는 가치형태이지 그 역이 아니라는 것이다. "각 상품은 등치됨으로써만 공통의 본질을 가진다. 추상적인 노동 또는 사회적 노동시간은 교환(등치)에 의해 사후적으로 발견되는 데 지나지 않는다. 오히려 '사회적' 관계란 '의식되지 않는 관계'다. 마르크스는 노동가치설을 부정하지 않았다. 노동가치설이 사후적으로는 타당하기 때문이다. 그리고 노동가치는 산업자본주의 단계에서, 화폐에 의한 가격을 통해 모든 생산물에 강요되는 것이기 때문이다. 실제로 세계경제에서 경쟁은 생산에 필요한 노동시간의 단축 또는 노동생산성을 둘러싸고 이루어진다. 그러나 (……) 거기서 화폐는 잊혔다."[21] 가라타니는 심지어 언어의 형식체계가 언어의 의미를 만든다는 구조주의 언어학을 통해 가치형태론을 설명한다. 가라타니(의 견해)는 노동가치론을 부정하기보다는 가치형태론을 이해하지 않고 노동가치론을 이해할 수는 없다는 쪽에 더 가깝다. 그의 설명이 다소 생소해도 이런 가치론 해석은 일부 학계의 해석과 완전히 동떨어진 것은 아니다.

가령 가라타니는 상품의 가치가 사전에 (이를테면 투하된 노동시간에 의해) 결정되는 것이 아니라 시장에서 화폐와 교환됨으로써 그것이 가치(=사회적 노동)로서 실현된다고 말하는데 '신해석New Interpretation'의 입장(제라르 뒤메닐, 던컨 폴리)과 유사하다. 신해석의 견해는 다음과 같다. 신해석은 상품이 교환되는 시장을 통해 사적 노동이 사회적 노동이 된다고 사고한 루빈학파의 영향을 받았다. 이에 따라 신해

---

21   가라타니 고진, 앞의 책, 326쪽.

석은 상품과 화폐의 교환을 통해서만 상품에 지출된 구체적/사적 노동이 추상화/사회화된다고 주장한다. 따라서 화폐는 상품의 가치실체를 이루는 추상노동(=사회적 노동)의 즉각적이고 직접적이며 배타적인 표현이 된다. 신해석은 이 관점을 더 밀어붙여서 "자본주의 경제에서는 집계적 크기의 차원에서 화폐에 의한 가치표현이 두드러진다고 주장한다."[22] 신해석은 '화폐'가 '추상노동'의 직접적이고 사회적인 표현이라는 것 이상으로 나아가지 않는다. 그리고 신해석 역시 화폐와 상품의 교환에 내재한 비대칭성에 주목하기보다는, 상품의 총가치가 총가격과 집계상 일치하는 조건을 설명하는 방향으로 나아간다. 이런 점에서 가라타니의 가치형태론 해석은 학계에도 수용될 만한 나름의 근거를 갖추면서도 경제학의 틀로 설명할 수 없는 자본제의 특성(자본의 반복강박, 교환에 내재한 비대칭성)에 대한 독자적인 견해를 제출한다는 장점이 있다.

그런데 가라타니의 『자본론』 해석에서 논란이 될 만한 부분은 다른 곳에 있다. 우선 가라타니는 마르크스가 왜 상품의 경험적 가격의 배후에 있는 본연의 '가치'에 집착했는지에 대해 다음과 같이 설명한다.

신고전파는 고전파의 노동가치설을 부정하고 효용(사용가치)에서 가치(가격)를 생각하려고 했다. 신고전파는 '한계 효용'이라는 개념에 의해 심리적인 요소에 호소하지 않고 수요와 공급의 균형점을 찾았다. 그러나 고전경제학이 노동가치를 말한 것은 그들도 시장에서 가격균형을 상정했기 때문이다. 고전경제학자들은 개개의 (무정부적인) 생산이나 교환이 '사후적'으로 하나의 균형 상태

22 B. Fine et al., "Transforming the Transformation Problem: Why the 'New Interpretation' Is a Wrong Turning", *Review of Radical Political Economics* 36, 2004 참조.

로 안정되는 메커니즘에 주목했다. 또 '한계적'인 사고는 이미 리카도의 '수확 체감의 법칙'에서 엿보인 것이지 신고전파가 창시한 것은 아니다. 이런 균형 이론은 수학적으로 아무리 정치하다고 해도 결국 단일체계에서만 생각된다. 그러나 여기서 다른 가치체계를 상정한다면 동일 상품에 대해 각각의 균형가격과는 다른 '가치'를 상정할 수밖에 없다. 단일체계에서 생각하는 한, 화폐는 체계에 체계성을 부여하는 '무'에 지나지 않는다. 그러나 서로 다른 가치체계가 있을 때, 화폐는 그 사이의 교환에서 잉여가치를 얻는 자본으로 전화한다. 한편 마르크스는 스미스나 리카도가 노동가치설을 포기·수정한 것에 대해 오히려 그들 이상으로 노동가치설을 고집한 것으로 보인다. 그러나 그 의미는 전혀 다르다. 고전파가 단일 시스템에서 성립하는 균형가격을 노동가치로 치환했을 뿐인 데 비해, 마르크스는 복수 시스템에서 출발하고 그 때문에 '사회적·추상적'인 노동가치를 필요로 했던 것이다.[23]

여기서 가라타니는 '투하 노동시간'에 의해 상품의 가치를 사고한 스미스/리카도와 달리 '사회적/추상적 노동시간'에서 상품의 가치를 사고한 마르크스의 차이를 나름대로 설명하고 있다. 고전파 경제학자들은 한 시공간상에 있는 상품들 간의 가격체계를 규제하는 원리를 설명하려 했지만 마르크스는 복수의 가격체계를 규제하는 법칙을 탐구함으로써 사회적=추상적 노동시간을 설정했다. 이렇게 볼 때 한 가격체계 속에 있는 상품의 가격은 그 상품이 지니는 가치와는 양적으로 다를 수 있다. 하지만 '불일치' 속에서도 상품의 가격을 규제-규율하는 사회적 메커니즘이 존재한다. "복수 시스템 사이에서 한 상품의 가격은 다

---

23   가라타니 고진, 앞의 책, 384쪽.

르다. 그렇다면 그 상품의 가격은 '가치'와는 다르다. 그렇다면 그 상품의 '가치'는 무엇인가, 그렇게 생각할 때, 한 체계의 균형가격과는 다른 것으로서, '추상노동'으로서의 가치가 가정되는 것이다. (……) 중요한 것은 복수의 시스템이 있다는 것, 거기서 잉여가치가 발생한다는 것, 그러므로 화폐가 자본으로 전화한다는 것이다."[24]

여기서 가라타니는 개념의 혼동을 범하고 있다. 가라타니는 가치를 생각하기 위해서는 복수의 시스템을 가져와야 한다고 말하며, 그것을 나중에 복수의 '가치체계'라고 바꿔 말한다. 확실히 그의 말대로 추상노동으로서 상품의 가치는 복수의 상대적이고 우연적인 가격체계를 경향적으로 규율한다. 현실의 가격은 가치를 중심으로 변동을 거듭한다. 그런데 가라타니는 어느 순간 복수의 가격체계를 복수의 가치체계로도 바꾸어서 말하고 있다. 이것은 가치가 상대적인 가격체계들을 넘어서 있다는 진술과 논리적으로 모순된다. 상품가치가 경험적으로 존재하는 우연한 상품가격과 다르기 위해서는 가치가 단일한 가치체계로 존재해야 한다. 복수의 가격체계가 존재하듯이 복수의 가치체계가 병존한다면 도대체 어떻게 (가라타니가 말하듯이) 가격과 가치가 다르다고 말할 수 있겠는가? 그렇게 본다면 애초에 추상적-사회적 노동시간을 전제할 필요도 없다. 이렇듯 가치와 가격은 전혀 다른 추상 수준에 있는 개념이다.

더욱더 수수께끼인 것은 상대적 잉여가치에 대한 설명이다. 원래 『자본론』에서 마르크스가 설명하는 상대적 잉여가치란 (기술혁신을 통해) 노동력가치(노동력을 재생산하는 데 필요한 상품의 가치)를 저렴화함으로써 얻는 잉여가치다. 상품의 가치가 동일하다면 노동력가치의 절감은 자본가에게 더 많은 잉여가치를 안겨준다.

여기서 가라타니는 다시 상인자본주의로 소급한다. 상인자본은 원격지 무역 등을 통해 싸게 산 상품을 비싸게 팔며 이윤을 얻었다. 그것은 딱히 부등가교환에 의한 사기는 아니다. 상인은 생산지와 판매지에서 가치대로 상품을 사고팔았을 뿐이다. 그 이윤은 생산지와 판매지 사이의 가치체계 차이에서 오는 것이다. 오늘날의 자본에도 어느 정도 상인자본적인 특성이 남아 있다. 금융자본의 환투기도 어찌 보면 상인자본주의적인 특성을 보존한다. 가라타니는 여기에 착안해 "상인자본이 '공간적'인 두 가치체계 차액에 의해 생기는 것에 비해 산업자본은 노동생산성을 높임으로써 '시간적'으로 서로 다른 가치체계를 만들어내는 것에 기초한다"[25]고 말한다. 여기서 가라타니는 기술혁신이 초래한 노동력가치의 저렴화를 '가치체계의 시간적 차이화'라고 바꾸어 말하고 있다. 그는 공간적 차이든 시간적 차이든 자본에 중요한 것은 가치체계의 '차이' 그 자체라는 점을 덧붙인다. 자본은 차이가 있는 곳이라면 어디로든 침투한다. 더 나아가 자본은 차이를 인위적으로 확대 재생산하는 사변적=투기적 운동이라는 것이다.

이렇듯 가라타니는 상대적 잉여가치의 생산을 가치체계의 시간적 차이화라는 더욱 심오한(?) 규정으로 파악한 다음, 상대적 잉여가치야말로 "산업자본주의 고유의 잉여가치"[26]라 주장한다. 반대로 그는 절대적 잉여가치의 생산을 우연적인 것으로 격하한다. 그에 따르면 절대적 잉여가치는 노동자를 "더 일하게" 함으로써 획득되는 잉여가치이다. 마르크스 역시도 절대적 잉여가치를 ① 노동시간의 연장과 ② 노동강도의 강화 그리고 ③ 노동의 추가 고용에 의해 획득되는 잉여가치로 설명한다. 그런데 가라타니는 그것을 자본의 "유기적 구성을 바꾸지

---

25   가라타니 고진, 앞의 책, 405쪽.
26   가라타니 고진, 앞의 책, 402쪽.

않고 (즉 설비투자를 하지 않고) 생산량을 늘리려는 호경기 고유의 현상"[27]으로 파악한다. 이렇듯 그는 절대적 잉여가치를 경기순환적 현상으로 국한한다. "요컨대 마르크스가 서술 순서에 따라 말한 두 종류의 잉여가치는, 자본의 축적과정에서 순환운동의 계기로 이해되어야 한다."[28] 그는 이를 근거로 다음과 같이 말한다.

> 노동일의 연장, 다시 말해 노동자가 그 노동력의 평가, 즉 사회적으로 필요한 노동시간 이상으로 일함으로써 잉여가치를 얻을 수 있다는 설명은 언뜻 보면 그럴듯해 보인다. 그러나 그것은 금세 곤란한 일에 부딪히게 된다. 예를 들어 자본가가 도산할 경우, 그것은 그들이 잉여가치를 얻을 수 없었다는 것을 의미하는데, 그렇다면 그들은 노동자를 '착취'하지 않았던 양심적인 자본가였다는 의미가 된다.

가라타니는 여기서 개별 자본의 레벨에서는 절대적 잉여가치의 생산을 파악할 수 없다고 주장한다. 그러나 그런 논리라면 상대적 잉여가치 역시 처음부터 개별 자본의 레벨에서는 파악할 수 없는 것이다. 노동력가치의 저렴화라는 경향은 개별 자본의 레벨에서만 볼 수 없다. 말할 것도 없이 마르크스는 잉여가치를 개별 자본과 총자본의 레벨에서 동시에 보았다. 다만 여기서 '가치'란 벤 파인과 알프레도 새드-필호의 말대로 둘 모두 '생산 영역sphere of production'에서 마주하는 '총자본'과 '총노동' 사이의 관계 속에서 파악된 개념이다. 그리고 나중에 올 '교환 영역sphere of exchange'과 '분배 영역sphere of distribution'에서 (잉여)가치는 개별

---

27   가라타니 고진, 앞의 책, 418쪽.
28   가라타니 고진, 앞의 책, 416쪽.

자본의 수준에서 '(이윤)가격'으로 전형transform된다. 마르크스의 『자본론』은 추상 수준의 구분에 입각한 개념적/설명적 순서를 따른다.[29] 이 방법론에 따르면 상대적/절대적 잉여가치 모두 총자본의 레벨에서, 그리고 더 나아가 개별 자본의 레벨에서 고찰될 수 있는 개념이다.

상대적 잉여가치의 생산이 '가치체계의 시간적 차이화'에 의해 초래되었다는 말도 그 뜻을 이해하기 어렵다. 가라타니의 말대로 단지 노동력 상품의 가치가 변화되었다는 이유로 상대적 잉여가치의 생산이 가치체계를 변화시켰다고 한다면 같은 논리로 절대적 잉여가치 역시 동일한 가치체계의 변화를 초래했다고 말하지 못할 이유가 없다. 상대적 잉여가치의 생산과정에서 기술혁신에 의해 노동력 상품의 가치가 이전과 '달라졌다'고 한다면 절대적 잉여가치의 생산과정에서도 노동과정과 노동강도의 변화에 의해 상품의 가치가 이전과 '달라지기' 때문이다. 절대적 잉여가치의 생산과정은 단순히 노동시간을 늘리는 데 그치는 것이 아니라 노동과정을 조직하는 방식에서 사회적인 변화를 초래하기 때문에 상품가치는 물론이고 자본의 유기적 구성과 산업구성을 변화시킨다. 따라서 상대적 잉여가치의 생산만이 가치체계의 변화를 부른다는 말은 여기서 아무런 의미도 지니지 않는다.

또한 절대적 잉여가치의 생산을 경기순환의 한 국면으로 설정한다면 마르크스가 「자본의 일반공식의 모순」이라는 절에서, 어떻게 해서 '등가물끼리의 교환'에서 '잉여가치'가 존재할 수 있느냐 하는 '지적 퍼즐'(던컨 폴리)[30]과 씨름한 이유를 설명할 수 없게 된다. 마르크스는 '지출된 노동의 가치'와 '노동력 상품의 가치'의 차이에서 잉여가치의 비밀을 설명한다. 잉여가치는 '상품을 생산하는 데 지출된 노동시간'과

---

29   벤 파인, 알프레도 새드-필호, 『마르크스의 자본론』, 박관석 옮김, 책갈피, 2006 참조.

30   칼 마르크스, 앞의 책, 216쪽 참조.

'노동력을 재생산하는 데 필요한 노동시간'의 차이에서 발생한다. 물론 '등가물끼리의 교환'이라는 가치법칙은 여전히 유지된다. 여기서 노동력가치와 노동가치의 차이를 파악하기 위해서는 총자본과 총노동의 관계를 도입해야 한다. 그렇다면 저 차이에 의해 발생하는 절대적 잉여가치와 상대적 잉여가치의 생산 모두 "총자본의 레벨"에서 파악되는 개념이다. '경기순환'과 '공황'은 이에 비해 더 낮은 추상 수준에서 생산 영역과 교환·분배 영역의 접합을 고려해야 할 문제다.[31]

유통주의자 가라타니 고진?

이미 본 바와 같이 가라타니는 가치체계의 '시간적 차이화'로 이해된 상대적 잉여가치의 생산을 특권화한다. 상대적 잉여가치와 절대적 잉여가치에 대한 가라타니의 서술에 모순이 있고 마르크스의 설명과도 다르지만 적어도 '낮은 추상 수준'에서 자본주의 경제가 다양한 가치체계(상이한 노동생산성과 유기적 구성을 지닌 산업부문과 국가들)로 존재한다는 경험적 사실을 지적하는 수준에서는 수용할 수 있다.

예컨대 가라타니는 "중요한 것은 복수의 시스템이 있다는 것, 거기서 잉여가치가 발생한다는 것, 그러므로 화폐가 자본으로 전화한다"고 말한다. 마르크스의 관점에서 보면 오류가 있긴 하지만 여기서 가라타니가 강조하고 싶었던 것은 다음과 같다. 현실의 자본주의는 서로 긴밀하게 연관된 다양한 산업부문과 복수의 국민경제로 존재하며 자본주의는 무엇보다 이들 간의 교환/무역을 통해 존재한다.

가라타니는 개별 자본이 화폐형태로 획득한 이윤에 실제로 해당

---

31   이런 점에서 자본주의의 공황이 자본의 사변적=투기적 충동에서 유래한다는 서술은 지나치게 추상적이고 관념적이다.

자본이 생산한 잉여가치가 얼마나 포함되었는지를 미리 말하기는 어렵다고 지적한다. 예컨대 생산과정을 대부분 자동화함으로써 노동을 거의 혹은 전혀 착취하지 않는 것처럼 보이는 '스마트한 자본'이 있는데 착취율이 제로처럼 보이는 이들 기업은 대개 평균이윤 이상을 확보한다. 노동가치론의 난점은 리카도 당시부터 제기되었는데 이는 후일 재정식화되어 '전형 문제tranformation problem'와 연결된다. 가라타니가 마르크스의 체계에 개입하는 지점 중 하나가 바로 전형 문제가 제기되는 지점이다. 노동가치론을 단순하게 받아들인다면 가령 무자비하게 노동자들을 대하는 작업장은 나쁘지만 스마트한 작업 환경을 갖춘 기업은 아무런 문제가 없다고 생각할 수 있다. 그러나 마르크스 정치경제학의 요점은 그 두 경우를 '같은 그림'에 담아내는 데 있다. 가라타니는 이 문제를 (다소 거칠고 부정확하지만) 다음과 같이 해결한다.

> 일정한 개별 자본이 얻는 이윤에는 다른 부문의 노동자나 독립소생산자로부터 얻은 잉여가치가, 또 한 나라의 총자본이 얻는 이윤에는 해외(식민지) 노동자로부터 얻는 잉여가치가 배분되어 있다.[32]

실제로 마르크스는 『자본론』 3권에서 상이한 산업부문 사이에 평균이윤율이 형성되면서 유기적 구성[33]이 낮은 부문에서 높은 부문으로 잉여가치가 재분배되는 메커니즘을 기술한다. 이때 생산 영역뿐 아니라 자본 간의 분배와 교환 영역이 고려되어야 한다. 가치체계의 차이 때문

---

32 가라타니 고진, 앞의 책, 416쪽 참조.

33 가변자본(노동력가치)에 대한 불변자본(소모된 생산수단의 가치)의 비율을 의미한다. 주어진 노동력에 더 많은 기계류나 원료를 사용하는 자본일수록 유기적 구성이 높다.

에 잉여가치가 '생산'되지는 않지만 그것은 상이한 부문 간에 잉여가치를 '재분배'하도록 만들 수는 있다. 가라타니는 가치체계의 차이를 고려해야만 "잉여가치를 개별 자본에서가 아니라 사회적 총자본에서 생각"[34]할 수 있다고 주장한다. 더 나아가 그는 이 가치체계의 차이를 국가 사이에서도 발견해야 한다고 주장한다. "사회적 총자본은 '한 나라'가 아니라 세계적인 총자본으로 봐야 한다. 『자본론』이 '국민political경제학 비판'인 까닭은, 그것이 자본주의를 폴리스(국민국가)가 아니라 세계에서 보려고 한 점에 있다."[35] 이미 마르크스도 "자본주의는 대외무역 없이는 존재할 수 없다"고 말하며 자본주의를 세계자본주의로 생각하고 있었다. 덧붙이자면 "어떻게 서로 다른 생산부문에서 동일하게 일반 이윤율이 성립하는지를 생각할 때, 마르크스는 그것을 세계자본주의에서 생각하고 있었다고 봐야 한다."[36]

가라타니가 강조하는 '가치체계의 차이'라는 문제는 생산 영역과 접합된 교환과 분배 영역의 수준에서 도입할 때 사고할 수 있다. 그런데 정작 가라타니는 마르크스처럼 생산 외의 영역을 생산 영역과 '연관'지어 생각하기보다는 그것과 동떨어진 계기로 고찰한다. 이는 앞서 보았듯이 가라타니가 생산과정에서 자립한, 화폐경제에 고유한 형이상학적 '도착'을 강조하기 때문이다. 그것이 마르크스의 강조점과 다르다.

가라타니가 주목한 화폐의 페티시즘도, 거기서 비롯되는 신용과 공황의 가능성도, 자본주의를 생산과정에서 '자립한' 유통과정으로 바라보는 관점과 연관된다. 동일한 맥락에서 그는 "잉여가치는 생산과정이 아니라 유통과정에서 비로소 실현된다"[37]고 말한다. 이 진술은 두 가지 의미가

---

34   가라타니 고진, 앞의 책, 441쪽.
35   가라타니 고진, 앞의 책, 441쪽.
36   가라타니 고진, 앞의 책, 440쪽.

있다. 이는 ① 생산물이 유통과정에서 교환되어야 비로소 그것에 지출된 사회적 노동이 가치로서 실현되었다고 할 수 있다는 원론을 '재확인'하는 명제이지만 ② 동시에 화폐의 페티시즘에 깊이 묻힌 자본의 사변적=투기적 충동에 대한 '비판적' 진술이기도 하다.

　가라타니의 관점에서 자본이 생산하는 잉여가치는 언제나 화폐(형태)가 불러일으키는 가상과 분리될 수 없다. 가라타니는 생산적으로 지출된 사회적/추상적 노동으로서의 '가치'가 아니라 그것에 가치형태를 부여하는 '화폐'를 우선적으로 염두에 두고 있다. 이것이 가라타니로 하여금 '생산과정에서 자립한' 유통과정을 고찰하도록 한다. 마르크스가 보기에도 자본의 축적과정은 우선 G-W-G′이라는 상품의 '순환'운동으로서 존재하며, 각각의 계기(G-W/W-G′)마다 '유통과정'을 거치지 않을 수 없다. 그러나 가라타니는 이것을 넘어서 화폐 자체에 따라다니는 초월론적 가상을 비판하기 위해 유통과정을 중시한다는 점에서 단순히 '유통주의자'라고 말할 수만은 없다. 이를테면 가라타니는 잉여가치에 대해 다음과 같이 독특한 정식에 도달한다.

　잉여가치는 집합적 노동자가 만든 제품을 최종적으로 노동자가 되사는 것에서 얻어질 수 있다.

이것은 의미상으로는 잉여가치가 전체 상품생산에 지출된 노동시간(=집합적 노동자가 만든 제품)과 노동력의 가치(=노동자가 되사는 것) 사이의 '차이'에서 얻어진다는 고전적인 진술과 크게 다르지 않다. 그런데 가라타니의 진술에서는 '유통과정'에 방점이 찍힌다. 이 같은 진술은 가라타니가 그동안 마르크스를 오독한 것을 (어쩌면) 만회할 만

37　가라타니 고진, 앞의 책, 418쪽.

한 중요한 이론적/정치적 함축을 지닌다. 다만 가라타니가 자신의 진술이 함축하는 정확한 뜻을 이해하게 되는 것은 『세계사의 구조』에서다. 노동자가 자신이 만든 제품을 최종적으로 되삼으로써만 잉여가치가 생산될 수 있다는 말은 무엇보다 자본주의가 '노동력'이라는 '특이한 상품'에 기초한다는 사실을 겨냥한다. 예컨대 노동력 상품은 다른 자본제 상품을 '유통과정'에서 '소비'함으로써 자신을 '재생산'한다는 점에서 특이한 상품이다. 그리고 말할 것도 없이 노동력의 재생산(=소비) 과정은 그 자체로 다른 상품의 생산·재생산 과정과 긴밀하게 연관된다. 이는 자본주의가 '상품'이 '상품'을 소비함으로써 자신을 '생산'하고 '재생산'하는 오토포이에시스Auto-poiesis(자기산출)적 시스템으로서 존재한다는 것을 의미한다.

국가와 자본에 대한 대항운동

가라타니는 유통과정을 중시하면서 자본에 대항하는 운동을 두 국면으로 나누어서 생각한다. 노동자는 생산과정(노동과정)에서 자본과 대립하지만 무엇보다 유통과정에서도 자본과 대립한다.

여기서 우리는 산업자본이 노동력 상품에 기초한다는 것의 의미를 재고하도록 하자. 그것은 노동자를 고용해 일을 시킨다는 것만이 아니다. 노동자가 만든 제품을 최종적으로 노동자가 사는 것—노동자가 사는 것은 소비재이지만 그것이 팔리지 않으면 생산재도 팔리지 않는다—에서만 잉여가치가 얻어질 수 있다는 것이다. 다시 말해 잉여가치(자본의 축적)는 생산과정에서만이 아니라 유통(소비)과정에서 비로소 실현된다.[38]

여기서도 잉여가치가 유통과정에서 비로소 실현된다는 것은 자본제 경제를 세계경제의 맥락에서 이해해야 한다는 것을 의미한다. 이를테면 "분명히 선진국의 노동자나 농민은 착취당하고 있지만 동시에 그들은 국가(총자본)에 의해 이러저러한 재분배를 받고 있으며, 그 재분배를 통해 다른 나라의 노동자·농민을 '착취'하고 있는 것이다."[39] 자본의 운동이 저런 '사회적 관계'를 글로벌하게 조직하는 이상 생산과정 안에서만 그것에 대항하는 것은 무리다. 가라타니는 기존의 마르크스주의자들이 대개 생산과정에서 일어나는 자본과 노동자의 대립만을 보았다고 비판한다. 단지 고전적인 마르크스주의만이 아니라 생디칼리슴[40] 아나키스트들도 생산과정을 중시하며 공장 점거와 총파업을 중요한 투쟁 수단으로 생각했다. 그러나 "자본제 경제에서 생산과정이란 자본에 팔리는 노동력 상품이 구체적으로 노동하는 장이다. 거기서의 투쟁은 기본적으로 교환 계약의 조건을 바꾸는 투쟁에 지나지 않는다. 마르크스가 말한 것처럼 노동조합 운동은 경제투쟁에 그친다."[41] 물론 노동조합운동이 경제투쟁일 수밖에 없다고 해서 그 존재가치를 폄하해서는 안 된다. 다만 생산과정에서 노동자는 개별 자본에 의해 나뉜다는 사실에 유념해야 한다. 자본이 도산하면 노동자도 일자리를 잃기에 환경오염을 일으킨 기업의 노동자는 해당 문제에 관해 보편적인 관점을 취하기 어렵다. 오히려 이때 보편적인 관점을 취하는 것은 소비자다. 그런데 가라타니는 애초에 소비자란 노동자 이외에 그 누구도 아니라고 말한다. 가라타니는 자본의 유통과정(W-G')에서 노동자가 반드시 소비자의 위치에 선다는 사실을 주목한다.

---

38   가라타니 고진, 앞의 책, 481쪽.

39   가라타니 고진, 앞의 책, 485~486쪽.

40   20세기 초반에 유럽에 융성했던 노동운동으로, 국가를 포함한 모든 정치권력을 부정하고 노동조합을 핵심으로 한 무정부를 목표로 했다.

41   가라타니 고진, 앞의 책, 482쪽.

『자본론』에서 노동자가 주체적이 되는 계기는 상품-화폐라는 범주에서 노동자가 위치하는 장이 변경될 때 찾아진다. 즉 자본이 결코 처리할 수 없는 '타자'로서의 노동자가 소비자로 나타나는 것이다. 그렇기 때문에 자본에 대한 대항운동은 〔생산과정에서의 경제투쟁이 아니라—인용자〕 초국가적인 소비자 또는 노동자 운동으로 행해질 수밖에 없다.[42]

가라타니의 이런 언급을 '소비자'의 시점이 그 자체로 '노동자'보다 보편적이고 도덕적이라는 방식으로 (때로는 가라타니 자신이 마치 그렇게 이해하는 것처럼 보여도) 이해해서는 안 된다. 오히려 소비자야말로 상품물신주의에 빠질 수 있다. 가라타니가 소비자의 시점을 중시하는 것은 그것을 뒷받침하는 상품과 화폐 사이의 비대칭적인 경제적 관계 때문이다. 가령 노동자가 공장을 점거한다면 그것은 즉각 사유재산에 대한 침해로 간주되고 국가의 개입을 불러들인다. 하지만 소비자가 상품을 구매하는 장에서 무엇을 살지는 국가가 강제할 수 없다. 가라타니가 단지 '소비자운동'을 '노동자운동'보다 우위에 두었다고 말할 수는 없다. 자본이 조직하는 '사회적 관계'를 역전하는 계기는 '유통과정'에서 나오지만 생산과 유통과정이 분리되어 있는 한 자본의 축적운동에 대항하는 것은 불가능하다. "따라서 자본과 국가에 대한 대항운동은 단순한 노동자운동 혹은 소비자운동이 아니라 초국가적인 '소비자로서의 노동자' 운동이어야 한다."[43] 또는 "자본의 운동에 대항하기 위해서는 노동운동과 소비자운동의 결합을 모색해야 한다."[44] 그러나 그

---

42   가라타니 고진, 앞의 책, 487쪽.
43   가라타니 고진, 앞의 책, 489쪽.
44   가라타니 고진, 앞의 책, 487쪽.

것은 단순히 정치적 연대로 그칠 것이 아니라 그 자체가 '새로운 운동'
이 되어야 한다. 그렇다면 그것은 무엇일까? 가라타니는 다른 곳에서
그것을 국가와 자본에 대한 '보이콧'운동이라고 부른다. 그것은 좁은
의미에서 불매운동을 의미할 수도 있지만 다른 한편으로 시스템 자체
에 대한 정치적 보이콧을 의미하기도 한다.

> 그람시는 1848년 이후 혁명은 시가전과 같은 기동전이 아니라 진
> 지전이 되었다고 말했습니다. 그가 생각하기에 총파업은 기동전
> 입니다. 그리고 그가 이런 것을 생각한 것은 바로 총파업(공장 점
> 거)이 실패하고 파시스트에게 탄압을 당해 옥중에 있었을 때입니
> 다. 그런 의미에서 그람시는 선진국에서의 혁명 문제를 처음으로
> 생각한 사람이라고 해도 좋습니다. 그는 거기서 교육, 미디어 등
> 의 문화적 헤게모니 투쟁을 중시하는 관점을 취했습니다. 그러나
> 그때 그람시가 간디의 보이콧운동을 진지전의 예로서 칭찬한 것
> 을 주목한 사람은 내가 아는 한은 없습니다. 자본도 국가도 이것
> 에 대해서는 어찌해볼 도리가 없습니다. 일하는 것을 강제할 권
> 력은 있지만, 구입하는 것을 강제할 수 있는 권력은 없기 때문입
> 니다. 만약 그것을 강제한다면 이미 시장경제가 아닙니다. 앞으로
> 자본과 국가가 터무니없는 방향으로 움직이기 시작한다면 어떻
> 게 할까요? 의회가 힘이 되지 않는다면 어떻게 할까요? 그럴 경우
> 나는 보이콧 중심의 싸움이 가능하다고 생각합니다. 이것은 보편
> 적인 입장이기 때문에 트랜스내셔널한 연대가 가능합니다. 마르
> 크스는 '프롤레타리아에게 조국은 없다'고 『공산당 선언』에 썼습
> 니다. 그러나 생산과정의 노동자에게는 조국이 있습니다. 그러므
> 로 나는 '소비자에게 조국은 없다'고 말하는 것입니다.[45]

그러나 생산과정에 있을 때는 노동자고 유통과정에 있을 때는 소비자

라는 엄격한 경제적 구분을 정치의 장에 그대로 끌고 들어오는 한에서는 가라타니가 말하는 "노동운동과 소비자운동의 결합"은 일시적인 정치적 연대의 형태 이상으로는 불가능하며 그 자체로도 "새로운 운동"이 될 수 없다. 가라타니가 『트랜스크리틱』에서 도달한 인식의 신선함은 '유통과정'에서 비로소 노동자=소비자일 수 있다는 데 있다. 그렇다면 가라타니가 말한 유통과정에서의 '보이콧운동'은 (가라타니 자신이 충분히 주의를 기울이는 데는 실패하지만) 협의의 소비자 불매운동을 넘어서야 한다.

여기에 대해 '생산과정'에서 제기되는 노동 의제들이 여전히 중요하며, 그것을 둘러싼 노동자의 싸움에 연대하고 호응해야 한다고 반론을 제기할 수 있다. 그런데 노동 의제를 둘러싼 싸움마저도 가라타니가 말하는 유통과정에서의 대항운동으로 나타나고 있다는 점을 주목할 필요가 있다. 한국의 경험을 예로 들자면 한진중공업의 정리해고에 반대하는 김진숙의 크레인 고공농성에 호응해 조직된 '희망버스'[46]는 가라타니가 말하는 유통과정에서의 소비자=노동자 저항운동의 적절한 사례다. 물론 그것은 일반적인 소비자불매운동과는 다르다. 생산과정에서 제기된 정리해고 문제와 노동조건을 둘러싼 싸움이었기 때문이다. 그런데 정작 생산 현장에서는 한진중공업 투쟁은 물론이고 쌍용자동차 정리해고 투쟁 역시 많은 노동자에게 지지받지 못했다. 오히려 그것이 지지받은 장소는 가라타니의 표현을 빌리자면 역시나 '유통과정'

45   가라타니 고진, 『근대문학의 종언』, 조영일 옮김, 도서출판 b, 2006, 105쪽.

46   한진중공업 부산 영도조선소 85호 크레인 위에서 정리해고 철회를 외치며 고공시위를 벌인 김진숙 민주노총 부산본부 지도위원과 조합원들을 응원하기 위해 2011년 6월 11일 출범해 파업이 끝날 때까지 다섯 차례에 걸쳐 운행된 버스를 말한다. 희망버스를 통해 한진중공업 사태가 전국적 이슈로 떠오르게 된 데는 김진숙 지도위원의 크레인 농성이 결정적 역할을 했다(네이버 지식백과 시사상식사전, 2013).

에서였다. 그렇다면 유통과정을 협의의 소비과정으로만 볼 것이 아니라 더 광범위한 시민적 교통의 과정으로 보는 편이 가라타니의 견해에 더 부합한다. 이렇게 본다면 희망버스는 물론이고 노동운동에 대한 시민적 연대[47] 역시 유통과정에서 일어난 시스템 자체에 대한 보이콧운동임이 분명하다. 가라타니의 지적대로 유통과정에서야말로 협의의 노동자도 협의의 소비자도 아닌 '노동자=소비자'가 등장한다고 해도 좋다. 노동자를 동시에 소비자로 본다고 해서 반드시 노동계급 중심성을 부정한다고 할 수는 없다. 가라타니의 말대로 '노동계급'은 애초에 생산과정에서 노동을 수행하는 존재일 뿐 아니라 유통과정에서 '노동력 상품'으로서 자신을 재생산하는 존재이기 때문이다.

다만 한 가지 덧붙이자면 가라타니가 자신만만하게 말하는 것과 달리 '유통과정'에서의 대항운동에 대해 국가와 자본이 어찌할 도리가 없다고 말하는 것은 내 경험과 너무 다르다. 가라타니의 운동론에 대한 자세한 비판은 3부의 결론으로 미루자. 여하튼 유통과정에서 소비자=노동자의 대항운동이 협의의 소비자운동도, 노동자운동도 아닌 그 자체로 새로운 운동이 되어야 한다는 가라타니의 언급은 그가 말하는 대항운동이 이른바 '어소시에이션'으로 조직되어야 하는 이유를 설명한다. 그렇다면 어소시에이션이란 무엇인가? 가라타니는 과거에 막연하게만 말했던 어소시에이션을 『트랜스크리틱』에서 구체적으로 서술한다.

---

47 쌍용자동차 정리해고 사태 이후 사망한 정리해고 대상 노동자들을 기리며 덕수궁 앞에 설치된 분향소를 예로 들 수 있다.

어소시에이션과 협동조합

어소시에이션 역시 가라타니의 '교환양식론' 아래서 고찰된다. 국가, 자본, 네이션이 각각 수탈/재분배, 상품교환, 호수제라는 상이한 교환양식에 기초한다면, 어소시에이션은 이들과 다른 '제4의 교환양식'에 기초한다.

국가	네이션
수탈과 재분배	호수제
자본	어소시에이션
상품교환	X

제4의 교환양식은 수탈-재분배, 호수제, 상품교환과 달리 어떤 명확한 형태로 존재하는 것은 아니다. 그것은 국가, 자본, 네이션에 '대항'하는 형태로서 환기되는 이념이기 때문이다. 하지만 그것이 설사 이념적인 것이라 해도 국가와 자본과 네이션이 존재하는 이상 계속 끈질기게 존속한다. 앞서 우리는 그 이념이 '세계공화국'이라는 형태로 '반복강박'된다는 것을 보았다. 가라타니는 교환양식 X가 근대적 형태의 사회주의운동으로 전면화한 역사적 계기를 1848년 혁명에서 찾는다. 좀 더 구체적으로 말해 19세기의 어소시에이션운동은 아나키즘운동으로 나타났다. 아나키스트인 피에르 프루동Pierre Joseph Proudhon이 『연합의 원리』라는 저작에서 말하는 '연합=어소시에이션'이란 자유로운 개인들의 자유로우면서도 호혜적인 결사체를 의미한다. 그리고 이것은 19세기부터 생산자-소비자 협동조합이라는 기획으로 구체화된다.

가라타니는 마르크스 역시 '아나키즘'과 무관하게 이해될 수는 없다고 말한다. 통상적으로 마르크스는 아나키즘(프루동)과 대립했다고 평가된다. 그러나 가라타니는 통념과 달리 마르크스가 생산자-소비자

협동조합에서 '코뮤니즘'의 가능성을 보고 있었다고 말한다. 마르크스
는 1871년에 일어났던 파리 코뮌[48]을 칭찬했는데 파리 코뮌 봉기를 주
도한 것은 프루동파였다. 마르크스는 파리 코뮌에 대해 다음과 같이
말한다.

> 만약 연합한 협동조합 조직의 단체들이 공동 계획에 기초해 전국
> 의 생산을 조정하고, 그것을 단체들의 통제 아래 두고 자본제 생
> 산의 숙명인 부단한 무정부와 주기적 변동을 종식시킨다면, 여
> 러분, 그것이 공산주의, '가능한' 공산주의가 아니면 무엇이겠는
> 가?(「국제노동자총무위원회의 선언」,『프랑스 내전』)[49]

협동조합들의 어소시에이션은 원래 프루동의 구상이었다. 무엇보다
프루동은 협동조합과 그것들이 설립한 교환은행으로써 자본제 경제
를 서서히 지양해나간다는 구상을 가지고 있었다. 마르크스는 프루동
의 인식을 상당 부분 따르고 있었다. "노동의 노예제적 경제조건을 자
유롭게 연합한associated 노동조건으로 바꾸는 것은 시간을 요하는 점진
적인 일일 수밖에 없다"(『프랑스 내전』).[50] 무엇보다 마르크스의 코뮤
니즘은 '사적 소유'와 구분되는 '개인적 소유'의 복원을 지향한다. 자본
제를 지양하는 것은 개인적 소유를 복원하는 것이지 사적 소유를 국가
소유로 전환하는 것이 아니다. 이것 역시도 아나키즘의 영향이라고 할
수 있다. 이런 구분에 입각해 가라타니는 국유화 정책을 다음과 같이
비판한다. "그렇다면 마르크스가 사적 소유와 개인 소유를 구별하는

---

48   1871년 3월 18일에서 5월 28일에 시민과 노동자들의 봉기로 세워졌던 프랑스 파리의
      혁명적 노동자 정권을 의미한다.
49   가라타니 고진,『트랜스크리틱』, 278쪽에서 재인용.
50   가라타니 고진, 앞의 책, 302쪽에서 재인용.

것은 무엇을 의미하는가? 근대적인 사유권은 조세 지급을 대가로 절대주의 국가에 의해 부여된다. 사유는 오히려 국유인 것이며, 반대로 국유야말로 사유재산제다. 그러므로 사유재산의 폐기는 국가의 폐기가 되어야 한다. 마르크스에게 코뮤니즘이 새로운 '개체적 소유'의 확립을 의미한 것은 그가 코뮤니즘을 생산 협동조합의 어소시에이션으로 보고 있었기 때문이다."[51] 그렇다면 마르크스가 '국가주의자'라는 일부 아나키스트들의 비난(바쿠닌)은 부당하다. 예컨대 "마르크스가 목표로 하는 것은 정치적 국가의 폐기이고, 바로 그 때문에 자본제 경제에 좌지우지되는 시민사회를 사회적 국가로서 재편성하는 것이 요청되는 것이다. 기본적으로 이 생각은 아나키즘인데, 마르크스는 한 번도 이것을 폐기하지 않았다."[52] 무엇보다 마르크스는 「고타강령 초안 비판」에서 국가를 통해 생산자 협동조합을 육성하자는 페르디난트 라살레Ferdinand Lassalle의 생각을 비판한다. 여기서도 국유화나 국가의 재분배가 결코 자본주의의 사적 소유 철폐를 의미하는 것은 아니라는 인식이 드러나 있는 것이다.

그렇다면 『철학의 빈곤』(1846)에서 마르크스가 프루동을 강하게 비판한 것은 어떻게 이해해야 하는가? 거기서 마르크스는 리카도의 고전경제학을 긍정적으로 평가하며 프루동을 유토피아적이라고 조소한다. 그러나 마르크스가 '자유로운 개인의 연합'으로서 '어소시에이션'이 정치적 국가를 대체해야 한다는 프루동의 생각을 거부했던 것은 아니다. 오히려 프루동에 대한 비판의 초점은 다음과 같다. "자본제 시장경제의 산물이 자유로운 개인들에서 출발하는 프루동에게는 자본제 대

---

51 가라타니 고진, 앞의 책, 280쪽.
52 가라타니 고진, 앞의 책, 283~284쪽.
53 가라타니 고진, 앞의 책, 295쪽.

공업이 끊임없이 어떻게 사회적 관계들을 바꾸어버리는지가 보이지 않았다."[53] 따라서 『철학의 빈곤』 당시의 대립으로 프루동과 마르크스의 관계를 생각해서는 안 된다. 1871년 파리 코뮌 당시에 마르크스는 파리에서 민중봉기를 주도한 프루동파를 사실상 지지하고 있었기 때문이다. 그런데 봉기 전에 마르크스는 그것을 반대했다. 이 지점에서는 1846년의 프루동과 마르크스의 관계가 완전히 역전되어 있다. 마르크스는 1848년 혁명과 차티스트운동의 실패, 영국 노동조합의 보수화 경향을 보면서 정치적 혁명의 가능성에 대한 기대를 접었고, 반대로 프루동파야말로 1848년 혁명을 탄압한 국가의 힘을 목도하고서 더욱 과격한 무장봉기 노선으로 선회했다.[54]

여기서 가라타니가 얻은 교훈은 다음과 같다. 프루동과 마르크스가 번갈아가며 취한 두 입장은 자본과 국가에 대항하는 운동의 두 가지 가능성을 보여준다. 그것은 각각 가라타니가 적극적으로 구분한 자본의 생산과정과 유통과정에 대응한다. "그리고 이 둘 모두 자본제 경제의 지양에서 꼭 필요한 것들이다. 하지만 그것들이 어떻게 관계할지 보기 위해서는 우선 자본제 경제를 이론적으로 밝히지 않으면 안 된다."[55] 가라타니는 자신의 『트랜스크리틱』 역시 『자본론』의 동일한 문제의식을 계승한다고 말한다.

권위와 자유의 이율배반

가라타니가 마르크스와 아나키즘의 관계를 고찰한 이유는 또 다른 데 있다. 가라타니는 자유와 권위의 이율배반이라는 문제를 고찰한다. 흔

---

54 이상의 서술은 가라타니의 견해이고 이 부분에 대해서도 이론의 여지가 있을 수 있다.
55 가라타니 고진, 앞의 책, 293쪽.

히 아나키즘은 권위를 부정하고 개인의 자유를 지향한다고 정리된다. 하지만 가라타니는 프루동이 『연합의 원리』에서 고민한 문제는 사실 그렇게 간단하게 정리될 수 없는 것이라고 말한다. 프루동이 고민한 것은 권위가 있어서는 안 되지만(정명제), 한편으로 권위가 없어서도 안 된다(반대명제)는 이율배반의 문제다. 가라타니는 이를 "권위와 자유의 이율배반"이라고 말한다. 가령 현실사회주의에 실망한 신좌파들은 자유로운 결사체운동을 지향했다(신사회운동). 하지만 가라타니의 지적대로 그런 결사체들은 네이션=스테이트를 넘어서지 못하고 의회 정당의 '표밭'이 되고 만다. 결국 '권위'가 다시 재도입되고 마는 것이다. 이에 덧붙여 가라타니는 협동조합이 마주하는 현실적인 문제에 대해서도 말한다. 협동조합은 주식회사의 1원 1표 원칙과 달리 1인 1표 원칙에 의해 경영진을 뽑고, 민주적이고 자주적으로 관리된다고 한다. 하지만 현실에서 협동조합이 제대로 기능하기 위해서는 결국 능력 있는 경영진을 뽑아야 한다. 그렇다면 그것이 권력의 고정화와 중심화로 이어지지 않으려면 어떻게 해야 하느냐는 것이 가라타니의 질문이다. 이와 관련해 그는 놀랍게도 저 악명 높은 '프롤레타리아 독재'를 재평가한다.

> 마르크스는 시민사회(사회적 국가)를 변혁함으로써 정치적 국가를 지양할 수 있다고 생각했다. 다른 관점에서 말하자면 그것은 사회적 국가로부터 정치적 국가가 소외되지 않는 시스템, 즉 사회적 국가(코뮌)로부터 고정된 권력체계가 결코 형성되지 않는 시스템을 확립하는 일이었다. 마르크스가 파리 코뮌에서 본 것은 그 구체적인 형태였다. 마르크스는 그것을 '프롤레타리아 독재'라고 불렀다.[56]

---

56   가라타니 고진, 앞의 책, 307쪽.

여기서 마르크스가 말하는 프롤레타리아 독재는 말할 것도 없이 부르주아 독재에 대응하는 개념이다. 부르주아 독재는 의회제 민주주의를 의미한다. 그것은 무기명 투표와 보통선거제로 성립된다. 프랑스에서 보통선거제는 이미 1848년 혁명으로 도입되었다. 그러나 그것은 대표하는 자와 대표되는 자 사이를 '분리'하며, 오히려 또 다른 형태로 권력의 중심화를 낳는다. 1848년 혁명 이후의 보통선거제는 후일 루이 보나파르트라는 '황제'로 귀결되었다. 마르크스가 부르주아 독재를 비판하고 프롤레타리아 독재를 내세운 이유는 거기에 있다. 마르크스는 입법과 행정의 분리가 철폐된 것과 주민이 직접 관료를 선출하고 소환하는 제도가 실현된 파리 코뮌에서 프롤레타리아 독재의 구체적 사례를 발견했다. 그렇다면 프롤레타리아 독재는 부르주아 독재 이상으로 권력의 고정화와 중심화에 민감해야 한다. 그런데 가라타니는 파리 코뮌이 오래 지속되었다 하더라도 그것이 다시 당=이성에 의해 독재로 귀결되었을 것이라고 예측한다. 1917년 10월의 러시아혁명도 파리 코뮌을 모범으로 삼았지만 결국 당 독재로 끝났다. 물론 가라타니에게 프롤레타리아 독재는 일당 독재와 다르다.

　가라타니는 권위와 중심의 부재가 나중에 더 강한 권위와 독재를 불러일으킨다는 점에 유의한다. 가라타니는 '중심이 있어서도 안 되지만 없어서도 안 된다'는 이율배반에 관해 아테네 민주주의의 '추첨제'를 들고 온다. 가라타니는 아테네인들이 권력의 고정화에 지극히 민감했다고 말한다. 가령 지도자를 선거로 뽑는다 하더라도 다시 과거의 '참주제'로 돌아가지 않는다는 보장은 없다. 그렇기 때문에 아테네인들은 공직을 제비뽑기로 선출했다. 그러나 전쟁 중인 장군에 대해서는 그렇게 하지 않았다. 다만 일정 시기가 지나면 반드시 장군을 교체하도록 되어 있었다. 이에 착안해 가라타니는 '선거+추첨제'를 정당과 시민단체 그리고 협동조합에 도입할 것을 제안한다. 이것은 다시 한 번 '중심이 있으면 안 된다'와 '중심이 없어서도 안 된다'는 이율배반을 해결하

___ 는 구체적인 방안으로 제안된 것이다.

그러므로 우리에게 바람직한 것은, 예컨대 무기명 투표로 세 명을 뽑고, 그 가운데 대표자를 제비뽑기로 선출하는 방식이다. 거기서 는 최후의 단계가 우연성에 좌우되기 때문에 파벌적인 대립이나 후계자 싸움은 의미를 잃게 된다. 그 결과 최선은 아니라고 하더 라도 상대적으로 우수한 대표자가 선출될 수 있다. 추첨을 통과한 사람은 자신의 힘을 과시할 수가 없으며, 추첨에 떨어진 사람도 대표자에 대한 협력을 거부할 이유가 없다. 이런 정치적 기술은 '모든 권력은 타락한다'는 진부한 성찰과 달리 실제로 효력을 발 휘한다. 이렇게 이용될 때 제비뽑기는 장기적으로 보아 권력을 고 정화하지 않고 우수한 경영자, 지도자를 선출하는 방법이다.[57]

가라타니는 이 추첨제야말로 마르크스가 말한 '프롤레타리아 독재'라 고 말한다. 물론 마르크스는 추첨제를 염두에 둔 적이 없다. 그는 프롤 레타리아 독재가 부르주아 독재가 다르다는 원리적 고찰 외에는 적극 적으로 말한 것이 없다. 가라타니는 그 공백을 '제비뽑기'라는 더 실정 적인 원리로 채워낸다. "만약 무기명 투표에 의한 보통선거, 즉 의회제 민주주의가 부르주아 독재의 형식이라고 한다면, 추첨제야말로 프롤 레타리아 독재의 형식이라고 해야 할 것이다. 어소시에이션은 중심을 갖는데, 그 중심은 제비뽑기에 의해 우연한 것이 된다. 이렇게 해서 중 심은 있음과 동시에 없다고 해도 좋다. 즉 중심은 이를테면 '초월론적 통각 X'(칸트)인 것이다."[58] 다만 가라타니의 말과 달리 추첨제+무기명

57 가라타니 고진, 앞의 책, 311쪽.
58 가라타니 고진, 앞의 책, 310쪽.

투표라는 제도는 '초월론적 통각'과 같은 규제적 이념이 아니다. 그것
은 오히려 구성적인 이념이다. 흥미롭게도 '규제적 이념' 외에 '구성적
이념'을 적극적으로 내세우지 않던 가라타니가 정작 여기서는 제비뽑
기라는 '구성적 이념'을 내세우는 것이다.

　이런 가라타니의 정치사상은 많은 발전과 흥미로운 세공을 기다
리고 있다. 가라타니는 프랑스 정치철학자 자크 랑시에르와 마찬가지
로 민주주의는 '우연에 의한 지배'라는 사상의 계열에 속한다. 랑시에
르 역시 민주주의는 '아무개에 의해 통치되는 체제'라고 본다. "민주주의
는 정당성의 근거를 '불평등적 우연성' 상태를 인정하는 '평등적 우연성'
에 두고 있다."[59] 다시 말해 민주주의란 통치자와 피통치자의 구분이 우
연하게 결정되는 체제를 의미한다. 랑시에르는 민주정의 '우연성'은 특
정한 통치형태로 나타나기보다는 어떤 통치형태에서든 나타나는 근본
적인 것이라고 말한다. 그런데 가라타니는 이보다 더 나아가 '우연성'을
더욱더 '가시화'하는 통치형태가 바람직하다고 생각하는 것 같다. 그는
권력의 우연성을 폭로하기만 할 것이 아니라 권력의 우연성을 가시화하
는 형태의 권력이 필요하다고 생각한다. 이런 점에서 가라타니의 '프롤레
타리아 독재'론은 기존의 급진/아나키즘적 정치철학의 계보 안에서 세
공할 부분이 많이 남은 '가능성의 중심'이라고 할 수 있다.[60] 가라타니는
『일본정신의 기원』에서 추첨제 민주주의에 관해 더 자세히 논한다.

59　가라타니 고진, 앞의 책, 192쪽.
60　이에 대해서는 졸고, 「자크 랑시에르와 함께 칼 슈미트를」, 〈오늘의 문예비평〉, 2013년
　　　여름호 참조.

어소시에이션과 대안화폐운동

마지막으로 가라타니의 실천적 제안 중에서 가장 흥미로운 것은 역시 '대안화폐'다. 여기서는 우선 가라타니가 대안화폐를 도입한 배경에 대해 살펴보는 것이 좋을 듯하다. 지금까지 보았듯이 그는 교환양식 X에 기초한 '어소시에이션'은 공동체 안의 호수제와 닮아 있으면서도 그것을 넘어서 있다고 말한다. 어소시에이션은 어디까지나 개별 민족/가족공동체 바깥에 있는 개인 간의 자발적인 연합이기 때문이다. 이미 보았듯이 마르크스 역시 협동조합에서 '가능한 코뮤니즘'의 단초를 보았다. 가라타니에게 협동조합이 중요한 이유는 그것이 사회적 관계들을 재편하는 자본의 경제적 '힘'에 대항하는 가능성이 있기 때문이다. 그러나 한편으로 그는 개별 협동조합에는 그런 힘이 없다는 것을 분명히 한다. 이는 "국가의 개입도 비자본제적 생산도 결국 자본제 경제의 모든 원리에 따를 수밖에 없기 때문이고, 자본제 경제는 그 외부를 내적 여건으로 집어넣을 수 있기 때문이다. 오히려 그것에 자본제 경제가 갖는 자율적인 '힘'이 있다."[61] 협동조합도 현실의 다른 '자본'과 경쟁해야 한다. 이때 협동조합은 결국 기존의 원리를 유지할지 폐기할지 선택에 직면한다. 대부분의 협동조합은 결국 다른 '자본'으로 전환되거나, 아니면 자본주의 경제를 보족하는 영역에 자신을 한정해야만 했다. 최근부는 협동조합 열풍은 이런 사정에 대해 무비판적이다.

　가라타니는 이 점을 의식하면서 "코뮤니즘이란 자본제 경제에서 화폐와 교환에 의해 실현되는 '사회적' 관계들을 '자유롭고 평등한 생산자들의 어소시에이션', 나아가 어소시에이션들의 글로벌한 어소시에이션으로 전환하려고 하는 것"[62]이라고 지적한다. 가라타니가 '추첨제+

61　가라타니 고진, 앞의 책, 270쪽.

62　가라타니 고진, 앞의 책, 279쪽.

투표제'와 더불어 '대안화폐'를 실천적 원리로 내세우는 이면에는 개별 어소시에이션이 아닌 '어소시에이션의 어소시에이션'에 대한 지향이 존재한다. 여기서 그가 말하는 어소시에이션을 반드시 경제적인 생산자-소비자 협동조합으로만 한정해서 생각할 필요는 없다. 그것은 노동조합, 시민단체, 직업단체 등 다양한 결사를 의미한다.[63] 그렇다 하더라도 그것들의 집합이 사회적 관계를 변경할 수 있는 힘은 없다. 사회적 관계를 바꾸는 자본의 힘은 그것이 기초한 '화폐'에 의해 실현되는데 마르크스도 이미 화폐를 "사회적 질권"이라고 말하며 그것이 지닌 사회적 권력을 강조한 바 있다. 이런 '자본의 힘에 어떻게 저항할 것인가'라는 사항에 관해 가라타니는 다시 한 번 '화폐가 없으면 안 된다'와 '화폐가 있어서는 안 된다'라는 이율배반을 들고 나온다.

화폐가 없어서는 안 된다. 왜냐하면 '자유롭고 평등한 생산자들의 어소시에이션'(마르크스)이 확대되기 위해서는 "자본으로 전화하지 않는 화폐, 즉 이자를 갖지 않는 화폐에 기초한 지급 결제 수단 시스템이나 자금 조달 시스템이 형성되어야"[64] 하기 때문이다. 또 다른 한편으로 화폐가 존재해서는 안 되는데, 그 안에서 화폐는 자본으로 전화될 가능성, 더 나아가 화폐와 상품의 교환 안에서 '사는 자'와 '파는 자'의 관계가 '자본가'와 '노동자' 간의 계급적 고착화로 이어질 수 있기 때문이다. 여기서 가라타니는 1982년 캐나다의 마이클 린턴Michael Linton이 고안한 LETSLocal Exchange Trading System 시스템에 주목한다. LETS 시스템이 국내에서 성공적으로 운영된 사례는 대전의 한밭 LETS다.[65] 대안

---

63   가라타니 고진, 『정치를 말하다』, 조영일 옮김, 도서출판 b, 2010, 153쪽 참조. "유럽에서 근대화는 자치도시, 협동조합, 길드 그 밖에 어소시에이션이 강화되는 형태로 서서히 일어났습니다. '사회'라는 것은 그런 개별 사회의 네트워크를 가리키는 것입니다. 그것이 국가와 구별되는 것은 당연합니다."
64   가라타니 고진, 앞의 책, 492쪽.

화폐는 지역 사무소를 설치해서 참여자들이 각자 계정을 등록하면서 시작된다. 자신이 거래할 수 있는 재화와 용역을 일단 계정에 등록하면 상호거래에 따라 수입과 지출이 전자 형태로 기록된다. 상대에게 뭔가 도움을 받았다면 서로 합의한 액수만큼 부채로 기록된다. LETS의 통화는 따라서 중앙은행에서 발행하는 현금과 달리 재화나 서비스를 제공받는 사람이 그때마다 새롭게 발행하게 되어 있다. 그리고 LETS는 모든 참가자의 지출과 수입을 합하면 0이 되도록 설계되어 있다. 가라타니는 『일본정신의 기원』에서 LETS를 다음과 같이 설명한다.

> LETS의 특징은 공동체 내에서 이루어지는 호혜적 교환이나 자본주의적 상품경제와 비교하면 확실해진다. LETS는 공동체 내의 호혜적 교환과 비슷하지만, 한편으로는 서로 모르는 사람 사이에서 광범위하게 교환이 이뤄지기 때문에 시장경제와 유사하다. 또 LETS에서 화폐는 자본으로 전화하지 않는다. 단지 무이자이기 때문에 그런 것은 아니다. 전체적으로 제로섬 원리(집계적 수지 상쇄 원리)가 되어 있기 때문이다. 그 결과 교환이 활발하게 이루어지는데도 결과적으로 화폐는 존재하지 않게 된다. 따라서 여기서는 '화폐가 있어서는 안 된다'와 동시에 '화폐가 없어서는 안 된다'라는 이율배반이 해결된다.[66]

가라타니는 LETS와 같은 대안화폐를 '어소시에이션의 어소시에이션'을 실현하는 구체적인 수단으로 생각한다. 덧붙여서 가라타니는 이를 통해 국가에 의한 재분배를 요구하는 사회민주주의 정치사상과 최대

---

65 http://www.tjlets.or.kr/ 참조.
66 가라타니 고진, 『일본정신의 기원』, 송태욱 옮김, 이매진, 2003, 167쪽.

한 거리를 둔다. 또한 가라타니는 가사노동은 임금노동만큼이나 '가치'
가 있기 때문에 여기에 대해 국가가 사회적 임금을 지급해야 한다는 일
부 페미니즘의 주장에 대해서도 다음과 같이 비판한다.

> 임금으로 지급되는 노동이 가치생산적이고 그렇지 않은 노동이
> 가치생산적이지 않다는 구별은 산업자본주의에 의해 생겨난 것
> 이다. 그러므로 임노동 자체가 없어지는 사회를 실현하지 않으면
> 진정한 해결책은 없다. 여기까지는 마르크스를 읽은 사람이라면
> 그렇다고 생각할 수 있다. 그러나 그다음에는 어떤 구체적인 안
> 도 없다. 자본주의를 비판하긴 하지만 자본주의를 벗어날 출구가
> 발견되지는 않는다. 그런데 이런 곤란함은 시민통화에 의해 해결
> 된다. 가사노동에는 가치가 있다. 그런데 그 가치를 화폐적인 교
> 환가치로 나타낼 수 없을 뿐이다. 시민통화를 도입하면 이런 일이
> 가능해진다. 예를 들어 가사노동에 대해 그 가치를 인정하면서,
> 돈으로 실현하지 않고 시민통화로 지급하면 되는 것이다. 그리고
> 먼 미래의 혁명 같은 것을 기다리지 않아도 지금 당장이라도 부
> 분적으로 실현할 수 있다.[67]

실제로 한밭 LETS에서도 이와 같은 방식으로 가사노동은 노동과 재
화와 교환되고 가치를 부여받을 수 있다. 대안화폐의 가능성을 언급
하는 『일본정신의 기원』에서 그는 가사노동 외에 예술(노동)을 또 다
른 예로 든다. 그는 시장에서 그 가치가 인정되는 예술과, 그와 별개로
예술에 정신적 가치를 부여하는 '비평'이 괴리되어 있는 현상을 언급
한다. 한편으로 시장에서 예술의 가치가 결정되는 현상을 마냥 부정할

---

67   가라타니 고진, 앞의 책, 174쪽.

수는 없다. 장기적으로는 시장에서 호응을 얻은 예술이 비평권력(상징권력)을 이기기 때문이다. 그러나 한편으로 비평을 포기할 수도 없다. 그것 역시 시장권력에 대항하는 수단이기 때문이다. 이 '이율배반'을 해결하기 위해 가라타니는 시민화폐를 도입한다. 시민화폐는 "각 생산자와 소비자 사이의 개별적인 거래에 의해 가격이 결정된다. 그 경우 소비자가 그 물건이나 서비스가 훌륭하다고 생각하면 더욱 많은 시민통화를 지급할 수 있다."[68] 이런 경제적인 방식으로 본연의 '비평'이 회복될 수 있다는 것이 가라타니의 생각이다.

　　이렇게 보았을 때 대안화폐의 가장 큰 장점(혹은 단점)은 가사노동, 예술노동, 감정노동, 인지노동 등 이런저런 인간 활동의 계열들을 '가치 있는' 노동으로 포함시키기 위해 번거로운 신좌파적 인정투쟁을 일일이 할 필요가 없게 만든다는 점이다. 종류가 무엇이든 간에 그것들을 자발적으로 교환할 수 있는 (그러나 자본주의적 시장에서는 불가능한) 경제적 공간을 확보하는 것이 더 중요하기 때문이다. 자본주의 사회에서 제대로 가치를 부여받지 못한 노동이야 무수히 많다. 그러나 그것에 독자적인 가치를 부여하는 것은 노동 주체들의 자율적인 '교환'이지 국가나 자본의 '인정'이 아니다. 이것이 가라타니가 오늘날의 일반적인 신좌파들과 구분되는 점이다.

　　그런데 가라타니가 2000년부터 연루된 대안화폐운동을 포함한 NAM^{New Association Movement} 운동은 보기 좋게 실패로 끝났다. 가라타니 자신이 2003년에 그 조직을 해산해버린 것이다. 그렇다면 가라타니는 왜 그것을 그만둔 것일까. 가라타니는 여기에 대해 세 가지 이유를 든다. ① 활동가 재생산의 실패 ② 조직 내부의 알력 ③ 가라타니의 팬클럽화. 우선 가라타니는 자신이 활동가가 아니라는 것을 잘 인지하고

68　　가라타니 고진, 앞의 책, 175쪽.

있었다. 그래서 일단 시작은 하되 다른 활동가가 들어오면 물러날 생각이었다. 하지만 우선 NAM 운동 자체가 (가라타니가 해외에 체류하는 사정으로) 인터넷 메일 리스트에 과도하게 의존하는 등, 다른 활동가와 만나고 교류하는 것을 등한시했기 때문에 '가라타니 독자'들만의 모임이 되어버린 것이다. 그리고 그렇게 가라타니를 추종하는 분위기 속에서 조직 내부의 알력이 생겨버렸다. 그것은 팬클럽에서 흔히 일어나는 현상이다. 그러자 쉽게 끼어들 수 없는 분위기가 되어버렸고 결국 가라타니가 해산을 선언하는 지경에 이르렀다. 물론 가라타니가 주도하는 NAM이 실패했다고 해서 그의 이론적 고찰이 무효가 되는 것은 아니다. 그는 그만두었지만 그것을 지속하는 사람들이 'NAM 네트워크'라는 별도의 조직을 운영하고 있다. 다만 문제는 가라타니가 이 이후 '대안화폐'와 같이 '어소시에이션의 어소시에이션'을 실현하는 수단과 원리에 대한 고찰을 그만두었다는 데 있다.

가라타니의 대안화폐론의 가장 큰 문제는 그것이 현실적으로 국가-자본과 교섭하고 싸워나갈 정치적 영역을 제대로 찾지 못한다는 점이다. 그것을 가라타니처럼 "한편에서는 자본/국가에 대항하는 투쟁을 하고 다른 한편에서는 유통에서의 초출적 투쟁을 동시에 하면 된다"고 정리하면 곤란하다. 문제는 그 둘을 '접합'하는 것이다. 그 둘을 접합하지 못한다면 운동의 팬클럽화는 시간문제다. 그런 상황에서 운동을 점진적으로 할 것이냐, 급진적으로 할 것이냐는 문제가 되지 않는다. 가령 뚜렷한 전망 없이 대안화폐를 여러 지역에서 자생적으로 조직하고 실험해서 마침내 전국 혹은 전 세계적으로 서서히 실현한다는 발상은(이것이 가라타니 식의 점진주의다) 공허하다.

한편 시장경제를 보족하는 형태로 국가와 자본이 도입한 대체화폐들이 있다. 그리고 그것은 시장경제가 담당할 수 없는 자원봉사경제(가라타니)를 형성하기 위해 도입되었다. 국가와 자본이 필요하다면 그 자신이 적극적으로 대안화폐를 도입하는 것이다. 여기서 대체화폐는 국가가 담당해야 할 복지의 영역을 민영화하기 위해 도입되거나, 한국에도 도입된 '에코머니'[69]처럼 '친환경' 인증 제품 소비를 진작하기 위한 '포인트-마일리지' 제도로 운용되고 있다. 이것은 가라타니가 말하는 '시민통화'로서의 대안화폐와 다르다. 그것은 운동으로서의 대안화폐를 가로막는 장벽이 된다. 그것을 어떻게 운동으로 전화하고 극복할 수 있는가에 대한 고찰이 가라타니에게는 결여되어 있었다. 즉 가라타니의 이론적 고찰에는 '운동론'이 결여되어 있는 것이다.

정말로 트랜스크리틱한가?

한편 가라타니가 마르크스를 이동적 비평을 실천한 트랜스크리틱 사상가로 재발견한다고 할 때 여기에는 적어도 다섯 가지 의미가 중첩되어 있다. ① 마르크스는 독일 관념론과 영국 고전경제학 사이에서 둘을 모두 비판하는 관점에 서 있다. ② 마르크스의 가치형태론은 리카도와 베일리 사이에 있다. ③ 마르크스의 정치경제학 비판은 고전경제학과 중상주의 양자에 대한 비판이다. ④ 마르크스는 자본축적과정을 생산과정과 유통과정으로도 사고했다. ⑤ 마르크스는 바쿠닌과 라살레 사이에서 권위와 자유의 이율배반을 사고한 사상가다.

이런 점에서 (가라타니에게) 마르크스의 '입장'은 어떤 적극적인 입장이라기보다는 대립하는 입장들 사이를 횡단하는 비평적인 입장이다. 나아가 마르크스의 비판은 개별 입장에 대한 '양비론적' 비평이면서도 동시에 두 입장이 기초한 담론체계 바깥에서 그 성립 근거를 묻는다는 점에서 '초월론적' 비판이기도 하다. 이때 마르크스 자신이 서 있던 '장소'는 데카르트나 스피노자나 칸트가 서 있던 장소와 마찬가지

69　서울시와 환경부에 의해 도입된 포인트 적립과 할인 서비스(www.ecomoney.co.kr).

로 담론적 차이의 장소였다. 이렇게만 본다면 마르크스 자신은 아무런 적극적인 입장이 없는 것처럼 보인다. 그런데『트랜스크리틱』에서 가라타니는 담론들 간의 '차이'를 통해 경험되는 '이 세계'가 단순히 '존재한다'는 선언적인 진술에서 한발 더 나아간다. 가라타니는 '이 세계'를 마르크스를 통해 '세계자본주의'로서 재발견한다. 이때의 세계자본주의는 단순히 '생산력'과 '생산관계'의 발전이라는 관점을 통해 조망되는 세계가 아니라 교환의 비대칭성과 위기가 끊임없이 노출되는 불안정한 세계로 드러난다. 또한 가라타니는 자본제 시장 이면에 있는 '가치형태'와 그것에 내재한 교환의 비대칭적 조건을 초월론적으로 발견한 마르크스의 방법을 따라서 '네이션'과 '국가' 자체도 그 나름의 교환양식에 기초한다는 논점으로 나아간다. 자본, 네이션, 국가 간의 구조론적 접합이 성립된 역사적 과정은『세계사의 구조』에서 더 체계적으로 고찰된다.

　　『트랜스크리틱』의 성취는 말할 것도 없이 1990년대 이전에 가라타니가 주목한 코기토(고유명으로서의 '이 나')의 기획이 무엇이 될 수 있는지, 즉 그것이 공동체 바깥의 외부적 실존으로 나아가도록 추동하는 것이 무엇인지를 더 구체적으로 이론화했다는 데 있다. 그는 그것을 '어소시에이셔니즘'이라고 부른다. 그는 그것을 교환양식표의 제4사분면에 위치한 교환양식 X에 기초해서 설명한다. 그것은 도덕론적으로 보았을 때 "타인을 수단으로서만이 아닌 목적으로도 대우하라"는 칸트의 규제적 이념에 근거한다. 또한『트랜스크리틱』에서 가라타니는 어소시에이셔니즘에 '규제적 이념'으로서의 위상을 부여하는 것을 넘어서 '추첨제'와 '대안화폐'라는 구성적인 원리들을 번뜩이는 아이디어의 형태로 제안한다.

　　『트랜스크리틱』을 조망하면서 독자는 이렇게 질문할 법하다. 그의 방법은 '정말로 트랜스크리틱'한가? 가라타니는 트랜스크리틱은 '사전'의 시점에 서는 것이라고 말한다. 이를테면 교환이 성립되기 이전에 설 때 비로소 '교환의 위기'가 보일 뿐 아니라 자본주의가 다양한 가치체계의 '차이'와 그들 간의 '교환'으로 존재한다는 사실이 보인다. 하지만 이미 지적했듯이 자신의 트랜스크리틱을 그 정의대로 일관되게 관철했더라면 가라타니는 '사전'에도 '사후'에도 사태를 고찰해야 했다. 가라타니가 비판하는 헤겔은 『법철학』에서 '사전'과 '사후' 사이의 '시차'를 통해 네이션=스테이트를 고찰했다. 헤겔이 『법철학』에서 말하는 '이성적 국가'란 단순히 '도래할 국가'(사전)도 아니고 '이미 실현된 국가'(사후)도 아니다. 헤겔의 변증법이야말로 오히려 더 '트랜스크리틱'하다면 어떨까?

내친김에 말하자면 트랜스크리틱의 비일관성, 즉 사전과 사후의 '시차'를 통해 사태를 보기보다는 오히려 사전 혹은 사후의 시점에 고착되어서 사태를 바라보는 문제는, 가라타니가 마르크스의 가치론을 해석하는 데서 그대로 드러난다. 앞서 보았듯이 가라타니는 마르크스가 노동가치설을 '사후적으로만 타당하다'고 보았다고 한다. 반대로 그의 가치형태론은 교환을 사전의 시점에서 바라보는 데서 도출되는 것처럼 간주한다. 하지만 마르크스의 가치론은 교환의 사전과 사후를 오감으로써만 이해할 수 있다. 마르크스는 실제로 가치는 유통 영역에서 실현되기 이전에 이미 생산 영역에서 '생산'된다는 가정을 지속적으로 유지한다. "상품은 그것이 사회적 필요를 충족시킨다는 점에서 소비 이전에 이미 사회적 사용가치며, 교환의 기능이 소비를 통한 필요의 충족을 단지 매개할 뿐이라는 점에서 교환 이전에 이미 가치다."[70] 상품 생산은 주어진 '사회적 필요' 안에서 이루어지며, 사회적 필요는 개별 수요의 산술적 합산과 다른 "다양하고 상호연관되어 있는 서로 다른

---

70 전희상, 「상품경제로서의 자본주의 경제의 위기」, 『정치경제학의 대답』, 사회평론, 2013, 116쪽.

필요들로 구성되는 필요의 체계"[71]로서 주어진다. 따라서 그것과 경향
적으로 일치하는 '사회적 분업의 체계'에서 생산된 상품은 생산의 시점
에 이미 가치라고 할 수 있다. 사회적 필요=분업체계는 개별 지역과 공
동체를 넘어서 존재하기 때문에 그것을 한눈에 조망하기는 어렵다. 또
한 사회적 필요의 체계와 더불어 사회적 분업 시스템도 끊임없이 변화
한다. 따라서 (이렇게 말해도 좋다면) 가라타니의 말대로 가치체계 역
시 시간적으로 변동한다고 할 수 있다. 그러나 이런 이유로 "노동가치
설은 사후적으로 타당하다"는 진술이 반드시 도출되는 것은 아니다.

　　자본의 구체적인 '순환과정'에서 '사전'과 '사후'의 명확한 구분은
의미가 없다. 이를테면 사회적 필요의 변화나 생산에 관한 잘못된 결정
때문에 유통과정에서 가치가 실현되지 못한다면 자본은 이 위기를 산
업의 재편과정을 통해 해결한다. 자본은 이렇게 끊임없이 모순적인 과
정을 통해 사회적 생산과 사회적 필요를 일치시킨다. 사회적 생산과 사
회적 필요의 일치는 자본주의 사회에서 '가치법칙'으로 나타나는데, 그
것은 가치법칙의 실현을 교란하는 우연성과 외부성을 자기 안으로 끊
임없이 재반영하는 과정을 통해서만 관철된다. 마르크스 경제학을 연
구하는 전희상은 이를 "가치법칙의 파괴적 관철"이라고 표현한다. "사
회적 생산이 사회적 필요의 충족을 위한 것이라는 자연법칙은 자본주
의 상품경제에서는 주기적인 경제위기를 통한 가치법칙의 파괴적인 관
철이라는 형태로 나타난다. 역설적이지만 가치법칙은 무질서 속에서
관철되는 질서, 불비례 속에서 관철되는 비례, 불균형 속에서 관철되는
균형이다."[72] 요약하자면 가치법칙은 모순적이고 파괴적인 과정을 통
해 '사전에도' 타당한 것이 '될 것이다'. 이렇게 본다면 마르크스가 고전

71　　전희상, 앞의 책, 114쪽.
72　　전희상, 앞의 책, 132쪽.

파 경제학과 구별되는 점은 가라타니의 말대로 '유통과정'을 중시한 것이 아니라 그것을 생산 영역과의 연관 속에서 체계적으로 고찰한 데 있다. 이렇듯 사전과 사후 그리고 생산과정과 유통과정을 끊임없이 오가며 자본축적의 모순적인 과정을 종합해내는 마르크스의 작업이 더 철저하게 트랜스크리틱하다고 할 수 있다.

여기서 다시 가라타니의 교환양식론으로 되돌아가 보자. 이미 말했듯이 가라타니는 어소시에이션의 바탕이 되는 교환양식 X는 기존 교환양식들에 '대항'하는 형태로 존재할 뿐 그 자체로 적극적인 내용을 가지지 않는다고 말한다. 그러나 한편으로 가라타니는 급작스레 어소시에이션을 구체적인 추상 수준에서 사고한다. 거기서 그는 어소시에이션을 협동조합, 대안화폐, 추첨제라는 기획들로 제시한다. 다시 말해 어소시에이션은 그 자체로는 적극적인 내용을 가지지 않지만, 이미 존재하는 국가, 자본, 네이션의 접합을 변화시키고 새롭게 통합하는 기획으로서만 구체적인 '내용'을 가질 수 있다. 그런 점에서 가라타니=칸트의 말을 빌리자면 어소시에이션의 이념은 (이런저런 이념적 가상들과 구분되는) 초월론적 통각 X라고 할 수 있다. 다만 가라타니의 어소시에이셔니즘에서 결락된 것은 국가가 기초한 '재분배'라는 교환양식이 어소시에이션 속에서 어떻게 전화轉化될 것이냐 하는 문제의식이다. 이런 문제의식의 결락은 대안화폐에 대한 이론적 사고를 끝까지 밀고 나가지 못한 것에서 단적으로 드러난다. 어소시에이션의 이념이 어떻게 실현될지는 사전에 알 수 없어도, 우리는 여전히 그것이 사후에 어떻게 실현될 것인지 구체적인 전망을 그리지 않을 수 없다. 사전의 시점에 서야 한다면 사후의 시점에도 서야 한다. 그것이 잘못이라면 『트랜스크리틱』에서 대안화폐와 추첨제를 거론한 것도 잘못이라고 해야 한다. 우리는 이 문제를 3부의 결론 부분에서 재론할 것이다.

가라타니 고진이라는 고유명

III. 미완의 대작, 『세계사의 구조』

『세계사의 구조』는 2010년(국역본은 2012년)에 출간된 가라타니의 대작magnum opus이다. 이 책은 그동안 단편적인 '비평'의 형태로 제출된 가라타니의 교환양식론을 하나의 체계로 종합해낸다. 그리고 그 종합의 배후에는 헤겔이 있다. "나는 원래 체계를 싫어하며 체계를 만들려고 한 적도 없습니다. 그러나 사회구성체를 교환양식의 상호부조적 접합으로서 보게 되자 체계적이 될 수밖에 없었습니다. 실제 이것을 생각하기 시작했을 때 나는 헤겔의 작업을 다시 생각했습니다. 『법철학 강의』를 말입니다."[1] 가라타니는 "교환양식의 상호부조적 접합"을 다음과 같이 정리한다. "먼저 자본주의적 시장경제가 있다. 하지만 그것은 방치되면 반드시 경제적 격차와 계급대립으로 귀착된다. 그에 대해 네이션은 공동성과 평등성을 지향하는 관점에서 자본제 경제가 초래하는 모순들의 해결을 요구한다. 그리고 국가는 과세와 재분배나 규칙들을 통해 그 과제를 해결한다. 자본도 네이션도 국가도 서로 다른 것이고, 각기 다른 원리에 기초하고 있는 것이지만, 여기서는 서로를 보완하는 형태로 접합되어 있다."[2] 가라타니가 기존에 제기한 교환양식론은 단편

1 가라타니 고진, 『정치를 말하다』, 조영일 옮김, 도서출판 b, 2010, 100쪽.
2 가라타니 고진, 『세계사의 구조』, 조영일 옮김, 도서출판 b, 2012, 31쪽.

적 비평으로 제출되었기 때문에 그를 제대로 비판하거나 검증하기 어렵다. 『세계사의 구조』의 의의는 가라타니의 교환양식론을 지금까지의 역사 연구에 적용해 그것을 구체적으로 입증/반증 가능한 형태로 정리해놓았다는 데 있다. 『세계사의 구조』는 비평적 사상가로서 가라타니의 이력을 종식시킨 저작이다.

앞서 보았듯이 헤겔 역시 그의 『법철학』에서 가족, 국가, 시민사회 간의 관계를 체계적으로 종합했다. 이것은 각각 교환양식 A, B, C에 대응하는 것 같다. 물론 헤겔의 이런 체계는 그런 체계를 넘어서는 초월론적 작용=정신 없이 이해될 수 없다. 헤겔은 이성적인 국가에서 성취되는 시민사회와 가족 그리고 제도의 종합을, 어디까지나 자신의 '자유'를 실현해나가는 '정신'의 '자기실현'으로 보았다.[3] 우리는 이것을 단순한 관념론으로 격하하지 않도록 주의해야 한다. 왜냐하면 가라타니 역시 '어소시에이션'이라는 새로운 '초월론적 통각(정신)'을 불러들이고 있기 때문이다. 헤겔의 체계적인 종합의 특징은 후대의 어떤 정치철학자도 그와 같은 체계를 넘어설 수 없다는 데 있다. 그의 체계는 무엇보다 체계를 종합하면서도 그것을 지양하는 '정신'적 계기를 포함하기 때문이다. 이런 점에서 헤겔 옹호자이든 비판자이든 그들 모두 자신의 근거를 헤겔의 체계에서 끌어올 수 있다. 그만큼 헤겔의 체계가 지닌 체계성은 철저하다. 그런 철저함을 불러들이는 것은 체계를 넘어서면서도 그것을 비판적으로 종합하고자 하는 헤겔의 '정신'이다.

결국 헤겔의 체계를 넘어서기 위해서라도 우선 오늘날의 네이션, 스테이트, 자본을 성립시킨 역사적 과정을 새롭게 체계적으로 밝히지 않을 수 없다. 헤겔의 체계를 넘어서는 첫 번째 방법은 그의 체계를 역사적으로 상대화하는 것이다. 그런데 그것은 오직 또 다른 체계를 가

---

3   찰스 테일러, 『헤겔철학과 현대의 위기』, 박찬국 옮김, 서광사, 1988 참조.

져오는 것에 의해서만 가능하다.

지금까지 헤겔의 체계에 대한 가장 철저하고 체계적인 비판은 마르크스의 역사유물론으로 나타났다. 역사유물론을 통해 마르크스는 "'인간들의 물질적 생활'의 역사적 양식이라는 관점을 바탕에 두고 역사를, 특히 근대 시민사회를 총체적으로 파악하고자 한다."[4] 가라타니가 『세계사의 구조』에서 가져오는 기획은 '역사유물론의 재구성'이라고 말할 수 있다. 이성민의 서평대로 "가라타니는 이른바 '역사유물론'의 영역이라 부를 수 있는 곳에 초점을 맞춘다. 가라타니는 사적 유물론을 비판하는 동시에 그것의 착상을 추동력으로 삼아 세계사의 구조를 해명하려고 한다. 그리고 이렇게 읽을 때 '세계사'는 '역사'에 해당하고 '구조'는 '유물론'에 대응하는 것 같기도 하다."[5] 여기서 우리는 가라타니의 입장 변화를 감지할 수 있다. 그동안 가라타니는 마르크스주의의 '역사유물론'이 후대의 마르크스주의자가, 특히 엥겔스가 만든 용어에 불과하다는 입장을 취했다(『마르크스 그 가능성의 중심』). 하지만 이제는 가라타니 스스로 '역사유물론'의 관점에 선 것이다. 무엇보다 『세계사의 구조』는 '보편사'에 대한 역사서술을 지향한다. 그동안 그것은 서양의 역사에 대항해서 동양의 역사를 쓴다든지, 남성의 역사에 대항해 여성의 역사를 쓴다든지 하며 보편사를 해체하려는 진보주의자들에게는 인기가 없는 분야였다. 가라타니는 이런 경향에 정확히 역행해 '역사란 무엇인가' 하는 (본래 역사유물론이 던진) 보편적인 질문을 던지고 그에 대답한다.

그런데 가라타니의 '역사유물론'이 마르크스주의의 그것에 근접

4   마토바 아키히로 외, 『맑스사전』, 이신철·오석철 옮김, 도서출판 b, 2011, '유물론' 항목
       참조.
5   이성민, 「세계사의 구조가 보여준 몇 가지 답들」, 〈진보평론〉 서평 기고문(http://
       ifnotso.blog.me/110160044519).

하게 되는 계기는 (예기치 못하게) 가라타니가 헤겔의 '관념론'으로 되돌아가는 데 있다. 우리는 헤겔의 체계를 체계로 성립시키는 것은 헤겔의 '정신'이라는 것을 주목했다. 그렇다면 헤겔의 체계를 넘어서기 위해서는 그것을 대체할 다른 정신=이념을 불러와야 한다. 내친김에 말하자면 마르크스의 사상체계도 그의 '비판적 정신' 없이는 이해될 수 없다. 도서출판 b에서 출간된 『맑스사전』은 마르크스 유물론의 이중구조를 다음과 같이 지적한다. "마르크스의 용례를 보면 한편으로 '참된 유물론', '새로운 유물론', '실천적 유물론' 등 마르크스 자신의 입장 표명으로서의 '유물론' 계열이 있고, 다른 한편으로 '시민사회의 유물론', '추상적 유물론', '일상시민의 유물론', '추상적 자연과학적 유물론' 등 지양 대상으로서의 '유물론' 계열이 있다."[6] 가라타니가 지적하듯 마르크스의 유물론은 '유물론 비판'으로서 존재한다. 후대에 그런 '비판'의 '정신적 계기'가 잊힌다면 그것은 흔해빠진 유물론이 되고 말 것이다.

다시 『트랜스크리틱』으로 돌아가보자. 가라타니는 칸트의 정신이 개별적인 담론체계와 공동체를 넘어서서 그것들을 비판적으로 종합하려는 정신, 즉 '초월론적 통각'에 있다고 말한다. 그런데 앞서 보았듯이 그는 네이션과 화폐를 '초월론적 통각'으로도 '초월론적 가상'으로도 지칭한다. 이것은 이상하다. 네이션과 자본에도 비판적인 정신이 있다는 말인가? 이 모순은 가라타니가 칸트의 초월론적 통각과 초월론적 가상을 엄밀히 구분하지 않은 결과다. 그런데 우리는 한편으로 가라타니가 '어소시에이션'을 자본과 네이션을 넘어선 '초월론적 통각'으로 사고한다는 점을 주목해야 한다. 『세계사의 구조』에서 이 점은 더욱 분명해진다. 거기서 가라타니는 초월론적 통각이나 칸트의 비판을 더는 거론하지 않는다. 하지만 자본(상품교환), 네이션(호수제), 스테이트(수탈과 재분배)의 교환양식들을 넘어서면서 그것들을 종합하는 '교환양식 D'를 말할 때 그는 분명 체계를 넘어서면서도 그것을 종합하는 초월론적 통각의 작용을 염두에 두고 있다. 이미 보았듯이 교환양식 D는 그 자체로 적극적인 내용을 가지지 않는다. 쉽게 말해 호수제인 교환양식 A가 일상적인 의미에서의 '품앗이'라면 교환양식 D는 '일반화된 품앗이(정신)'라고 할 수 있다. 다시 말해 교환양식 A가 공동체 안에서 서로 인지하고 있는 구성원 간에 이뤄지는 품앗이라면, 교환양식 D는 '모르는 사람'에게 행해지는 무차별적인 증여와 답례다. 그리고 그것이 가라타니가 생각하는 '공산주의'의 의미다. 하지만 교환양식 D 역시 구체적인 기획에 의해서만 실존한다. 19세기에 그것은 협동조합의 어소시에이션이라는 형태를 취했다. 앞서 보았듯이 마르크스는 협동조합의 어소시에이션을 '가능한 코뮤니즘'이라고 불렀다. 그 안에서는 자유(교환양식 C)와 평등(교환양식 A)의 이율배반이 해결된다. 아마 이것은 에티엔 발리바르가 말하는 '자유=평등 명제'와도 관련이 있을 것이다. 우리는 자유와 평등이 대립한다고 보지만 발리바르가 보여주었듯이 대안운동은 오히려 자유와 평등이 동시에 양립하다는 이념 아래서만 가능하다.[7] 가라타니는 자유=평등의 이념을 '어소시에이션'이라고 부르면서 동시에 그 이념을 하나의 교환양식으로 봐야만 그것을 더 구체적으로 사고할 수 있다고 제안한다.

　　여기서 '어소시에이션'이 초월론적 통각인 것은 그것이 기존의 교환양식들을 지양할 뿐 아니라 그것들을 새로운 차원에서 종합(자유=평등 명제)하기 때문이다. 이런 점에서 어소시에이션은 교환양식인 동시에 정신Geist이기도 하다. 이것을 역사유물론의 체계 내에 도입한다는

7　　장진범 외, 「5. 에티엔 발리바르: 도래할 시민(권)을 위한 철학적 투쟁」, 『현대정치철학의 모험』, 난장, 2010 참조.

것은 헤겔의 관념론을 다시 도입한다는 것을 의미한다. 이 관념론은 반드시 '역사유물론'과 배리되지는 않는다. 오히려 어소시에이션의 '정신'을 도입해야만 비로소 헤겔의 체계를 넘어설 수 있는 체계, 즉 새로운 역사유물론이 가능하다. 가라타니가 자신만의 역사유물론을 개시하는 『세계사의 구조』는 자유=평등의 정신(발리바르)을 교환양식 D로 파악하는 데서 출발한다. 헤겔의 관념론적 역사철학과 마르크스의 역사유물론이 하나의 사상적 사건이었다면 우리는 가라타니의 『세계사의 구조』를 엄밀한 사상적 사건으로 볼 수 있다. 다만 가라타니는 교환양식 D가 비판적으로 종합하는 대상에서 국가를 제외한다. 다시 말해 가라타니의 어소시에이션은 상품교환과 호수제를 지양하면서도 그것을 '종합'하는 경로를 보여주지만 국가에 관해서는 그것이 단순 부정되는 것 이상의 경로를 보여주지 못한다. 나는 이것이 가라타니가 생산양식을 누락한 것에 대한 대가라고 생각한다. 이런 점에서 우리는 가라타니의 『세계사의 구조』를 '미완의 대작'이라고 부를 것이다.

1 『세계사의 구조』와 사적 유물론

나는 '마르크스를 칸트로부터 읽고, 칸트를 마르크스로부터 읽는' 작업을 '트랜스크리틱'이라고 명명했다. 물론 이것은 이 두 사람을 비교하거나 합성하는 것이 아니다. 실은 이 두 사람 사이에 한 명의 철학자가 있다. 헤겔이다. 마르크스를 칸트로부터 읽고 칸트를 마르크스로부터 읽는다는 것은 오히려 헤겔을 전후로 해서 서 있는 두 사람으로부터 읽는다는 말이다. 즉 그것은 새롭게 헤겔 비판을 시도한다는 것을 의미한다(『세계사의 구조』).

『세계사의 구조』는 (비록 미완이긴 하지만) 가라타니의 새로운 역사유물론적 체계를 보여주는 저작이다. 이 체계는 그 나름의 방법에 기초한다. 그의 방법이란 말할 것도 없이 '생산양식'이 아닌 '교환양식'에 입각해서 '세계사의 구조'를 보여주는 데 있다.

이 책에서 나는 다시 '경제적인' 차원에 주목했다. 다만 내가 '경제적'이라고 부르는 것은 생산양식이 아니라 교환양식으로서 발견된다. 교환양식에는 네 가지 타입이 존재한다. 어떤 사회구성체에도 이 타입들이 공존하고 있다. 다만 무엇이 지배적인가에 의해 다를 뿐이다. 예를 들어 자본제 사회에서는 교환양식 C가 지배적이다. 마르크스는 『자본론』에서 자본제 경제를 생산양식에서가 아니라 상품교환에서 고찰했다. 즉 교환양식 C로부터 어떻게 관념적인 상부구조가 파생되는지를 논한 것이다. (……) 한편 마르크스는 자본제 이전 사회에 대해서는 간단한 고찰을 했을 뿐이다. 하지만 그렇다고 해서 그를 비판하는 것은 이상하다. 그럴 여유가 있으면 다른 교환양식 A나 B로부터 관념적 상부구조가 어

떻게 생기는지를 마르크스가 교환양식 C에 대해 했던 것과 마찬가지로 해명하면 된다.[1]

이렇듯 가라타니는 역사를 '생산양식'이 아닌 '교환양식'에 입각해 서술하고자 한다. 이는 기존의 마르크스주의 역사유물론에 대한 비판을 함축한다. 역사유물론이란 '누가' 생산수단을 소유하는가를 중심으로 생산관계와 생산양식에 초점을 맞춰 역사를 설명하는 것이다. 이는 사회 발전의 이니셔티브가 바로 생산양식의 변화에 있다는 관점을 동반한다. 그러나 후대의 마르크스주의에 대한 비판(가라타니는 그중에서 철학적인 비판보다는 오히려 인류학적 연구에 입각한 비판을 더 주목한다)이 제기했듯이 거기에는 곤란한 점이 있다.

첫째로는 생산양식에 입각해서 역사를 설명하다 보면 국가와 네이션, 종교 등은 '상부구조'로 처리될 수밖에 없다. 생산양식에 입각한 역사서술은 자본주의 생산양식이 지양되면 국가와 네이션과 같은 '상부구조'는 자동으로 폐기될 것이라는 관점으로 이어진다. 그러나 실제의 역사는 그러지 않았으며 사회주의는 민족주의와 결합되었고 결국에는 강력한 국가기구를 탄생시켰다. 현실의 마르크스주의자들은 국가와 네이션의 문제에 걸려 넘어지고 말았다. 후일 상부구조의 '상대적 자율성'과 같이 역사유물론 해석을 수정하게 되었지만 그것은 기존 역사유물론의 난점을 넘어서지 못한다. 그런 해석은 자본제 경제를 폐기한 이후에도 왜 민족감정이, 국가가 사라지지 않는지 답을 주지 못한다. 자본제 경제를 폐기하더라도 네이션과 스테이트가 지속된다면 그것은 오히려 상부구조의 '절대적 자율성'을 보여주는 것이 아닌가? 둘째로 상부구조와 토대의 구분을 자본주의 이전의 역사적 단계에 그대

1 가라타니 고진, 『세계사의 구조』, 조영일 옮김, 도서출판 b, 2012, 35쪽.

로 투영하는 것은 곤란하다. 경제적 토대와 정치적 상부구조라는 구분
은 근대 자본주의 사회에 근거한 것이다. 그러나 고대의 씨족사회나 아
시아적 국가와 봉건사회에서는 정치적 지배와 경제적 지배가 구분될
수 없다. 그렇다면 정치적인 것과 경제적인 것 사이의 구분을 포기해야
하는가?

　　이에 대해 가라타니는 국가와 네이션을 자본과 구분되는 별개의
교환양식으로 파악해야 한다고 제안한다. 일례로 그는 사회구성체를
'교환양식'으로 설명해야만 근대 산업자본주의 이전의 사회구성체를
보편사적 견지에서 더 잘 이해할 수 있다고 말한다. 자본주의적 생산양
식에 입각해서 경제적 하부구조와 상부구조를 나누는 것은 '원근법적
환영'에 지나지 않는다. 생산양식이라는 개념만으로는 자본주의 이전
의 '물질적 생활양식'을 포착할 수 없다. 자본주의 이전의 물질적 생활
양식을 고찰하지 못한다면 그것은 역사유물론의 임무 방기다. "그러므
로 우리는 '생산양식'=경제적 하부구조라는 관점을 방기해야 한다." 그
러나 이것이 상부구조와 토대 사이의 구분 자체를 반드시 무효화하는
것은 아니라는 점에 주의해야 한다. 여기에 대해 가라타니는 다음과 같
이 말한다.

　　그것은 '경제적 하부구조' 일반을 방기하는 것이 결코 아니다. 그
　　저 생산양식 대신에 교환양식에서 출발하면 되는 것이다. 교환이
　　경제적 개념이라고 한다면 모든 교환양식은 경제적이다. 즉 '경제
　　적'을 넓은 의미에서 보면 '경제적 하부구조'에 의해 사회구성체
　　가 결정된다고 해도 지장이 없다. 예를 들어 국가나 네이션은 각
　　기 다른 교환양식(경제적 하부구조)에서 유래하고 있다. 그것들
　　을 경제적 하부구조와 구별해 관념적 상부구조로 간주하는 것은
　　이상하다. 국가나 네이션을 단순히 계몽으로 해소할 수 없는 것
　　은 그것이 어떤 종류의 교환양식에서 기인하고 있기 때문이다.[2]

우선 이와 같은 경제적 하부구조와 토대에 대한 새로운 개념화는 가라타니 자신의 이전 입장과 다르다는 점을 덧붙여야 할 것이다. 이전의 '트랜스크리틱 비평가' 가라타니는 오히려 이런 구분 자체를 무효화해 왔다. 가령『네이션과 미학』에서 가라타니는 네이션이 상부구조도, 하부구조도 아니라고 말한다. 하지만 여기서 가라타니는 네이션을 관념 형태로서의 상부구조로 보고 호수제를 그것의 경제적 기반으로 본다. 또한 명시적으로 표명하지는 않지만 역사유물론을 새로운 형태로 부활시킨다. 가라타니는 '교환양식'을 새로운 경제적 토대로 설정함으로써 인류 역사를 '물질적 생활양식'에 입각해서 설명하고자 한다. 그러나 경제적 토대로서 상품교환, 호수성, 수탈과 재분배라는 교환양식들을 병렬적으로 나열하는 관점에도 난점이 있다. 예를 들어 '자본'이 '상품교환'이라는 교환양식에 기초한다면 자본을 '상품교환'과 구분되는 '상부구조'로 봐야 한다는 걸까? 물론 가라타니는 여기서도 자본제 경제가 '신용'이라는 관념적 세계로 존재한다는 이전의 관점을 고수하고 있다. 하지만 이것은 난점을 해결하지 못한다. 우리는 가라타니가 생산양식을 누락한 대가가 무엇인지를 이후에 보게 될 것이다.

　　가라타니가 역사를 '교환양식'에 입각해서 서술하는 시도는 상당 부분 '인류학'(마르셀 모스, 브로니슬라브 말리노프스키, 피에르 클라스트르)과 '경제사'(칼 폴라니, 페르낭 브로델)의 연구들에서 영감을 받았다. 기존의 역사유물론을 의심하는 시점 역시 그쪽에서 생겨났다. 예컨대 모스와 폴라니는 각각『증여론』과『거대한 전환』에서 '증여'와 '재분배'로 인류사를 설명하려 했던 것이다. 이들 모두 현행 자본주의 생산양식을 역사적으로 상대화한다. 그러나 가라타니는 이런 입장들도『세계사의 구조』에서 비판한다. 각각의 교환양식만으로는 세계사

2　　가라타니 고진, 앞의 책, 6쪽.

의 구조를 '체계적'으로 서술하는 것이 곤란하기 때문이다. 가라타니는 복수의 교환양식이 지금까지 어떻게 상호연관되었는지를 파헤치는 방향으로 나아간다.

2 미니세계시스템

일반적으로 국가의 출현은 인류사에서 획기적인 것으로 중요시된다. 하지만 오히려 정주=비축과 함께 불평등과 국가가 출현할 가능성이 있었는데도 그것을 억제하는 시스템이 만들어졌다는 쪽이 중요하다. 그리고 그 원리가 호수성이었다. 그런 의미에서 씨족사회는 '미개사회'가 아니라 고도의 사회시스템이라고 말해야 한다(『세계사의 구조』).

유동적 밴드사회에서 씨족사회로

우리는 인류가 '신석기혁명'을 통해 국가사회로 이행을 이루어냈다는 교과서의 서술을 기억한다. 그것은 농업·목축이 시작되자 사람들이 정주하고, 생산력의 확대와 더불어 도시가 발전하고, 계급이 분화되고, 국가가 생겨났다고 하는 견해다. 그 이전에 인류는 유동적인 밴드사회에서 채집과 수렵을 영위하며 존재했다고 한다. 이 견해는 20세기 초반 비어 고든 차일드Vere Gordon Childe라는 마르크스주의 고고인류학자가 제출했다. 그는 국가의 탄생을 농경과 목축에 의한 신석기혁명/농업혁명에서 찾았다. 즉 생산력의 확대와 도시 발전, 계급 분화를 순서로 국가가 태어났다는 견해다. 이런 견해는 마르크스주의뿐 아니라 비마르크스주의자 일반에게도 광범위하게 받아들여졌다. 이것도 '생산력'을 중심으로 인간사회의 발전을 설명하는 것이다. 그러나 이런 설명은 '산업혁명'에서 유추된 것에 근거한다. 즉 산업자본주의를 새로운 생산양식으로의 이행으로 설명하는 관점을 선사시대에도 그대로 적용한다. 그러나 가라타니는 인류학의 연구들을 통해 이 통념을 거부한다. 최근의 고고학적 발견들은 농업과 목축의 본격적인 발전이 '정주' 이후에 발생했다는 것을 보여준다. 게다가 정주를 시작한 이후에도 인류는 근본적으로 수렵과 채집을 포기하지 않았다. 인류가 유동생활을 '완전히' 포기하고 농업공동체를 형성하게 된 것은 '국가'가 탄생한 이후다.

여기서 우리는 (유동적 밴드사회에서 씨족사회로의) 최초의 '이행 문제transition problem'를 다루고 있다. 정주혁명이란 씨족사회라는 인류 최초의 '사회구성체'로 이행하게 된 획기적인 사건이다. 사회구성체의 이행 문제와 관련해 봉건제에서 산업자본주의로의 이행 과정에 대해서는 많은 논의가 있었다. 하지만 유동적 밴드사회가 씨족사회로 이행되는 과정은 다루어지지 않았다. 가라타니는 최초의 이행 문제를 씨족사회의 성립에서 보고 있다. 가라타니는 이런 이행에서 획기적인 것은 '농업혁명'이 아니라 '정주혁명'이라고 말한다. 농업혁명은 정주혁명 이후 오랜 시간이 지나 이뤄진 것이다. 그리고 그것은 '국가'의 탄생과 연관되어 있다. 농업혁명이 국가를 탄생시킨 것이 아니라 국가가 농업혁명을 초래한 것이다. 그렇다면 어째서 유동적으로 수렵과 채집을 하며 살던 사람들이 정착해 씨족사회를 이루고 살게 된 것일까?

정주는 생산물의 '비축'을 가능하게 만들기 때문에 그에 따른 '불평등'과 '계급격차'를 낳는다. 이것은 계급사회나 국가로 귀결되며 교환양식 B가 지배적인 사회로 이행을 재촉한다. 하지만 가라타니는 클라스트르의 『국가에 대항하는 사회』를 참조하며 (정주혁명의 결과로 성립된) 씨족사회를 곧바로 국가의 탄생과 직결하지 않고 오히려 씨족사회가 국가의 탄생을 억제했다는 점을 지적하고 있다. 그것은 씨족사회가 불평등=국가의 출현을 억제하는 시스템이기 때문이다. '유동적으로 수렵 채집을 하며 살던 사람들이 어떻게 정착해 씨족사회를 이루고 살게 된 것일까?'라는 질문에 이어서, 가라타니가 다루는 두 번째 질문은 다음과 같다. '씨족사회는 어떻게 해서 국가의 출현을 억제했는가?'

가라타니가 말하는 호수성이란 증여-답례의 교환 원리다. 모스가 『증여론』에서 보여주었듯이 호수성이란 '답례'를 강제하는 '증여의 힘'에 기초한다. "모스는 순수증여로 보이는 것도 호수라고 생각했다.

증여하는 자 자신이 어떤 종류의 만족을 느낀다면 그것은 호수적이고, 다른 한편 증여받은 자가 일정한 부담을 가진다면 호수적이라고 말할 수 있는 것이다."[1] 씨족사회란 호수성을 지배적인 교환양식으로 삼는 사회이며 개별 씨족사회를 넘어선 일종의 '(미니)세계시스템'을 형성한 다. 또한 씨족사회가 인류 최초의 고도로 조직화된 사회구성체를 형성할 수 있었던 것은 그 안에서 지배적인 호수적 교환양식이 그 외의 교환양식과 상호보완적으로 결합했기 때문이다.

일례로 씨족사회에서 상품교환과 약탈-재분배는 각각 선물교역과 공동기탁의 형태로 나타났다. 물론 씨족사회 이전의 유동적 밴드사회에서도 재분배에 의한 '공동기탁'이 행해졌다. 그들은 끊임없이 이동했기 때문에 생산물을 축적할 수 없었고 이 때문에 모든 것을 균등하게 분배했다. 이전의 마르크스주의 인류학자들은 여기서 원시공산주의를 발견했다. 그러나 이것만으로는 증여-답례의 호수 원리가 발생하지 않는다. 씨족사회에서 공동기탁은 세대 내의 증여-답례라는 호수성의 일부가 되었다. 모스는 세대 내의 공동기탁을 '순수증여'라고 부른다. 그렇다면 어떻게 호수제는 불평등=국가의 탄생을 억제했는가? 가라타니는 모스가 호수의 성질을 분류한 것에 착안해 공동체의 중핵(가족)과 그 주변의 위치에 따라 호수제를 구분했다. 가라타니는 씨족사회가 씨족-부족-부족연합체와 같은 계층구조로 '성층화'되어 있으며 그 계층구조에 따라 호수제의 원리가 다른 방식으로 나타난다고 말한다.

첫째는 세대(가족) 안에 존재하는 호수다. 이것은 부모가 자식을 양육하는 것처럼 답례를 바라지 않는 순수증여에 가까운 무상의 호수이며 선의로 보인다. 과거 마르크스주의 인류학자들은 순수증여에서 원시공산주의의 모티프를 발견했다. 첫째 타입의 호수는 원시 밴드사

---

1   가라타니 고진, 『세계사의 구조』, 조영일 옮김, 도서출판 b, 2012, 76쪽.

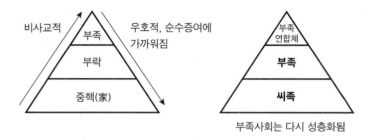

부족사회는 다시 성층화됨

회에 존재했던 공동기탁과 흡사하다. 이와 가장 거리가 먼 것이 셋째 타입이다. 셋째는 부족 간의 호수다. 이것은 다른 공동체 간에 발생하는 호수로서 거기에는 경제적인 흥정, 사기, 절도, 넓게는 피의 복수까지도 포함된다. 둘째 타입의 호수는 부족 내에서 이뤄지며 첫째와 셋째의 성격이 혼재되어 있다.

셋째 타입은 부락공동체 간의 관계 속에 존재한다. 여기서부터 『세계사의 구조』 이전에 가라타니가 말한 호수제와 상당히 달라진다. 이전의 가라타니는 호수제를 공동체 내부에서 행해지는 선의의 증여-답례로만 바라보는 경향이 있었다. 그러나 그것은 이후 교환양식 B와 C가 지배적이게 된 사회에서 두드러질 뿐이다. 가라타니는 자본제 사회에 입각해서 전 자본주의 사회를 바라보는 '원근법적 도착'을 비판했지만 이전의 가라타니 역시 거기에서 자유롭지 못했던 것이다. 가라타니는 셋째 타입인 '부족 간 호수'를 경제적 교역과 전쟁으로 나눠서 본다. 먼저 경제적 교역의 경우를 보자. 씨족사회는 이 관계를 '증여'를 통해 만들어낸다. 예컨대 그것은 이미 존재하는 다른 부족과의 관계를 재확인하는 선물교역의 형태(쿨라교역) 또는 모르는 타자와 관계를 새롭게 만들어내는 침묵교역의 형태로 이뤄졌다. 하지만 이것들은 '유용품의 경제적 교환'으로 끝나지 않았다. 쿨라에서는 필요한 물품을 거래하기 전에 먼저 '바이구나'라는 화폐를 증여하고 나중에 다른 물품으로 증여받음으로써 서로 선심을 과시하는 과정을 거친다. 침묵교역에서

는 부족 간의 중간지대에 물건을 놓고 나중에 상대가 가져가는 식으로
상호접촉을 피함으로써 의식적으로 '증여'의 형태를 띤 채 유용한 물품
을 교환했다. 즉 씨족사회에서 상품의 교역은 우리가 자본주의 사회에
서 흔히 보는 상품교환과 비슷하지만 당사자 간에는 오히려 '증여'라
는 형태로 표상되고 있었던 것이다. 이것은 씨족사회 내에서 호수제(교
환양식 A)가 지배적인 교환양식이었음을 보여준다.

   그렇다면 전쟁은 어떨까? 전쟁은 언뜻 보기에 교환양식 B(약탈-
재분배)를 가능하게 할 듯하다. 한 집단이 전쟁을 통해 다른 집단을 정
복한다면 승리한 집단은 패배한 집단을 약탈하고 다시 그들에게 일정
한 보호를 약속하는 방식을 취할 수 있기 때문이다. 그러나 가라타니
는 씨족사회가 상대를 종속시키기 위해서 전쟁을 하지 않았다고 말한
다. 이것은 무엇보다 미개사회에서의 전쟁에서 두드러진다. 씨족사회
에서 전쟁은 상대의 '종속'이 아니라 '굴복'을 목표로 하며 자신의 위신
을 세우기 위해 이루어졌다. 전쟁의 결과로 그들이 얻은 것은 상대의
재물이 아니라 각 씨족의 응집력과 결집력이었다. 이 때문에 씨족사회
에서 전쟁은 끊임없이 계속되었다. 이런 반복은 역으로 국가의 성립을
방해했다. 같은 것을 '피의 복수'에 대해서도 말할 수 있다. 공동체 구
성원이 다른 공동체의 일원에게 살해당했을 경우 보복한다. 이 보복은
선택사항이 아니라 증여-답례의 '의무'에 가깝다. 한번 이 같은 '복수
의 사슬'이 만들어지면 끊임없이 피의 복수가 행해진다. 이 죽고 죽이
는 반복이 계속되는 한 초월적인 권력으로 '복수의 사슬'을 끊어버리는
국가는 탄생할 수 없게 되는 것이다. 이처럼 가라타니는 호수의 원리가
우호적인 성질로서만이 아니라 부정적인 성질로서도 국가의 탄생을 방
해한다고 본다. 쿨라교역과 같은 증여의 호수제는 다수 공동체의 연합
체(미니세계시스템)를 성층적으로 형성하지만 전쟁이나 피의 복수와
같은 부정적인 증여는 다시 공동체의 독립성을 회복시킨다. 이런 시스
템이 계속되는 한 초월적인 국가는 탄생되지 않으며, 각각의 독립체는

증여를 통해 서로의 관계를 확인하면서도 계속 독립성을 유지한다.

정리하자면 가라타니는 정주의 결과로 유동적 밴드사회가 씨족 사회로 이행했고 다시 씨족사회는 국가로의 이행을 막는 독자적인 사회구성체, 즉 미니세계시스템을 만들어냈다고 주장한다. 그렇다면 위의 사항을 받아들이기 전 한 가지 의문이 생긴다. 대체 왜 유동적 채집민은 '정주'를 해야 했던 것일까? 본래 유동적 채집민은 정주가 가져다주는 다양한 곤란 때문에 정주를 피했다. 정주를 선택할 경우 그들은 밴드 안과 밖에서는 살아 있는 자와 대립해야 했고, 또한 죽은 자와도 계속해 공존할 수밖에 없었다. 그들은 이런 문제들을 피하기 위해 이동했다. 그러나 기후 변동으로 대형 짐승이 사라지고, 계절적 변동이 커지자 결국 정주를 선택할 수밖에 없었다. 정주는 여러 가지 변화를 초래했다. 먼저 한 세대 내에서 자연적인 공동기탁 대신에 증여 의무가 생겨났다. 증여는 정주가 필연적으로 가져올 수밖에 없는 불평등을 해소하기 위해 의무로서 부여되었다. 모스는 미개사회의 '근친상간 금지'까지도 외혼제에 따른 증여 원리로 설명한다. 외혼제는 '세대 또는 씨족이 딸 또는 아들을 증여하고 답례하는' 것인데 근친상간은 외혼제라는 호수를 방해하기 때문이다. 또한 다른 공동체와 맺는 관계 역시 변화했다. 씨족사회 이전의 밴드 역시 다른 밴드와 교류를 원했다. 그러나 그들의 관계는 지속적이지 못했으며 각 밴드 사이에는 일종의 '자연상태'가 존재했다. 홉스는 자연상태를 벗어나기 위해 '사회계약'을 통해 자연권을 국가에 양도한다고 보았지만, 씨족사회는 그와 같은 일종의 사회계약을 '증여'로 이루어냈다. 이 경우 증여한 측이 '증여의 힘'을 갖는다. 반대로 증여받은 측은 증여할 자를 대신할 힘을 받는 대신에 증여한 측에게 구속된다. 즉 쌍무적=호수적 관계가 성립되는 것이다. 이 호수적 관계는 공동체와 공동체 사이에 존재하는 '자연상태'를 '평화상태'로 만드는 최초의 사회계약이다.

증여의 힘은 어디서 오는가
_____

그렇다면 어째서 '증여'가 지금까지 적대적이었던 공동체들의 관계를 바꾸는 힘을 가지게 된 것일까? 이에 대해 모스는 '증여된 물건에 하우(주력)가 머물기 때문'이라고 생각했다. 그러나 이 생각은 호수를 종교적 관념으로 설명한다는 점에서 레비스트로스와 같은 구조주의 인류학자에게 비판받았다. 그런데 가라타니는 모스의 생각을 다른 관점에서 설명한다. 모스가 '주술'로써 '호수관계'를 설명하려 했다면 반대로 가라타니는 '호수관계'로 '주술'을 설명하려 한다. 가라타니에 따르면 유동적 밴드사회에서 주술은 미발달한 상태였다. 유동적 밴드사회에서도 모든 대상을 '아니마적(영적)'이라고 간주하는 애니미즘의 사고방식은 있었다. 그것은 자연을 나-그것이 아닌 나-너의 관계 속에서 사고하는 것을 의미한다. 그러나 밴드사회의 구성원들이 자연의 아니마와 지속적인 관계를 맺지 않는 이상 주술이 필요하진 않았다. 그런데 주술은 정주를 통해 아니마와 지속적인 관계를 피할 수 없을 때 자연과 나 사이의 부채감을 해소하기 위해 성립된다. 즉 주술은 인간과 인간 사이에서와 마찬가지로 자연과 인간 사이에서도 증여와 답례의 호수적 관계가 성립할 때 생겨나는 관념이다. 주술적 행위는 정주 이후 씨족사회에서 본격적으로 발전한다.

마르틴 부버는 『나와 너』에서 인간이 세계에 대해 취하는 태도를 두 가지로 나누었다. 첫째로 앞서 본 나-너의 관계, 둘째로 나(주관, 나)-그것(객관, 대상) 사이의 관계다. 근대인은 '나' 이외의 것을 '그것'이라는 대상으로 생각하는 데 익숙해졌지만, 유동적 수렵채집민에게 그런 의미에서 외부적 '대상'은 존재하지 않았으며 모든 것은 아니마를 가진 '너'로 생각되었다. 다시 말해 자연은 호의와 적대감을 가진 존재였던 것이다. 그러나 정주 이후 씨족사회는 최초로 나-너의 관계를 나-그것으로 바꿔야 하는 상황에 봉착했다. 무엇보다 이미 죽은 자와 공존해야 했던 것이다. 죽은 자는 여전히 아니마를 가진 '너'다. 이 때문에 그들의

'영'을 제어하기 위해 무언가를 증여해야 했다. 바로 이 증여의 과정에서 주술이 행해지고 발전한다. 유동적 수렵사회에서는 아니마를 가진 동물을 죽여도 바로 그 자리를 떠났기 때문에 주술이 행해지지 않았지만, 이제 이동하지 않는 씨족사회에서는 나-너의 관계에서 생긴 부채감을 청산하고 그것을 다시금 나-그것의 관계로 환원하기 위해 주술이 필요했다. 즉 증여된 것에 주술이 깃든 것이 아니라 주술 자체가 이미 호수성이 깃든 무엇으로서 힘을 가지고 기능하게 된 것이다.

마지막으로 가라타니는 프로이트의 『토템과 터부』를 빌려 '왜 씨족사회는 국가사회로 이행을 거부하는 시스템을 만들어냈는가?'에 대한 답을 찾는다. 프로이트는 부족사회에서 각 씨족의 평등성과 독립성이 유지될 수 있었던 까닭을 아들의 '원부 살해'로 설명한다. 만약 정주화의 결과로 불평등이 지속되고 이것이 국가의 탄생으로 이어진다면 국가는 프로이트가 말하는 '원초적 아버지'가 될 가능성이 있었다. 하지만 씨족사회는 원초적 아버지를 끊임없이 미리 죽이는 시스템을 만들어냈고 프로이트는 이것을 억압된 것의 회귀라고 불렀다. 프로이트는 계속해 돌아오는 것을 '죽은 아버지'라고 하지만 가라타니는 돌아오는 것이 아버지가 아니라 '정주에 의해 잃어버린 유동성(평등성)'이라 말한다. 씨족사회가 호수성을 통해 유지하고자 했던 것은 바로 이 유동성(평등성)이라는 것이다. 이 평등을 '부의 평등'이라는 관점에서만 바라보면 그것을 가능하게 하는 '유동성(평등성)'을 놓치게 된다. 가라타니는 생산양식이 아닌 교환양식으로서 역사를 바라봐야만 하는 또 한 가지 이유를 여기서 찾고 있다.

3 세계제국

국가로의 이행—관개농업, 종교, 관료제

가라타니는 씨족사회가 '정주혁명'에 의해 이뤄진 최초의 사회구성체로 이행함으로써 성립했다고 말한다. 그것은 교환양식 A가 지배적인 사회구성체다. 우리는 흔히 씨족사회에서 '국가'의 기원을 찾지만 오히려 그것은 국가의 출현을 방지하는 고도의 사회 시스템이었다. 그렇다면 인류사회의 두 번째 이행은 씨족사회에서 국가가 출현할 때 일어났다고 해야 한다. 그것은 교환양식 B(약탈과 재분배)가 지배적인 사회구성체로 이행함으로써 성립했다. 그렇다면 국가는 어떻게 형성되었는가?

이 질문에 답하기 전에 먼저 가라타니는 농업혁명은 국가의 결과라고 주장한다. 도시 문제에 관한 저널리즘적 저술을 쓴 제인 제이컵스는 농업이 도시를 발전시켰다는 도식을 비판하고 반대로 도시에서 농업의 기술적 기초가 탄생했다고 한다. 제이컵스는 다양한 공동체의 사물이나 정보가 집적되고 기술자가 모인 최초의 '원도시proto-city'를 상정하며, 농업이 (농촌이 아닌) 원도시에서 시작되었고 그것이 주변으로 확대되면서 거꾸로 농촌이 성립되었다고 주장한다. 또한 가라타니는 국가의 기원을 원도시에서 발견한다. 그는 4대 문명(덧붙여 아메리카 문명)의 장소를 예로 들며 고대(도시)국가의 탄생은 큰 강 하구에서 시작되었다고 말한다. 그러나 이곳은 강수농업에 적절한 장소가 아니었다. 강 하구의 충적토를 농업에 이용하기 위해서는 대규모 관개가 불가결하다. 여기서 농업은 사실상 관개농업으로서 발전했는데 이는 도시에 상품과 사람 그리고 정보와 기술이 집적되어 있었기에 가능했다. 그런데 애초에 하구에 도시가 생긴 것은 그것이 하천에 의한 교역의 결절점이었기 때문이다. 대규모 관개농업은 많은 사람을 조직하고 숙련시키는 지배의 기술이 필요하다. 그것이 '관료제'를 낳았다. 이렇게 해서 교환양식 B가 원도시에서 출현한다. 이 교환양식 B는 애초에 교환양식 C(상품교환)와 분리 불가능하다.

교환양식 C는 사회구성체의 초기 단계부터 존재했다. 정주공동체는 다른 공동체와 교역이 필요하기 때문이다. 그 때문에 씨족사회는 증여의 호수에 의해 (씨족 간의) 고차원적 공동체를 형성한다. 그것이 부족연합체라는 새로운 '사회계약'의 형태를 창출해낸다. 그것이 더욱 확대되면 '수장제 국가chiefdom state'를 형성한다. 그리고 수장제 국가 내의 각 부족 수장이 모이는 '수도'가 초기의 원도시=원국가를 형성했다고 해도 좋다. 하지만 여기서 수장들의 위계질서는 어디까지나 쌍무적인 계약관계에 기초하므로 사실상 지배자들 간의 호수 원리를 따른다. 부족연합체에서 국가가 되는 데는, 즉 수장에게 왕권이 생기는 데는 커다란 비약이 존재한다. 그 비약은 무엇일까?

여기서 가라타니는 국가의 '주권=리바이어던'의 탄생 과정을 설명한 홉스로 돌아간다. 홉스가 바라본 국가의 기원은 왕, 봉건영주, 교회, 도시 같은 공동체 사이의 항쟁상태를 전제로 했다. 그것이 그가 말하는 '자연상태'다. 이런 자연상태를 종식시키는 과정에서 왕이 절대적 주권자로서 출현한다. 홉스는 이 과정을 '공포에 의해 강요된 계약'으로서 정당화한다. 국가의 주권은 자연상태의 공포로 강요된 계약, 즉 각자의 자연권을 주권자에게 양도하는 사회계약으로써 설립된 평화상태다. 말할 것도 없이 그것은 호수성의 원리로 창설된 평화상태와는 전혀 다르다. 우선 그것은 약탈이라는 외부의 공포에 의해 강요된 계약이며 무엇보다 그 자신이 약탈자인 주권자에 대한 내부의 공포로 강요된 계약이기도 하기 때문이다. 그런데 가라타니는 이렇게 공포에 의해 강요된 계약도 계약이라고 할 수 있느냐는 물음을 던진다. 가라타니는 여기에 대해 '공포에 의한 강요'가 일종의 '계약'처럼 되는 것, 즉 '교환'이 되는 것에 바로 국가의 기원이 있다고 답하며 홉스를 보충한다. 여기서 국가는 외부의 약탈에 맞서 피지배자의 목숨과 재산을 보호해주고 반대로 피지배자는 돈이나 노동을 지급하는 '교환'이 성립된다. 국가는 유일무이한 존재로서 피정복자에게 세(=공납)를 징수하고 피정복자는 '소유권'을 확보하고 세를 증여에 대한 답례로서 받아들인다. "국가는 약탈이나 폭력적 강제를 '교환'형태로 바꿈으로써 성립하는 것이다."[1] 또한 국가는 공동체 간의 부정적 호수(약탈과 전쟁)를 금지할 때 성립된다. 바빌로니아의 '함무라비 법전'에서 동일보복주의 형벌은 사실상 피의 복수(부정적 호수)를 금지하는 것이다. 즉 국가는 하위 공동체(=부족적 전사공동체)의 자율성을 법으로 금지할 때 나타난다.

　　기존의 마르크스주의는 국가가 공동체 안에서 생겨났다고 생각했으며 그것을 공동체의 자기소외라고 파악했다. 하지만 호수 원리에 기초한 공동체라면 계급적 모순이 생겨도 이를 증여-답례의 호수 시스템으로 해소할 것이다. 그럼 국가는 밖에서부터 나타난 것일까? 엥겔스는 국가를 초래한 계기를 공동체 내부에서뿐 아니라 외부의 정복전쟁에서도 발견한다. 그러나 씨족사회에서 전쟁은 일시적 약탈에 그칠 뿐이다. 여기서 가라타니는 국가는 안에서 온다는 테제와 안에서 오지 않는다는 테제 간의 이율배반을 제시한다. 그렇다면 국가는 어디서 온다는 말인가? 가라타니는 이 이율배반이 지배 공동체와 피지배 공동체 사이에 일종의 '교환'을 발견함으로써 해소된다고 말한다. 다른 공동체에 대한 약탈은 공납이라는 형태로 바뀌고 국가는 과세를 통

1　　가라타니 고진, 『세계사의 구조』, 조영일 옮김, 도서출판 b, 2012, 120쪽 참조.

해 얻은 부를 재분배하게 된다. 물론 그것은 '지속적'으로 약탈하기 위해서일 뿐이다. 하지만 그것은 공동체에는 '증여'로 비친다. 약탈-재분배를 호수적인 교환으로 의제화함으로써 국가는 '공동체=국가'라는 모습으로 나타난다. 그런데 이렇게 하나의 국가가 생기게 된 이상 다른 모든 씨족사회는 국가적 시스템으로 바뀔 수밖에 없다. 이것은 '국가는 다른 국가에 대해 국가'라는 가라타니의 테제를 새로운 방식으로 재생하고 있다.

> 정복이 현실적으로 일어나지 않아도, 위험이 항상 존재한다면, 공동체의 내부에서도 주권자가 생긴다. 따라서 그처럼 내부에서 생겨난다고 해도, 주권자는 궁극적으로는 '바깥에서' 온다고 해야 한다. 실제 하나의 국가가 존재한다면 그 주변의 공동체는 그 국가에 복속되든지 스스로 국가가 될 수밖에 없다. 그러므로 설령 공동체가 그대로 내부에서 국가로 변한 것처럼 보여도, 그 배후에는 반드시 다른 국가와의 관계가 존재한다.[2]

또한 공동체=국가의 형성에서 가장 중요한 역할을 담당하는 것은 종교다. 고대국가는 다수 도시국가의 항쟁에서 생겨났는데 이는 다양한 씨족-부족공동체의 신들을 넘어선 신의 출현을 낳는다. 이에 승리한 도시국가의 왕은 신을 넘어선 신의 사제가 되며 대중의 자발적인 복종을 얻는다. 막스 베버는 도시가 부족들 간의 맹약 공동체로 성립했다고 생각했지만 '맹약'은 무엇보다도 같은 신을 모심으로써 이루어진다. 더 나아가 가라타니는 수렵채집사회에서 단시간 노동에만 종사하던 생산자들이 대규모 관개농업의 단계에서 매우 지난하고 강도 높은

---

2   가라타니 고진, 앞의 책, 123쪽.

노동인 농업에 종사하는 것이 '종교적 형태'를 띠고 이루어졌다고 주장
했다. 가라타니는 베버의 『프로테스탄티즘의 윤리와 자본주의 정신』을
원용하며 종교는 대규모 농업에 필요한 생산의 분업과 조직화에 적응
하도록 인간을 규율하는discipline 원리로서 발생했다고 말한다. 또한 고
대 세계의 노동윤리는 '현세의 금욕과 복종이 내세에서 보답받는다'는
종교적 관념에 의해 의제화되는데 이것은 과거의 호수제를 관념적으로
회복시키는 것이다. 가령 신전은 제사뿐 아니라 재분배를 맡는 부의 저
장고 역할을 수행한다. '주술에서 종교로의 이행'을 통해 국가의 약탈과 재
분배는 피지배자 측에서 '호수제'로 표상된다. 부족적 레벨을 넘어선 종교
사회가 출현함으로써 처음으로 상상된 공동체(이것은 후일 근대의 네
이션으로 계승된다)가 창출된다.

세계제국이라는 '세계시스템'

가라타니는 국가의 등장과 함께 이전의 씨족-부족공동체의 성격이 변
화한다는 것을 강조한다. 고대 전제국가의 출현은 기존 공동체 간의
호수적 존재 방식을 소멸시키고 위계질서를 형성한다. 무엇보다 중요
한 것은 이 과정에서 씨족공동체는 농업공동체로 변질된다는 점이다. 농
업공동체는 인류 역사의 기원이 아니라 오히려 '국가'의 성립 이후에
만들어진 공동체다. 가라타니는 몽골의 침략 이후 몽골제국의 지배하
에 러시아의 농촌 미르공동체가 조직되었다는 것을 예로 들어 설명한
다. 마르크스 역시 씨족사회에서 농업공동체로의 내생적 발전을 상정
하며 그것에 기초해 아시아적 전제국가가 성립된다고 생각했다. 그것
이 그가 말하는 아시아적 생산양식이다. 그러나 오히려 아시아적 전제
국가가 대규모 관개공사를 위해 기존의 씨족사회를 '농업공동체'로 재
편했다. 농업공동체에는 일정한 자치와 상호부조적 시스템이 존재하
지만 예전 씨족사회에 존재했던 상위 조직에 대한 독립성은 존재하지 않

는다. 앞서 가라타니는 호수성에 두 가지 측면, 즉 긍정적인 면과 부정적인 면이 공존한다고 말했다. 호수성의 부정적인 면은 부족 간의 지속적인 항쟁에서 드러난다. 호수제 시스템은 상위의 영속적인 권위를 인정하지 않기 때문이다. 권위가 있더라도 그것은 단지 후한 증여를 행하는 측에게 있을 뿐이다. 그런데 아시아적 전제국가 아래 농촌공동체에는 상호부조와 평등성이라는 호수성은 보존되지만 상위 권위에 대한 독립성(자유)은 잃어버린다. 아시아적 전제국가는 씨족사회 이래의 전통과 단절하는 과정에서 출현했다.

가라타니는 아시아적 전제국가와 씨족사회의 차이를 통해 그동안의 오해와 편견을 바로잡는다. 마르크스주의자들은 아시아적 전제국가를 노예제로 생각하는데 이것 역시 잘못된 것이다. 마르크스의 '전반적 예농제'라는 개념에서도 알 수 있듯이 공동체는 그 자체가 주권자인 왕에게 귀속되지만 공동체 내부에서는 일정한 자치를 획득한다(반대로 사람들은 농촌공동체의 일원이라는 것에 의해 구속된다). 즉 아시아적 전제국가는 전제국가=농업공동체의 결합이다. 거기서 아시아적 전제국가는 농촌공동체로부터 공납과 부역을 징수하는 대신 일정한 자치를 허용하고 구휼을 베풀었다. 가라타니는 여기서 '복지국가'의 원형을 발견한다. 최근 방송을 통해 조선이 장애인에 대해 국가적 고용과 복지정책을 실시했다는 점이 주목을 받은 적이 있는데 이 또한 '아시아적 전제국가'의 특성이라고 할 수 있다. 마지막으로 아시아적 전제국가가 강고한 전제적 체제라는 생각도 잘못된 것이다. 실제로 내외부의 다종다양한 세력 때문에 "아시아적 국가의 끊임없는 붕괴와 재건과 쉼 없는 왕조 교체"(마르크스)가 일어난다. 강고한 전제성은 농업공동체에서 유래한다기보다 농업공동체 상위에 있는 전제국가의 구조에서 비롯된다고 봐야 한다. 진정으로 전제적이고 영속적인 것은 농업공동체보다도 그것을 위해서 통치하는 관료제, 상비군 등의 국가기구다. 유목민족의 침략에 의해 아시아적 전제국가의 틀이 붕괴하지 않은 이유도 거기에 있다. 유목민족은 기존의 관료제와 상비군 위에 올라서기 때문이다.

전제국가는 복종과 보호라는 '교환'을 통해 많은 주변 공동체나 국가를 지배하는 부역공납국가다. 즉 교환양식 B가 지배적인 사회구성체인 것이다. 하지만 아시아적 전제국가는 외연에서 보면 세계=제국이다. 즉 다수의 도시국가나 공동체를 포섭하는 세계시스템이란 것이다. 제국은 군사적인 정복으로 형성되지만 실제로는 공동체 사이, 국가 사이 교역을 용이하게 만들어서 공동체나 소국가는 나중에 제국의 등장을 오히려 환영하게 된다. 그런 의미에서 세계=제국의 형성에는 교환양식 C가 중요한 계기로 작용한다. 비록 세계제국이 상품교환 경제를 억제했다 하더라도 그것은 교환양식 C 없이 존재할 수 없었다. 물론 상품교환 A도 B도 저마다 힘이 있다. 그것은 '증여의 힘'과 '국가권력'의 형태로 나타난다. 상품교환 C는 무엇보다 '화폐의 힘'으로 나타난다. 화폐의 마력은 그것이 다른 모든 상품의 '일반적 등가물'이라는데 있다. 화폐는 다른 모든 상품과 교환될 수 있는 "사회적 질권"(마르크스)의 형태로 나타났다. 세계제국 역시 화폐의 힘이 필요했다. 국가든 공동체든 자급자족이 불가능한 만큼 교역은 당시에도 절대적으로 필요했으며 "국가는 오히려 교역을 행하는 현실과 함께 형성되었다."[3] 무엇보다 관료제와 상비군을 유지하는 데 화폐가 필요했다.

세계제국에서 특기할 만한 점은 그 안에서 최초로 '세계화폐'가 나타났다는 것이다. 세계화폐는 세계제국 내에서 금과 은으로 통용되었다. 마르크스의 말대로 그것은 그 소재적 특성상 화폐가 되기 쉬웠다. 하지만 중요한 것은 세계화폐의 소재적 내용이 아니라 화폐를 화폐로 만드는 화폐형태 그 자체다. 금과 은은 이미 당시부터 교환수단과

3   가라타니 고진, 앞의 책, 138쪽.

국제적 결제수단은 물론이고 축장수단으로도 이용되었다. 금과 은의 치부행위는 세계제국의 질서 내에서 부도덕한 것으로 비난받았지만 이는 국가가 무역을 통한 화폐 축장에 앞장섰기 때문이다. 국가가 귀금속을 화폐로 주조해 유통하기도 했지만 화폐가 국가의 힘으로 통용된 것은 아니었다. 국가는 귀금속의 양을 측정하고 보증할 뿐이다. 금과 은 등 세계화폐의 '신용'에 의거해 일찍부터 지폐와 주화가 통용되기도 했지만 그것은 대내적인 화폐일 뿐이다. 세계화폐는 무엇보다 대외적으로도 받아들여져야 하는데 바깥에서도 통용될 수 있는 대외화폐는 그 자체가 상품(사용가치)이어야 한다. 그렇기에 금과 은은 유목민에게 전혀 통용되지 않았다. 오히려 그들에게는 양과 노예가 화폐가 된다. "그러므로 화폐를 생각할 경우 대외화폐에서 생각해야 한다. 바꿔 말해 화폐를 국내에서만 생각해서는 안 된다. 그것은 국가를 그 내부에서만 생각해서는 안 되는 것과 마찬가지다."[4]

여기서 중요한 것은 세계제국 내에서 교환양식 C가 비로소 교환양식 A로부터 '자립'했다는 점이다. 비록 세계제국에서 상품교환이 교환양식 B에 의해 억압되었지만 세계화폐가 출현하면서 교환양식 C가 교환양식 A로부터 자율적인 '힘'을 갖게 되었다. 예컨대 씨족사회에서 이루어진 교역, 쿨라교역이나 침묵교역에서는 화폐가 자립적인 형태로 나타나지 않았다. 또한 이때에는 소유권도 불분명했다. 반면 "집권적인 국가 하에서 각 공동체는 납세(부역공납)와 바꿈(교환)으로 소유권을 확보한다. 그것에 의해 비로소 상품교환, 즉 소유권의 상호양도가 이뤄지는 것이다."[5]

세계=제국의 특징으로는 국제법을 들 수 있다. 세계=제국을 뒷받

4   가라타니 고진, 앞의 책, 152쪽.
5   가라타니 고진, 앞의 책, 139쪽.

침해주는 것에는 다양한 간(間)공동체적 테크놀로지와 세계화폐도 있
지만 공동체를 넘어선 법, 즉 국제법도 있다. 제국은 부족·국가를 지배
할 뿐 아니라 부족·국가 간 교통·통신의 안전도 확보해야 하기 때문
에 제국이 지닌 법은 다른 제국에 대해서도 기본적으로 타당성이 있다.
제국은 제국 내 교역의 안정을 위협하지 않는 한 부족·국가의 내부에
개입하지 않는다. 이 말은 곧 국제법적 질서와 교역의 안정이 보장된다
는 뜻도 된다. 다른 특징으로는 '세계종교'가 있다. 세계제국은 부족국
가를 통합함으로써 성립되는데, 이때 각 국가·공동체의 종교를 넘어서
는 세계종교가 필요하게 된다. 그렇게 만들어진 세계종교는 다시 제국
안과 주변의 부족·국가에 침투하며 세계제국에서 신학은 합리주의적
이고 종합적인 것이 된다(유교, 기독교 신학). 마지막 특징으로는 '세계
언어lingua franca'를 들 수 있다. 이 언어는 다수의 부족·국가가 사용하는
문자언어다. 이 세계언어로 제국의 법, 종교, 철학이 저술되며, 무엇보
다 제국과 주변국의 관료가 사용했기 때문에 세계언어에는 제국의 특
질이 그대로 나타나게 된다.

　　이상의 네 가지 특징(세계화폐, 국제법, 세계종교, 세계언어)은 세
계=제국의 공통점이다. 하지만 세계=제국은 서로 다르며 아래와 같이
네 가지 타입으로 분류할 수 있다.

관개형	서아시아, 동아시아, 페루, 멕시코
해양형	그리스, 로마
유목민형	몽골
상인형	이슬람

　　세계=제국은 관개형, 즉 동양적 전제국가로 시작되었으며 그 원

형은 수메르에 있다. 이후 서아시아제국이 수메르에서 시작된 시스템을 다양하게 계승한다. 이것의 집대성이 바로 페르시아제국이다. 동아시아에서 세계=제국은 중국의 당 왕조에서부터 형성되었다. 그 외 타입의 제국은 주변에서 아시아적 제국과 관계하는 형태로 발현했다. 이에 대해서는 카를 비트포겔Karl Wittfogel을 참고할 수 있다. 비트포겔은 오리엔트의 전제국가(수력사회)를 중핵core으로 보고, 그 주변margin과 아주변sub-margin이라는 배치를 만들었다. 이는 월러스틴이 근대세계시스템(세계경제시스템)에 대해 저술하면서 부여한 중심core, 반주변semi-periphery, 주변periphery이라는 배치와 유사하다. 그러나 둘은 다르다. 월러스틴의 세계=경제는 교환양식 C에 기초하지만 세계=제국은 교환양식 B에 기초하기 때문이다. 두 현상은 확연히 다른 형태를 취한다.

세계=제국의 주변은 중핵과 동화되는 경향이 있는데 '아주변'은 주변보다 더 멀리 중핵과 떨어져 있는 탓에 제국=문명을 선택적으로 받아들일 수 있다. 한편 '권외'란 아주변보다 더 떨어져 있는 곳이며 수렵채집사회가 남아 있는 변경 등을 뜻한다. 후에 근대세계시스템(세계=경제), 즉 자본주의 시스템이 세계를 뒤덮을 때 '권외'는 국가들에 둘러싸여 '문명화'를 강요받아 근대세계시스템의 주변부에 속하게 된다. 주변부는 여전히 주변부로 머물고 아주변부는 '반주변'에 위치하게 된다. 마지막으로 구세계=제국의 중핵 역시 주변부로 내쫓기지만 이 경향에 끊임없이 저항하기도 한다.[6]

---

6   이 점에서 러시아혁명이나 중국혁명을 구세계=제국이 복권을 하려는 시도로 볼 수 있다. 세계=제국엔 다수의 공동체와 국가가 통합되어 있으며, 여기서 부르주아혁명이 일어나면 기존의 세계=제국은 다수의 네이션=스테이트로 분해된다. 이때 계급을 우선시하는 마르크스주의는 구세계=제국을 네이션=스테이트로 분해하지 않고 근대화해 복권시키는 유일한 이데올로기로서 기능했다. 러시아나 중국에서 사회주의혁명은 세계=경제(세계자본주의) 안에서 그것을 거부하는 세계시스템(손실적인 교환에 근거하는 경제권)을 확립하게 된다.

아주변과 주변은 어떻게 다를까? 아주변은 주변만큼 중핵 문명을 바로 접하진 않지만 그렇다고 권외처럼 떨어져 있지도 않다. 특히 '해양적maritime'인 사회는 아주변의 조건을 훌륭하게 충족시키는데 중핵과 해상교역으로 연결되어 있지만 육지가 떨어져 있어서 직접 침입을 면할 수 있기 때문이다. 아주변은 문명(문자, 기술 등)을 받아들이면서도 중핵의 관료제와 같은 집권적 제도를 거부할 수 있기 때문에 호수원리=교환양식 A를 나름대로 보존할 수 있었다. 이 때문에 아주변에서 세계=경제가 발전하게 된다. 마르크스는 그리스·로마의 사회구성체를 '노예제 생산양식'으로 설명하려 했지만 그리스·로마에서는 노예제 생산만으로 설명할 수 없는, 아시아적 전제국가와는 다른 획기적 특질이 나타난다. 예컨대 그리스·로마에서는 국가 관료에 의해 관리되지 않는 시장과 교역이 발달했다. 그리스·로마 특유의 노예제 생산은 역으로 그 같은 세계=경제가 초래한 결과다. 이렇듯 그리스·로마에서 생겨난 현상은 '아주변'에 특징적인 것이다. 그리스의 폴리스들은 '아주변'이었기 때문에 세계=제국을 세우려고 해도 단명할 수밖에 없었으며 로마는 오히려 폴리스의 호수 원리를 의식적으로 억제함으로써 세계=제국을 형성할 수 있었다. 로마제국은 폴리스와 제국의 원리적 상극을 가장 명료하게 보여주는 예다.

그리스·로마가 아시아에 대해 아주변이라는 위치 관계에 있었을 때 게르만인은 말하자면 '권외'에 있었으나 그리스·로마가 세계=제국으로 바뀐 시기에 게르만은 '아주변'의 위치로 이행했다. 봉건제는 로마제국의 아주변인 게르만의 부족사회에서 나타났다. 봉건제에서 주군은 가신에게 봉토를 주고 가신은 주군에게 충성과 군사적 보답으로 답한다. 이 관계는 쌍무적이기 때문에 주인이 의무를 다하지 않으면 가신관계를 파기해도 상관없다. 베버는 게르만적 봉건제의 특질은 레엔Lehen 봉건제(인적 성실관계와 레엔이 결합된)에 있다고 보았다. 인적 성실관계는 호수성의 원리가 지배자의 레벨에서 남아 있다는 것을 보여준다. 이 호수성의 원리가 쌍무적 계약을 넘어선 초월적=전제적 권력을 막는다. 그들은 로마 문명을 받아들이면서 동시에 로마제국의 정치 시스템은 거부한 것이다. 후일 게르만은 로마제국을 계승하지 않고 해체했다. 그래서 이때를 '암흑시대'라고 부른다. 서유럽의 봉건제는 로마제국 그리고 이슬람제국의 아주변에서 생겨난 현상이다. 즉 이것은 '서구Occident' 일반의 특징이 아니라 중핵, 주변, 아주변이라는 위치관계에서 비롯된다. 정치·군사적으로 집권적인 국가가 성립하지 않는 대신 봉건적인 국가들이 분립하고 수많은 자유도시가 생겨났는데 그것이 바로 세계=경제였고, 거기서부터 자본주의 경제가 생겨난 것이다.

이렇듯 가라타니는 아시아적 생산양식, 노예제 생산양식, 봉건적 생산양식이라는 역사유물론의 시간적/발전사적 단계 구분을 '세계제국'의 공간적 관계체계로 바꿔 보고 있다. 아시아적 생산양식은 세계제국의 중핵에 존재하는 아시아적 전제국가이며 그다음에 오는 봉건제는 실은 세계제국의 아주변에서 나타나는 현상이라는 것이다. 여기서 가라타니는 서구중심주의를 극복하면서도 철저히 '보편사'적 관점을 유지함으로써 두 마리 토끼를 잡는다.

일본의 봉건제 역시 중국제국의 아주변에 위치했기 때문에 생겨난 것이다. 일본은 조선과 달리 중국의 과거제도를 받아들이지 않았다. 문관을 싫어하는 전사=농민공동체의 전통이 강했으며 다만 고대 천황제와 율령국가 체제는 모양으로만 남아서 기능했다. 이후 도쿠가와德川 바쿠후幕府가 집권적 관료체제를 강화하지만 사실상 봉건적인 체제와 문화가 유지되었다. 제국의 문명을 선택적으로 받아들이는 것은 일본만이 아니라 아주변에 공통된 특징이다. 또 다른 아주변인 영국이 '해양제국'을 건설해 근대세계시스템(세계=경제)의 중심이 된 것 또한 그 예로 볼 수 있다.

앞서 로마제국 이후의 서유럽 봉건제 역시 아주변이었다는 것을 보았다. 그런데 서유럽 봉건제에서 특기할 만한 것은 바로 자유도시

(공동체)다. 그것은 영주-농노관계에서 나온 사람들이 만든 호수적 계약에 기초한 공동체다. 이와 같은 자유도시를 가능하게 한 것은 제국의 연약함이다. 자유도시(코뮌)의 경제적 기반은 상공업자 길드(동업조합)였으며 자유도시 성립에 의해 상공업자는 하나의 법적 신분, 부르주아Bürger로서 등장했다. 자유도시는 상품교환 양식의 원리에 근거해 형성되었지만 그것은 동시에 '서약공동체'였다. 거기에는 한편으로 자본주의적 이익을 추구하는 드라이브drive가 있었고, 다른 한편으로 경제적 격차에 대항해 상호부조적인 공동체(코뮌)를 회복하려고 하는 드라이브가 존재했다. 자유도시를 거점으로 종교개혁이나 부르주아 혁명이 가능해졌다. 도시는 파리 코뮌에 이르기까지 자본주의를 넘어서는 운동(코뮤니즘)의 모체이기도 했다.

세계종교

'세계종교'에 대한 가라타니의 서술에 이르러서 비로소 베일에 싸여 있던 교환양식 D의 실체가 드러난다. 교환양식 D는 호수제의 교환양식 A의 '반복'이지만 동시에 교환양식 C가 초래한 '세계'에서 호수성을 실현하고자 하는 운동이다. 가라타니는 교환양식 A, B, C에 대항하는 교환양식 D가 현실의 사회구성체로 존재한 적은 없지만 근대 이전에는 보편종교의 형태로 나타났다고 말한다. 앞서 우리는 '씨족사회에서 국가사회로의 이행'에 병행하는 '주술에서 종교로의 이행' 과정을 보았다. 씨족사회에서 주술은 증여의 의무를 강제하는 평등주의적 기능이 있지만 국가종교의 기도는 피지배자가 지배자인 왕=사제, 초월적인 신에게 하는 것으로 복종과 보호의 관계를 갖는다. 요컨대 "종교는 국가의 이데올로기 장치다."[7] 이렇듯 종교의 발전은 국가의 발전이며 국가의 발전은 종교의 발전이나 다름없다. 다수의 국가를 포섭한 '제국'에서는 신의 초월화가 극에 달한다. 여기서 가라타니는 니체의 말을 인용하고 있다. "독립적인 귀족을 제압하며 행해지는 전제 정치는 언제나 어떤 일신교로 나아가는 길을 여는 것이기도 하다."[8] 하지만 가라타니는 국가사회의 초월적 신은 진정으로 초월적인 신이 아니라고 말한다. 국가사회의 신이 사람들의 기원=증여에 응하지 않으면, 구체적으로 말해 국가가 전쟁에서 지면 내버려지기 때문이다. 가라타니는 니체와 달리 '세계제국=세계신'과 보편종교의 차이를 인식한다. 보편종교는 전쟁에서 져도 버려지지 않는 신과 함께 출현한다. 유대교의 유일신은 그와 같은 방식으로 출현했다. 보편종교는 세계제국=종교에 대한 부정으로서 나타났다.

세계제국=종교를 부정한다는 것은 교환양식 B와 C가 공간적·지배적으로 확대된 상태를 비판한다는 것이다. 가령 세계제국과 세계종교에 대응하는 세계화폐(금이나 은)는 공동체나 국가를 넘어 통용된다. 화폐의 고유한 힘은 물신숭배를 낳으며, 세계화폐는 '일신교'적인 것이 된다. 화폐는 씨족공동체를 파괴하고 개인을 씨족공동체의 구속에서 해방한다. 또한 화폐를 통한 상품교환 경제(교환양식 C)는 공동체에 존재하던 평등주의, 바꿔 말해 호수적 경제와 질서를 파괴하고 빈부격차를 가져온다. 요컨대 "보편종교는 제국 형성 과정에서 교환양식 B의 지배하에 교환양식 A를 교환양식 C를 통해 해체해갈 때, 이에 대항하는 교환양식 D로서 출현한 것이다."[9]

가라타니는 보편종교가 국가의 종교에 대한 비판으로 시작되었다는 것, 일정한 '인격'이 보편종교를 초래했다는 것을 봐야 한다고 말한다. 보편종교를 초래한 인격이란 바로 예언자다. 여기서 예언자는 사

7   가라타니 고진, 앞의 책, 202쪽.
8   프리드리히 니체, 김정현 옮김, 『도덕의 계보』, 책세상, 2002, 439~440쪽.
9   가라타니 고진, 앞의 책, 207쪽.

제계급을 부정하는 예언자다. 또한 기독교나 이슬람교의 예언자만이 아니라 공자와 노자, 소크라테스와 붓다 같은 '모범적 예언자'들 역시 예언자다. 가라타니는 베버의 윤리적 예언자와 모범적 예언자의 구별을 가져와 통상 철학자로 불리는 사람들을 모범적 예언자의 범주에 포함시킨다. 보편종교의 본질은 전통적인 종교에 대한 비판에 있으며 그런 점에서 보편종교는 종교 비판으로서 나타난 철학과 무관할 수 없다. 여기서 가라타니는 도시국가들이 경합하며 제국으로 통합되어가는 과정에서 소피스트, 제자백가, 자유사상가 들이 나타난다고 말한다. 씨족공동체의 전통이 파괴되고 시장과 언론에 근거한 사회가 점차 성장하는 가운데 '사상'이 필요해지는 사태가 나타나기 때문이다. 이런 사태는 사상을 상품으로 만들고 그 속에서 사상가가 탄생한다.

가라타니는 윤리적 예언자를 유대교의 역사에서 고찰한다. 이스라엘(유대민족)은 제국의 주변부에 있는 유목민 부족들(12부족)의 맹약공동체로서 시작되었다. 구약성서에서는 그것을 '신과의 계약'으로 이야기한다. 이 계약은 그리스 폴리스의 맹약처럼 보편적인 현상이며 여기서 신과 인간의 관계는 호수적이었다. 이는 후대에 성립된 유대교의 유일신 신앙과는 다르다. 초기 이스라엘 시대에는 그와 같은 신 관념이 없었다. 실제로 유대민족은 가나안 땅으로 침입해 전제국가와 농경공동체를 형성하기에 이르렀을 때 유목민 시대의 신을 버리고 농경민의 종교(바알 신앙)로 향했다. 정주화와 왕=사제의 집권화(다윗, 솔로몬)가 이어지며 이스라엘은 아시아적 전제국가(공납제국가)로 번영했다. 솔로몬 사후 왕국은 남북으로 분열되었고 북이스라엘왕국이 아시리아에 의해 멸망당했다(기원전 722년). 그들의 종교와 신도 국가의 소멸과 함께 버려졌다. 그다음 남유대왕국이 바빌로니아에 의해 멸망당한 후(기원전 586년) 특이한 사건이 일어났다. 국가가 멸망했는데도 바빌론에 끌려간 사람들 사이에서 신이 폐기되지 않았다. 신과 인간의 호수성을 부정하고 국가의 패배를 신의 패배가 아니라 인간이 신을 무시한 데 따른 신의 징벌로서 해석하는 새로운 신 관념이 생겨났다. 이를 초래한 것은 에스겔과 같은 예언자나 지식인이었다. 약 50년 후 유대인은 바빌로니아를 멸망시킨 페르시아제국에 의해 해방되어 가나안으로 귀환하고 성서를 편찬했다. 이 과정에서 바빌론 유수 때 새롭게 등장한 예언자의 모습이 그 이전 시대의 예언자에게 투사되었다. 가령 모세 신화, 곧 '출애굽기'는 바빌론 유수 시절의 경험을 과거에 투영한 것이다.[10]

　　모세 신화가 후대에 만들어졌다 해도 왜 그 힘이 강력했는지는 다른 문제다. 프로이트의 『토템과 터부』가 유동적 밴드사회가 씨족사회로 이행할 때의 문제와 관계가 있듯이 『모세와 일신교』는 유목민 부족이 국가사회를 형성할 때의 문제와 관계가 있다. 여기서 공통적인 것은 '원부 살해'와 '억압된 것의 회귀' 테마다. 프로이트는 모세가 이집트에서 유일신 사상을 옹호하다가 추방당한 사제이며, 후일 추종자들과 가나안으로 나아가다가 유일신 사상을 거부하게 된 유대인들에 의해 살해당했다고 보았다. 프로이트에 따르면 성경의 모세 신화는 실제로는 잔혹하게 살해당한 모세에 대한 억압된 기억이 무의식적으로 회귀함으로써 왜곡된 형태로 나타난 것이다. 물론 오늘날 프로이트의 이런 해석을 받아들이는 역사학자는 거의 없다. 그러나 가라타니는 모세의 가르침이 유목민사회에 존재했던 호수적인 독립성과 평등성에 있었고 그것이 가나안 땅에서 발전한 전제국가에서 '살해당한' 것으로 본다면 프로이트의 테마는 역사적 사실과 모순되지 않는다고 말한다. 유목민 시대의 윤리는 예언자를 통한 신의 언어로서, 즉 인간의 의지에 반하는 형태(=보편종교)로 '회귀'했다.

10　　이것은 가라타니의 독창적인 해석이 아니라 유대교의 기원에 관한 최근의 종교학적·고고학적 연구 성과를 반영한 것이다. 이에 대해서는 카렌 암스트롱, 『축의 시대』, 교양인, 2010; Shlomo Sand, *The Invention of the Jewish People*, Verso, 2009 참조.

보편종교는 개인이 신과 직접 관계하는 것을 통해 개인과 개인의 관계를 새롭게 창출한다. 실제로 보편종교에서는 '사랑'이나 '자비'가 설파된다. "보편종교가 지향하는 것은 개개인의 어소시에이션으로서 상호부조적인 공동체를 창출하는 것이다."[11] 보편종교는 보편성과 특수성의 모순을 끊임없이 의식함으로써 비로소 보편적인 것이라고 가라타니는 말한다. 이는 초월성과 내재성의 문제에 대해서도 타당하다. 보편종교의 신은 초월적이지만 동시에 (개인적으로) 내재적이다. 신이 외부의 초월적인 존재라면 그것은 '우상'에 지나지 않으며 반대로 신이 인간에게 내재적이라면 신은 불필요하다. 보편종교란 이 이율배반에 대한 끊임없는 의식으로서 존재한다.

예수 역시 유대교를 비판한 예언자였다. 예수의 비판이 이전까지의 예언자에 의한 비판보다 철저했던 이유는 예수가 활동한 시기가 유대인이 로마제국과 화폐경제 아래 점차 전통적인 공동체에서 유리된 개인으로 살아가게 된 시기였기 때문이다. 그와 같은 상황에서 예수가 시사한 것은 국가, 전통적 공동체, 화폐경제를 모두 부정하고 살아가라는 것이었다. 예수의 가르침에는 교환양식 A, B, C를 모두 부정하는 사상이 전면적으로 드러난다. 신약성서에는 사제, 율법학자에 대한 비판이 있으며, 화폐경제와 사유재산이 가져온 부의 불평등/계급사회에 대한 항의가 있다. 그리고 예수는 "신을 사랑하라", "이웃을 내 몸과 같이 사랑하라"고 설파했다. 여기서 '사랑'은 단순히 마음의 문제가 아니라 '무상의 증여'이며 그런 점에서 '공산주의'적인 것이다. 이것은 예수가 처음 시작한 것도 아니고 누가 발명했다고 말할 수 있는 것도 아니다. 이것이 '억압된 교환양식 A의 회귀'(=교환양식 D)를 보여준다고 가라타니는 말한다.

11   가라타니 고진, 앞의 책, 217쪽.

기독교는 포교가 진행되면서 변질되었다. 사도들은 유목민처럼 유동적이고 평등주의적인 집단을 만들었지만 그것은 점차 사제에 의해 통치되는 위계적인 집단이 되었다. 동시에 '신의 나라'가 지상에서 실현되는 것으로 간주되지 않고 천상화하면서 기독교는 제국에 영합하는 것으로 변화한다. 즉 기독교는 그때까지 아시아적 전제국가로 존재하던 사제=왕이라는 구조에 편입되며 교황=황제 체제를 옹호하는 역할을 수행하게 되었다. 이때의 기독교는 세계종교(세계제국의 종교)이지만 보편종교는 아니다. 초기 기독교 혹은 원시 기독교가 보존된 것은 수도원에서였다. 수도원은 원시 기독교의 공동 소유, 노동이라는 원칙을 회복하려는 곳이었기 때문에 현실의 교회 조직과 본질적으로 대립하는 면이 있었다. 수도원은 타락해갔지만 동시에 끊임없이 개혁이 시도되었다. 예수나 사도들 시기 교단의 존재 방식으로 돌아가자는 운동은 기독교 내부에 언제나 있었다.

루터의 종교개혁에서도 세계종교와 보편종교 간의 대립이 반복되었다. 종교개혁은 이미 12세기부터 사회운동과 결부되어 일어나고 있었지만 루터의 종교개혁은 농민전쟁을 단호히 탄압하는 쪽으로 돌아섰다. 루터 식의 기독교는 신앙을 개인의 내면으로 가두고 '신의 나라'를 천상화하는 것을 통해 수용 가능해졌다. 반면 토마스 뮌처는 같은 시기에 농민운동을 이끌며 천년왕국 운동을 펼쳤다. 그가 말하는 신의 나라는 지상에 바로 세워져야 하는 것으로서 "계급차별도, 사적 소유도, 그리고 사회의 구성원으로부터 자립적인 외적인 국가권력도 더 이상 존재하지 않는 사회"(엥겔스)였다. 가라타니는 이것이 그만의 독자적인 예견이라기보다는 근본적으로 보편종교에 포함된 교환양식 D의 계기라고 해석한다. 중국의 농민 반란도 그와 같은 천년왕국운동으로 전개되었다. 보편종교에 의해 개시된 교환양식 D는 이단적 종교운동의 형태를 취한 사회운동으로 나타나며 국가의 '법'에도 직접적으로 영향을 주었다. 이를테면 유럽의 교회법은 약자 보호, 형벌의 인도화, 재

판의 합리화, 결투 금지와 평화 확보 등의 측면에서 세속법에 영향을
미쳤다. 또 그것은 국제단체의 관념과 국제분쟁의 평화적 처리 방법 등
에 대한 이론적인 논의를 촉발했다. 교환양식의 관점에서 볼 때 교환양
식 A, B, C의 결합으로 이루어진 사회구성체는 보편종교에서 유래하
는 관념이나 법을 통해 교환양식 D의 영향을 받아왔다. 그러므로 가라
타니는 사회구성체의 역사를 볼 때, 현실적으로는 존재하지 않은 교환
양식 D의 계기를 무시할 수 없다고 말한다.

실정종교와 정신종교

보편종교에 대한 가라타니의 2부 서술은 많은 부분에서 이후 논의의
복선이 된다. 여기서는 그의 종교론에 대해 잠시 첨언하고 넘어가자.
가라타니가 제출하는 "보편종교는 종교 비판으로 시작된다"는 테제는
청년 헤겔이 「기독교의 실정성」에서 기독교의 실정성Positivität을 비판하
는 맥락과 유사하다. 여기서 종교의 실정성이란 종교의 '정신'이 현실
에서 제도화될 때 갖는 보수적인 관성을 의미한다. 그렇다면 가라타니
가 말하는 보편종교의 '종교 비판'은 바로 '종교의 실정성에 대한 헤겔
적 비판'이라고 해도 좋다. 여기서 가라타니와 헤겔 사이의 거리는 그
리 멀지 않다. 다만 청년 시기 이후의 헤겔에게 반복적으로 종교의 실
정성이 문제가 된 연유를 간과할 수 없다.[12] 종교의 실정성이라는 문제
가 헤겔을 괴롭힌 것은 아무래도 종교의 '정신'이 그것의 '실정성'과 무
관하게 존재할 수 없었기 때문이다.

　기독교는 초기 기독교 시기부터 이미 '실정적인 종교'였다. 사도
시대부터 기독교의 사도들, 누구보다 사도 바울 자신이 각지에서 최초

12　가토 히사타케 외, 『헤겔사전』, 이신철 옮김, 도서출판 b, 2009, '종교' 항목 참조.

의 이방인 교회들을 조직하면서 장로ρεσβυτερο의 역할을 강조했다. 이런 행보는 예컨대 소크라테스나 공자와 같은 '모범적 예언가'들이 기존의 종교와 철학에 대해 행한 아이러니한 비판과도, 심지어 예수 자신의 행보와도 전혀 다르다. 사도 바울에게 기독교의 '실정성'과 '보편성'은 전혀 모순되는 것이 아니었다. 무엇보다 교회의 의례와 직분에 대한 사도들의 강조는 이후 기독교가 세계제국의 종교에 편입되고 난 이후 일어난 종교의 실정화와는 다르다. 전자와 후자를 편의상 실정성 A와 실정성 B로 나눠 볼 수 있을 것이다. 초기 기독교의 교회(안티옥, 고린토스, 로마, 에베수스 등)는 당시의 세계제국(로마)의 질서(부족적, 종교적, 지역적, 성별 구분)를 넘어서는 트랜스내셔널한 조직이었으며 국제도시에 위치했다. 동시에 그것은 자체의 질서와 규칙을 지닌 실정적 공간이었다. 세계종교와 보편종교에 대한 가라타니의 구분만으로는 저 두 가지 실정성을 구분할 수 없다. 기존 종교와 정치에 대한 '비판'만으로 보편종교가 보편적일 수는 없는 것이다.

가라타니는 보편종교를 추동한 것이 교환양식 D라고 말하며 그것이 현실의 교환양식 A, B, C에 영향을 미쳤다고 말한다. 그것을 보편종교의 '정신'이라고 해도 좋다. 그런데 가라타니와 달리 헤겔은 보편종교의 '정신'이 오직 자신이 기초한 실정적인 조건을 재창안하는 것에 의해서만 드러난다는 것에 강조점을 둔다. 그렇기 때문에 헤겔은 기독교의 실정성을 비판함과 동시에 '어떤 실정성인가'의 문제로 끊임없이 되돌아간 것이다. 앞으로 보겠지만 가라타니가 보편종교의 정신이 지닌 그 자체의 실정성을 간과하는 것은 후일 그의 '어소시에이션'에 관한 구상의 결함으로 귀결된다. 헤겔의 화두를 빌려 말하자면 어소시에이션은 실정성에 대한 비판인 동시에 그 자체가 실정적인 것이어야 한다.

4 세계경제시스템

> 통상 세계=제국은 민족들로, 즉 다수의 국민국가로 분해되어버린다. 러시아나
> 중국이 그런 운명을 면했던 것은 민족보다도 계급 문제를 근본에 놓는 마르크
> 스주의자에 의해 지휘되었기 때문이다. 물론 그들은 제국을 재건할 생각은 아니
> 었다. 하지만 '의식하지 않았지만 그렇게 했다' 하겠다(『세계사의 구조』).

근대국가와 세계시스템

가라타니는 이제 세계제국에 일어나기 시작한 '균열'을 살펴보기 시작
한다. 균열은 교환양식 B가 지배적이었던 세계제국시스템을 점차 교환
양식 C가 해체하기 시작하는 데서 비롯된다. 이 균열에는 두 가지 양
상이 있는데, 첫째는 세계제국의 주변부에서부터 나타난 '네이션=스테
이트'의 출현이고, 둘째는 세계제국의 교역 루트로부터 자립한 '세계시
장'의 출현이다. 가라타니는 네이션=스테이트와 세계시장이 형성한 새
로운 질서를 월러스틴의 용어를 따라 '세계경제시스템'이라고 부른다.

국가가 상업이나 교역을 독점 관리한 세계제국에서는 상품교환
원리가 다른 교환양식을 상회하지 않는다. 반면 상업/교역에서 국가가
집권하지 않은 서유럽에서는 세계=경제, 즉 상품교환 원리가 우월한
사태가 일어났다. 이곳에서는 정치권력/종교권력이 일원적으로 통합되
지 않아 교회/황제/왕/봉건제후/자립도시가 대립해 항쟁하고 있었는
데 이들 간의 항쟁을 종식시킨 절대왕정은 서유럽의 집권적인 국가의
시작이라고 할 수 있다. 절대왕정은 다수의 봉건제후와 교회의 지배권
을 빼앗아 성립했는데 이는 화기의 발명과 화폐경제의 침투 때문에 가
능했다. 그러나 위의 요소들이 절대왕정에만 고유한 것은 아니다. 절대
왕정은 그 이전의 봉건제보다는 오히려 공납제 전제국가와 비교할 때

그 고유의 성격이 드러난다. 절대왕정은 '복지정책', 즉 신민에 대한 행정적 관심의 극대화라는 측면에서 봉건제보다는 아시아적 전제국가와 닮았다. 그것을 가능하게 한 것은 관료제였는데 그것은 이미 동양적 국가의 가산관료제에서 존재했던 것이다. 다만 아시아적 전제국가가 세계=제국이 존재하는 곳의 사회구성체라면 절대왕정은 세계=제국이 존재하지 않았던 아주변(서유럽)에서 생겨난 것으로 교회/왕/봉건영주/도시 등이 길항/상호의존하는 상태에서 출현했다.

절대왕정은 내부의 봉건영주나 도시를 제압함으로써 생겨났지만 일국 내부의 과정으로만 생겨난 것은 아니다. 왕이 다른 봉건영주를 억누르고 왕권을 확립하기 위해서는 최대의 장애물인 '교회'와 이를 뒷받침한 '제국'이라는 관념을 억눌러야 했다. 16세기에 장 보댕Jean Bodin은 이와 같은 절대왕정을 '주권'이라고 불렀다. 그는 절대왕권의 이면에 ① 대외적으로 신성로마제국 황제나 로마 교황의 보편적 권위에 대해 자립하고 ② 대내적으로 영역 내의 모든 권력을 넘어서 존재하는 '주권'을 발견한다. 그렇다면 서유럽에 고유한 '주권국가'가 어떻게 유럽 바깥에서도 일반적인 근대국가의 원리가 되었는가? 그것은 유럽 열강이 경제적·군사적으로 우위에 있었기 때문인데 그들은 주권국가의 원리에 근거해 비서양 국가를 지배했기 때문이다. 주권의 논리는 주권국가로서 인정되지 않은 나라는 지배되어도 좋다는 것을 함의해 식민지 지배를 정당화했고 식민지 지배가 용이하지 않았던 세계제국의 경우에는 각 지역에 민족자결권을 주는 것처럼 행동해 주권의 논리를 강제했다. 이처럼 구세계제국이 해체되어 다수의 민족국가로 분해되어 서유럽에서 시작된 주권국가가 확대되었다.

절대왕정에서는 국가가 외부에 대해 존재하는 것이 명확했지만 절대왕정을 무너뜨린 시민혁명 이후에는 그런 사실이 간과되었다는 데 주의해야 한다. 이를테면 로크의 사회계약론은 국가를 그 내부만으로 생각하는데 여기서 국가는 주권자인 인민의 대표인 정부government로 환원되어버린다. 또한 절대왕정의 중상주의 정책이 보여주는 것처럼 국가(교환양식 B)와 자본주의(교환양식 C)의 결합이 자명했는데 시민혁명 이후에는 마치 정치적인 것과 경제적인 것이 분리되어 보인다. 흔히 로크의 『시민정부론』은 입헌군주제에 이론적 근거를 부여했고 홉스의 『리바이어던』은 절대왕정을 지지했다고들 하는데 사실 홉스는 내전상태를 종결하는 자로서의 주권자를 옹호하려고 했던 것이다. 그의 요지는 왕정이든 공화정이든 간에 주권자가 존재한다는 것, 그리고 그것에 의해 '전쟁상태=자연상태'가 사라진다는 것이다. 홉스의 견해는 국가를 외부와의 관계에서 보는 것이다(이것은 스피노자의 정치론에 비해 홉스를 평가 절하한 『탐구 2』의 가라타니 관점과 사뭇 다르다). 내부만으로 보면 주권자가 왕인지 국민인지가 커다란 차이로 보인다. 그러나 주권은 군주정, 귀족정, 민주정이라는 정체와 관계가 없다. 그리스의 폴리스는 내부에서는 민주정이지만 식민지나 노예에 대해서는 전제정이다. 오늘날 사회민주주의 국가들도 대외적으로는 제국주의적이다.

이와 같은 주권으로서 국가의 본질은 전쟁에서 현재화한다. 국가와 정부는 다른 것이고 국민의 의지에서 독립된 자율적 의지를 가지고 있는데 이것이 전쟁에서 노출된다. 끊임없는 전쟁상태를 준비하고 실행하는 것이 국가기구의 '상비군'과 '관료'다. 절대왕정의 폐기 이후에도 상비군과 관료는 폐기되기는커녕 질적-양적으로 팽창한다. 국가는 여전히 그 자신을 위해 존속하고자 한다. 그러나 국가를 내부에서만 파악할 때 국가를 그 안에서 지양한다는 생각으로 이끌리기 쉽다. 프루동과 초기 마르크스도 시민사회의 계급적 모순을 해소해 공공성을 되찾으면 국가가 소멸한다고 생각했다. 절대주의 왕권에서 자본과 국가의 결합은 ① 국채의 발행과 이에 의한 근대적 은행제도나 ② 보호주의 정책에서 명백하게 드러난다. ③ 그러나 산업자본주의에서 국가의 가장 중요한 일은 산업프롤레타리아의 육성이다. 자본의 힘만으로 근면한 노동자/소비자(노동력 상품)를 생산/훈육할 수 없기 때문에 이것을 만드는 것은 국가의 역할이 된다. 국가는 학교 교육과 군대에 의해 산업프롤레타리아를 육성한다.

시민혁명 이후 군대, 관료라는 국가기구는 의회를 통해 표현되고 결정된 국민의 의지를 실행하는 '공복'으로 여겨진다. 의회제 민주주의가 발달한 오늘날 선진국에서 관료제의 지배는 더 강해지고 있는데, 예나 지금이나 의회제 민주주의는 실질적으로 관료 또는 그와 유사한 자들이 입안한 것을 국민이 스스로 결정한 것처럼 생각하게 하는 정교한 절차다. 또한 국가가 자본주의 경제를 발전시킬 때 그 역할을 담당한 것이 관료기구다. 최근 마르크스주의자 중에서는 이런 변화를 현대국가의 변질로 보는 입장도 있는데 국가가 복지정책을 취하는 것은 현대국가만의 특징이 아니며 계급지배의 은폐도 아니다. 이것은 아시아적 전제국가나 절대왕권국가에서도 일반적으로 보이는 현상이다. 이에 따라 가라타니는 '복지국가'로의 이행에서 사회변혁의 계기를 발견하는 관점을 철저하게 거부한다. 또한 최근 국가의 '상대적 자립성'을 강조하는 한편 권력을 국가로만 한정하는 견해를 부정하는 사람들이 증가하고 있는데 이는 ① 그람시의 헤게모니론에 근거해 시민사회를 강조하거나 ② 푸코의 규율권력론에 근거해 편재하는 네트워크로서의 권력을 중시하는 입장으로 나타난다. 그런데 이는 국가를 그 내부만으로 본다는 점에서, 즉 국가가 다른 국가에 대해 존재한다는 위상을 보지 않는다는 점에서 같다. 국가를 내부만으로 보면 국가 특유의 권력이 보이지 않고 시민사회에서의 헤게모니, 즉 공동체나 시장경제가 지닌 사회적 강제력이 중시된다. 실제로 후일 푸코는 신자유주의적 통치성에 대한 연구에 경도되었다. 그 안에서 국가의 자립성은 경시된다.

사회계약론자들이 국가=정부를 동일시했다면 한편으로 마르크스주의자는 국가를 부르주아의 지배 도구/수단으로 보았다. 둘 다 국가의 자립성을 인정하지 않는다는 점에서 같다. 하지만 국가는 자립적인 존재이기 때문에 무엇을 위한 도구나 수단이 될 수 없다. 국가를 도구나 수단으로 보는 사람들이 오히려 국가를 강화하는 수단이 되고 만다. 리카도가 자신의 주저인 『경제학과 과세의 원리』에서 '세'를 중시하는 데 비해 마르크스는 '세'를 제거했다. 리카도에게 세는 자본의 수익에서 국가가 징수하는 것이고 그런 의미에서 세에 근거한 계급(군, 관료)이 존재한다는 것을 보여준다. 마르크스는 다만 자본주의 경제를 순수하게 고찰하기 위해 그것을 제거한 것이다. 이것은 이후 마르크스주의자들이 국가를 경시하거나 『자본론』 이전의 국가론으로 회귀하는 빌미가 되었다. 그러나 마르크스의 『브뤼메르 18일』에서 국가에 대한 뛰어난 성찰을 볼 수 있다. 여기서 마르크스는 국가기구(관료장치)가 하나의 계급으로서 존재하는 것을 놓치지 않는다. 또한 자본, 임금노동, 지대라는 카테고리에 들어가지 않는 소농(분할지 농민)과 같은 계급의 역할도 빼놓지 않는다. 보나파르트를 그저 대통령이 아니라 황제로 만든 원인 중 하나는 인구 면에서 최대이면서 자기 계급을 대표할 담론도 대표자도 갖지 못한 농민층에 있다. 이들은 보나파르트를 대표자로서가 아니라 우러러볼 무제한의 통치권력으로 발견했다.

　여기서 마르크스는 거대한 관료조직과 군사조직의 집행 권력을 강조했다. 또한 1851년의 주기적 세계공황(위기)의 작용도 지적하고 있다. 이 예외 상황에서 의회제 또는 시장경제 뒤에 숨어 있던 관료기구=국가가 전경에 등장한 것이다. 구체적으로 말해 보나파르트가 모든 계급에 시원스럽게 증여함으로써 권위를 얻어가는 과정, 즉 약탈한 것을 재분배하는 것이 모든 계급에게 증여하는 초월자=황제로서 표상되는 과정에서 국가기구의 자립성이 드러났다고 할 수 있다. 국가기구에 의한 약탈-재분배에 증여-답례라는 호수성의 외관을 부여해 황제 권력이 확립된 것이다. 이렇게 국가가 지닌 자립성을 철저하게 파악했으면서도 마르크스는 경제적 계급대립이 지양된다면 상부구조인 국가는 자연스럽게 소멸될 것이라는 관점을 갖고 있었고 이것이 이후 사회주의에 치명적인 결과를 가져오게 되었다. 위기적 상태=예외 상황에서는 주권자, 즉 절대주의적인 왕과 같은 강력한 지도자가 등장한다. 반드시 왕이 아니라도 사회구성체 내의 분열을 정치적으로 통합하는 자라면 된다. 이는 개발형 독재정권이나 사회주의적 독재정권에서 잘 나타난다. 더 중요한 것은 근대에서 관료제가 국가기구만이 아니라 사기업에서도 존재한다는 점이다. 근대 관료제는 오히려 자본주의적 경영형태(분업과 협업)에 근거해 형성되었다고 봐야 한다. 기업의 관료제화와 함께 마르크스가 말하는 산업프롤레타리아의 관료제화가 진행된다. 자본주의적 발전이 동시에 관료제적 발전이다.

관료화에 의해 노동자계급은 기업 안에서 경영진, 정사원, 파트타이머라는 위계제로 나누어지기 때문에 기존의 계급투쟁론이 통용되지 않게 된다. 그러나 여기서 자본과 임금노동의 대립이 해소된 것은 아니다. 그저 생산과정에서만 계급투쟁을 보려는 기존의 방식이 통용되지 않을 뿐이다. 한편 신자유주의자들은 관료제를 민영화나 시장경제 원리에 의해 해소해야 한다고 주장하는데 그것은 기만이다. 사기업 그 자체가 이미 관료제적이기 때문이다. 사기업이 관청보다 더 목적합리적으로 보이는 것은 그것이 관료제가 아니기 때문이 아니라 그 '목적'이 자본의 자기증식이라는 명백하고 단순한 것이기 때문이다. 그러나 이윤이라는 계산 가능한 목적을 갖지 않거나 가질 수 없는 공적 관료의 영역에 그와 같은 유형의 목적합리성을 강제할 수는 없다. 목적합리성의 강제에 의해 생겨나는 것은 관료제의 소멸이 아니라 더욱 철저한 목적합리적 관료제라고 할 수 있다. 자본과 국가 그리고 네이션은 서로 다른 교환양식에 뿌리내리고 있기에 경찰이나 군대를 포함한 관료기구를 민영화한다고 관료제나 국가가 지양되는 일은 없다. 신자유주의자들이 지향하는 것은 자본을 네이션=스테이트의 제약에서 해방하는 것이지만 실제로는 신자유주의야말로 자본과 네이션=스테이트의 상호보완적 연계를 강화한다. 그것을 보기 위해서 우리는 세계경제시스템이 무엇보다 교환양식 B와 교환양식 C의 유기적 '결합'을 통해 초래되었다는 것을 알아야 한다.

산업자본

세계경제시스템의 성립 과정에서 가장 획기적인 것은 교환양식 B(하위 공동체들에 대한 약탈과 재분배)에 대해 교환양식 C가 우위에 서게 된 사건이었다. 세계경제시스템에서 국가의 약탈과 재분배는 오히려 상품교환에 의존한다. 한편 가라타니는 교환양식 C가 지배적이게 됨으로써 '화폐의 힘'은 오히려 현상형태로서는 잘 드러나지 않게 되었다고 본다. 세계경제시스템에서는 근대 이전에 두드러졌던 상인자본이나 고리대자본이 아닌 '산업자본'이 중심이 되었기 때문이다. 그러나 가라타니는 근대 이후에 성립된 산업자본주의의 생산양식을 고찰하면서 그 이면에 여전히 교환양식 C가 존재한다는 것을 강조한다. 자본의 본질은 교환양식 C에 내재하는 충동, 즉 가치체계의 차이를 이용해 더 많은 화폐(교환가치)를 축적하고자 하는 전도된 충동에 있다. 이런 충동은 상인자본에서 노골적으로 드러났지만 산업자본주의는 되레 화폐의 페티시즘을 억압한 것처럼 보인다. 하지만 가라타니는 산업자본주의 역시 은폐된 화폐의 페티시즘에 의존한다고 본다. 이것은 산업자본을 더 본질적인 것으로 간주하며 이자를 낳는 자본이나 유통자본을 산업자본에서 파생된 것으로 보는 종래의 마르크스주의적 서술과는 다르다.

그렇다면 상인자본과 다른 산업자본만의 고유한 특징은 무엇인가? 마르크스는 산업자본주의의 성립 조건으로서 세계무역과 세계시장의 확대를 든다. 그러나 그것은 산업자본주의가 전면화하기 위한 필요조건이지 충분조건은 아니다. 가라타니는 산업자본주의에서처럼 교환양식 C가 전면화하기 위해서는 기존의 교환양식 A와 B의 저항을 넘어서야 한다고 본다. 그는 그 변화의 비밀을 '노동력 상품'에서 찾는다. 산업자본주의의 근간에는 이전에는 없었던 '노동력 상품'이 있다.

이 독특한 상품에 입각해서 가라타니는 자본주의를 생산과정인 동시에 유통과정으로 봐야 한다고 제안한다. 노동력 상품의 역사성에 대한 강조는 자본을 '트랜스크리틱'하게 봐야 한다면서 유통과정과 생산과정을 단순 대치시켰던 이전(『트랜스크리틱』)의 서술과 다르다.

가라타니는 산업프롤레타리아가 노예와 농노는 물론 임금노동자 일반과도 역사적으로 다른 이유를 찾는다. 예컨대 '생산수단이 없는' 임금노동자는 전 자본주의 시대에도 있었다. 무엇보다 가라타니는 모든 자본이 반드시 임노동에 기초한 것은 아니라고 말한다. 가령 자본주의적 방식으로 경영된 플랜테이션 경작은 실제로는 노예제 생산이었다. 그렇다면 노예적 조건을 강제한 일부 자본의 잔혹성은 임노동 일반이 지닌 '노예제적 성격'(마르크스)을 폭로해야 한다고 봐야 할까. 그러나 가혹한 노동조건이 산업프롤레타리아의 역사적 특성을 전부 다 설명할 수는 없다. 오히려 산업혁명 이후 대다수 산업자본주의 국가에서 노동계급은 물질적으로 풍요로워졌다. 가라타니는 산업프롤레타리아의 특수성이 '스스로 만든 것을 사는 자'라는 것이라고 말한다.

〔산업프롤레타리아는—인용자〕 자본의 축적과정과 따로 존재하는 것은 아니다. 노동자의 소비는 그것을 통해 노동력을 생산·재생산하는 것이기 때문에 자본 축적과정의 일환으로서 존재한다. 노동자계급의 개인적 소비는 자본가에게 불가결한 생산수단인 노동력 자신을 생산하고 재생산하는 것이다. (……) 이처럼 산업자본이란 노동자에게 임금을 지급해 협력하게 하고, 그들이 만든 상품을 그들 자신이 다시 사도록 해, 거기서 생기는 차액(잉여가치)에 의해 증식하는 것이다. 산업자본에서 잉여가치는 이와 같은 특이한 상품 덕분에 생산과정에서 생겨남과 동시에 유통과정에서도 생겨나게 된다.'

이렇듯 산업자본의 획기성은 "노동력이라는 상품이 생산한 상품을 노동자가 자신의 노동력을 재생산하기 위해 다시 산다는 오토포이에시스적 시스템을 형성한 점에 있다."[2] 물론 노동자 개개인의 상품 소비만으로 전체 노동력의 재생산을 담보할 수는 없다. 국가는 복지정책과 공공정책 등으로 노동력의 재생산에 개입한다. 그러나 김공회가 지적하듯이 복지정책은 노동력가치, 즉 노동력 상품의 재생산 비용을 떨어뜨린다는 점에서 이미 그 자체가 상품관계의 틀 내에 있으며, 무엇보다 복지정책의 재원 자체가 산업자본이 생산한 잉여가치에서 나온다.[3] 이렇게 산업자본은 노동력 상품을 발견하면서 상품이 아니었던 것을 상품화할 뿐 아니라 상품이 상품을 삼으로써 자신을 재생산하는 오토포이에시스적 시스템, 즉 상품관계의 전일적 체계를 확립한다. 여기에 교환양식 C가 교환양식 A와 교환양식 B의 저항을 넘어서게 되는 비밀이 있다. 역사적 기원에서 노동력의 상품화에 국가가 개입(군대, 학교에 의한 산업프롤레타리아의 육성)하지만 국가 개입은 오히려 교환양식 C를 더 철저히 지배적인 것으로 만들었다.

정리하자면 산업프롤레타리아의 지위는 두 가지 점에서 이전의 임금노동자와 구별된다. 첫째, 그것은 '노동력 상품'으로서 자본에 의해 임금으로 '구매'될 뿐 아니라 다른 자본주의 상품(필수재)을 '소비'함으로써 그 자체가 재생산된다. 둘째, 노동력 상품의 재생산과정은 자본의 축적과정과 불가분의 관련을 맺는다. 따라서 총체로서의 노동자는 자신이 생산한 것을 스스로 다시 사면서 자본순환의 전체 과정에 연루된다. 노동력 상품의 특수성을 보기 위해서는 '생산'과정뿐 아니라

1   가라타니 고진, 조영일 옮김, 『세계사의 구조』, 도서출판 b, 2012, 275쪽.
2   가라타니 고진, 앞의 책, 275쪽.
3   김공회, 「제14장 경제위기와 복지국가」, 김수행·장시복 외, 『정치경제학의 대담』, 사회평론, 2012 참조.

'유통'과정에 대한 고찰이 필요하다.

가라타니는 노동력 상품으로서 산업프롤레타리아의 지위가 노동계급이 지닌 자유의 이중적 의미를 설명한다고 말한다. 그것은 교환양식 A(공동체의 호수제)나 교환양식 B(국가의 수탈과 재분배)에 의한 구속에서 노동자를 해방한다. 그것은 노동자들을 해고의 위협과 불안정한 생계에 대한 위협에 노출한다. 그럼에도 "사람들은 공동체나 가족에 종속되기보다 노동력을 팔면서 사는 쪽을 좋아."[4]하는데 그렇게 확산된 "자본에 노동력을 팔아서 일하는 존재방식"[5]이야말로 산업프롤레타리아의 일반적이고 보편적인 특징이다. 이것은 그들의 생활이 현실적으로 풍요롭든 빈곤하든 관계가 없다. 가라타니의 서술은 노동계급의 존재방식을 단지 생산과정에서만이 아니라 유통과정에서도 고찰함으로써 '산업프롤레타리아'와 그에 대한 '착취'가 여전히 자본주의의 근간을 이루는 보편적이고 핵심적인 범주라는 것을 설득력 있게 보여준다. 가라타니의 말대로 산업프롤레타리아의 역사적 특수성을 교환양식의 측면에서 보지 않는다면 그들은 단지 '임금노예'로밖에 보이지 않을 것이다. 가령 오늘날 파트타이머와 아르바이트생을 독자적인 '프레카리아트 계급'으로 내세우는 사람들이야말로 산업프롤레타리아의 특성을 생산과정에서만 본다는 점에서 정작 그들이 거부하는 고전적인 마르크스주의의 폐단으로 되돌아간다.

그런데 여기서 더 정확성을 기하자면 노동자가 자신을 재생산하는 과정이 자본의 생산과정과 '접합'되는 지점, 다시 말해 그런 방식으로 유통과정과 생산과정이 '접합'되는 지점을 봐야 한다. 비록 정확한 직관에 기초해 있지만 가라타니가 이 미묘한 지점을 올바르게 고찰하

---

4   가라타니 고진, 앞의 책, 276쪽.
5   가라타니 고진, 앞의 책, 276쪽.

고 있는지는 의문이다. 의문은 나중에 이어지는 자본제 경제에 대한 부정확한 서술들에서 더욱 짙어진다.

덧붙여 노동계급이 지닌 '이중의 자유'를 유통과정에서'만' 본다면 생산수단에서 생산자의 분리라는 중요한 계기를 빠뜨리게 된다. 이중의 자유란 공동체의 봉건적/인신적 구속으로부터의 자유일 뿐 아니라 자유에 뒤따르는 생산수단으로부터의 분리와 상실을 의미한다. 유통과정의 관점에서만 바라보면 그런 사태가 지닌 중대한 의미를 올바르게 이해하기 힘들다. 가라타니 식 서술의 난점은 교환양식에서 일어나는 사건에 대한 분석만으로는 생산양식에서의 사건에 대한 분석을 제공할 수 없다는 데 있다. 일례로 교환양식 D로의 '이행'에 관해 서술할 때 가라타니는 거기에 동반되는 생산양식의 변화(생산자들이 다시 생산수단을 재점유하고 통제하는 변화)를 나중에 자신의 교환양식론에 대해 외재적으로 덧붙여야만 할 것이다. 여기서 우리는 고전적인 마르크스주의적 '생산 우위 테제'에 관한 흔한 편견에서 벗어나야 한다. 생산 우위 테제란 모든 것을 생산의 관점에서만 바라봐야 한다는 것을 의미하지 않는다. 그것은 생산의 관점에서 볼 때 비로소 생산과 교환/분배의 '접합'을 더 잘 이해할 수 있다는 의미다. 여기에 가라타니의 교환양식론이 어떻게 현실의 사회구성체를 생산과 교환/분배의 '총체'로서 파악할 수 있는지가 내기로 걸려 있다. 사회구성체가 지닌 생산의 측면에 대한 서술을 자신의 교환양식론에 외면적으로 덧붙여야만 한다면 그것은 그 내기에서 실패한 이론이 될 것이다.

생산과 분배 그리고 교환의 모순적 접합으로서 자본제 경제를 총체적으로 파악하기 위해 마르크스는 가치와 사용가치를 엄밀하게 구분한다. 반면 가라타니는 정치경제학적인 서술에서 이런 구분을 때로는 방기하곤 한다. 예를 들어 그는 "노동력의 가치수준은 노동생산성에 의해 결정된다고 해도 좋다. 예를 들어 어떤 나라의 노동자 임금이 다른 나라와 비교해 낮다면 그것은 노동생산성의 평균적 수준이 낮기 때문"[6]이라고 말한다.

　이 진술은 가치와 사용가치를 혼동한다는 점에서 문제가 있다. 가령 사용가치로 측정된 (소비재의) 노동생산성이 높아짐에 따라 노동자의 '실질임금'이 높아져도 노동력의 가치는 불변하거나 오히려 낮아질 수 있다. 즉 사용가치 면에서는 부유해지지만 가치 면에서는 궁핍해질 수 있다. 따라서 노동생산성은 노동력의 가치수준과 노동자의 생활수준을 동일한 방식으로 '결정'한다고 말할 수 없다. 가라타니가 "산업자본주의에 고유한 생산방식"이라고 말한 상대적 잉여가치 생산을 예로 들 수 있다. 그것은 기술혁신(노동생산성의 변화)에 의해 노동력가치를 낮춤으로써 더 많은 잉여가치를 얻는 생산방식이다. 이것은 다음과 같은 모순적인 결과를 일으킬 수 있다. "이것에는 두 가지 효과가 있다. 그것은 (……) 임금재를 더 적게 지출된 가치로 제공함으로써 노동력가치를 하락시키는 경향이 있지만, 그것은 또한 임금재를 저렴하게 함으로써 주어진 노동력가치로 구매할 수 있는 상품의 양을 늘리는 경향이 있다. 그러므로 주어진 노동력가치에 기초한 자본의 축적은 노동력가치(하락)와 동시에 임금재 번들(증가)을 변화시킨다."[7] 예를 들어 과거의 평균적 임금노동자가 자전거를 자신의 재생산 비용에 넣었다면 오늘날에는 자동차를 자신의 재생산 비용에 넣어야 한다. 그러나 이때 노동력가치는 불변하거나 저하할 수 있다. 즉 노동자들이 예전보다 사용가치 면에서 풍요로워진다 해도 노동자들의 임금은 자신의 노동력을 재생산하는 데 '묶여 있다'는 사실, 그들이 그런 방식으로 자본주의적 상품생산이 강제하는 계급관계에 경제적으로 종속되어 있다는

6　가라타니 고진, 앞의 책, 280쪽.

7　Ben Fine et al., "Transforming the Transformation Problem: Why the New Interpretation is a Wrong Turning", *Review of Radical Political Economics* 36(1), 2004.

사실은 변하지 않는다. 한편으로 자본은 예나 지금이나 노동력의 재생산 비용 이상의 막대한 가치를 생산해내고 이윤으로 전환한다. 임금노동자가 사용가치 면에서는 풍요로워진다 하더라도 여전히 경제적으로 종속되고 착취당하는 역사적 현실을 포착하기 위해서는 사용가치와 가치의 정치경제학적 구분이 필수적이다.

그렇다면 산업자본의 '정수'인 상대적 잉여가치의 생산과정에서 노동력가치가 계속 하락한다면 어찌 될 것인가? 노동자의 구매력 저하로 자본제 상품이 더 이상 팔리지 않기 때문에 자본주의 경제에 뭔가 문제가 생기지 않을까? 가라타니는 그렇게 생각하는 것 같다.

> 스미스의 예로 말하자면 분업과 협력에 의해 이제까지 10배나 많이 생산한 바늘을 누가 사는 것일까. 싸게 된다고 해도 노동자가 그것을 10배나 사는 일은 없다. 그러므로 자본이 잉여가치를 실현하기 위해서는 그것을 살 소비자를 '외부'에서 발견해야 한다. 그것은 외국 시장이나 이제까지 있었던 자급자족적인 공동체 가운데서 새로운 노동자=소비자로서 참가하는 자, 즉 프롤레타리아다. 이상의 사고 실험에서 명확한 것은 하나의 폐쇄된 가치체계 안에서는 아무리 생산성을 향상시켜도 잉여가치는 존재하지 않으며 따라서 자본의 증식이 불가능하다는 것이다. 자본의 자기증식을 확보하기 위해서는 끊임없는 생산성 향상만이 아니라 끊임없이 새로운 프롤레타리아를 편입시키지 않으면 안 된다.[8]

이상의 사고 실험은 허위다. 가라타니의 사고 실험에서는 바늘의 생산성 향상이 다른 연관 산업에 미치는 파급력을 생각할 수 없다. 다음과

---

8   가라타니 고진, 앞의 책, 281쪽.

같이 사고 실험을 더 해보자. 바늘산업의 노동생산성이 향상된다면 이에 따라 첫째로 바늘을 소비하는 노동자들의 노동력가치가 하락한다. 둘째로 바늘을 생산수단으로 이용하는 봉제자본의 불변자본 가치도 하락한다. 전자만이 아니라 후자 역시 중요하다. 봉제산업의 불변자본에서 일어난 가치 파괴가 교환 영역에 반영될 때 영세 자본의 광범위한 도산과 더불어 봉제산업의 광범위한 재편이 일어난다. 산업 재편은 다시 노동력가치에도 영향을 미친다. 도산한 자본들을 인수하면서 새 불변자본(예를 들어 재봉틀)을 확보한 자본을 중심으로 산업이 재편될 때 그들이 생산한 상품을 소비하는 노동자들의 임금재 번들의 '가치'도 달라지지만 임금재 번들의 구성도 달라진다. 노동력가치를 규정하는 임금재 번들 자체가 자본축적의 과정과 상호작용하며 변화한다. 따라서 '상대적 잉여가치를 끝없이 생산하면 결국 노동력가치가 더는 하락할 수 없을 만큼 하락해서 위기에 부딪히지 않을까?' 하는 가정은 성립하지 않는다. 더 나아가 '노동자들이 모든 생산물을 다 살 수 없으니까 자본이 필연적으로 외부로 나가야 하지 않을까?' 하는 가정도 반드시 성립하지는 않는다. 산업의 폭력적인 재편과정을 피하기 위해서 자본이 해외로 나아간다고 할 수도 있다. 그러나 그런 의미에서의 '바깥(해외)'이 없다고 해서 자본주의가 파멸하는 것은 아니다.

결국 "자본이 계속 축적을 하기 위해서는 끊임없이 새로운 프롤레타리아가 필요하다. 물론 이런 새로운 프롤레타리아는 새로운 소비자다. 새로운 프롤레타리아=소비자의 참여가 산업자본의 증식을 가능하게 한다"는 진술은 양적인 의미뿐 아니라 질적인 의미로도 받아들여야 한다. 예컨대 가라타니는 인도와 중국에서 자본축적이 포화상태에 이르면 전 세계적인 위기로 이어질 것이라고 예상한다. "예를 들어 중국이나 인도가 충분한 공업화를 달성하면 글로벌한 노동력 상품의 등귀 그리고 소비의 포화와 정체로 귀결된다."[9] 그러나 '새로운 프롤레타리아가 필요하다'는 문장은 "자본이 계속 축적하기 위해서는 끊임없이 폭력적인 산업 재편과 프롤레타리아의 재배치가 필요하다"로 고쳐서 볼 수 있다. 또한 그것은 새로운 소비자 집단의 창출을 의미한다. 자본축적이 끊임없이 '새로운' 프롤레타리아를 요구한다는 것은 사실이지만 그것은 새로운 노동력가치, 새로운 소비 패턴, 새로운 생활양식을 지닌 '새로운' 프롤레타리아일 수도 있다.[10]

　　이와 같이 가라타니의 정치경제학에 대한 서술은 허점이 많다. 다만 그가 산업자본주의의 역사적 기원을 설명하는 부분은 확실히 경청할 만하다.

　　실제로 산업자본은 영국에서 생겨났는데 이에 관해 마르크스는 이행에서 '두 가지 길'이 있다고 말한다. 그것은 ① 생산자가 매뉴팩처를 조직하는 경우와 ② 상인자본이 매뉴팩처를 조직하는 경우로 나뉜다. 이런 마르크스의 견해에서 '봉건적 생산양식에서 자본주의 생산양식으로의 이행'에 관한 유명한 논쟁이 생겨났다. 그것은 각각 생산과정(모리스 돕)과 유통과정(폴 스위지)을 중시하는 측의 대립으로 나타났다. 영국의 경우 제1의 길이 우월했는데 모리스 돕과 같은 논자들은 영국에서 '아래로부터의 매뉴팩처'가 매우 일찍 진행된 것은 봉건제가 해체되고 있었기 때문이라고 주장한다. 반면 이탈리아 도시들과 네덜란드에서는 상인들이 매뉴팩처를 조직했다. 그것이 산업자본으로 발전하지 않았던 것은 네덜란드가 영국보다 봉건체제가 뿌리 깊게 남아 있었기 때문이 아니다. 오히려 영국에서 아래로부터의 매뉴팩처나 산업자본주의가 진행된 것은 세계교역에서 네덜란드에 뒤졌기 때문이다. 게

9　　가라타니 고진, 앞의 책, 297쪽 참조.
10　　여기서 다시 한 번 가라타니는 '사물의 속성과 그 역사적 기원을 혼동'하는 오류를 저지른 것은 아닌가 생각된다. 자본축적이 산업프롤레타리아=소비자의 외연적 확대를 요청했던 것은 과거 산업자본주의가 국지적인 영역에 머물러 있을 때는 타당했을지 모르지만 이것이 오늘날에도 반드시 일반적으로 타당한 것은 아니다.

다가 영국은 중상주의 정책으로 국내 산업을 보호했다. 그런 의미에서 영국에서 '아래로부터의 매뉴팩처'는 국가에 의한 보호와 지원 아래 이뤄졌다.

그러므로 문제는 '위로부터의 매뉴팩처'인가 '아래로부터의 매뉴팩처'인가가 아니다. 문제는 그것이 어떤 시장을 향해 이뤄지는가다. 아래로부터의 매뉴팩처는 '일용품'이 중심이었는데 이것은 기존의 도시가 아니라 농촌 근방에 생긴 새로운 도시(예를 들어 맨체스터)를 무대로 하고 있었다. 산업자본은 농촌에서 나온 노동자가 자본 아래서 사회적으로 결합해 생산한 물건을 그들 자신이 사는 시스템으로서 발생하는 것이다. 이때 국내 산업은 관세로 보호되고 있었다. 이렇게 보면 산업자본주의의 자생적 발전에는 국가의 보호와 육성이 필요한데 이는 이후 독일, 프랑스, 일본에 대해서도 타당하다. 또한 노동력 상품의 육성이라는 문제에서도 국가의 역할은 중요하다. 가령 도시 부랑자들이 산업프롤레타리아이기 위해서는 그저 생산수단을 가지고 있지 않다는 것만으로는 부족하다. 산업프롤레타리아는 분업과 협업에 적응 가능한 사람들이다. 베버는 프로테스탄티즘이 근면한 에토스를 가져왔다고 주장하지만 그것은 오히려 학교와 군대의 집단적 훈련의 결과다. 학교 교육은 어떤 직종으로 이동해도 적응 가능한 노동능력을 부여하며, 대학이나 연구기관은 (상대적 잉여가치의 생산에 필수적인) 과학기술을 가져다주는 노동력을 육성한다. 이런 과제를 완수하는 것은 개별 자본이 아니라 국가다. 여기서 총자본은 국가의 의지로서 등장한다.

노동력의 상품화로써 성립한 산업자본주의를 고찰하면서 가라타니는 이미 존재하던 대부자본 역시 산업자본주의의 단계에서 새로운 차원에 진입한다고 말한다. 우선 그는 폴라니를 인용한다. 그는 시장경제가 '자기조정적 시스템'으로서 자립하기 위해서는 노동력, 토지 그리고 화폐가 의제qusai-상품화되는 것이 불가결하다고 말한다. '화폐의 상품화'는 신용이나 금융과 관계한다. 신용제도는 본래 상품교환이 겪는 곤란에서 발생한다. 이 같은 신용에 의해 상품교환이 증진되고 생산이 증대된다. 역으로 상품교환의 확대는 대부자본을 증대시킨다. 산업자본주의가 시작되었을 때 상업신용, 은행신용 시스템이 이미 존재하고 있었다. 또 산업자본 아래서 상인자본이나 대부자본이 소멸한 것은 아니다. 그것들은 다만 산업자본 아래 재편성되었을 뿐이다. 하지만 산업자본의 우위가 확립된 후 반대로 상인자본이나 금융자본이 은행과 주식회사의 발전을 통해 산업자본을 감싸게 된다.

주식회사는 원래 원격지 교역의 리스크를 분산하기 위해 만들어졌다. 그런데 고정자본 투자야말로 커다란 리스크였다. 그것을 피하기 위해 자본 자체가 주식시장에서 매매되었다. 주식회사는 그때까지 분산되어 있던 중소자본의 집중, 노동의 사회화를 한층 더 추진했다. 여기서 소유와 경영의 분리가 발생하는데 마르크스는 그것을 '자본주의적 생산양식의 한계 내에서 자본주의적 생산양식의 지양'이라고 생각했다. 하지만 그 때문에 자본이 소멸된 것은 아닌데 자본은 주식회사에 의해 산업자본에서 상인자본으로 바뀌었을 뿐이다. 그것이 자본가를 다시 투기적으로 만들며 신용공황을 초래한다. 하지만 여기서도 가라타니는 산업자본의 본질이 '노동력의 상품화'에 있다고 재차 지적한다. 산업자본주의에서 "토지와 화폐의 상품화도 중요하지만 가장 근본적인 것은 노동력의 상품화다."[11] 이것이 없다면 상품교환이 전면화할 수 없기 때문이다. 자본주의 경제를 신용위기의 위험에 노출하는 것은 노동력 상품이다. 화폐와 토지에 관해서는 자기조정적 시장이 불완전하게나마 작동한다면 노동력 상품에 관해서는 '자기조정'이 있을 수 없기 때문이다. 그 결과 노동력의 시장가격은 수급에 따라 변동되며 자본의 이윤율은 그것에 좌우되고 이에 따라 국가나 자본으로서는 어찌할 수

11   가라타니 고진, 앞의 책, 291쪽.

없는 '경기변동'이 초래된다고 가라타니는 주장한다.

노동 수급 상황의 불안정성으로 경기변동을 설명하는 것은 일본의 마르크스 경제학자 우노 고조宇野弘藏의 학설로서 마르크스의 이론과는 강조점이 다소 다르다. 마르크스는 노동력의 시장가격(화폐임금)은 노동력의 가치에 의해 규정되며 노동시장에서의 수급은 임금법칙을 매개하는 메커니즘일 뿐 그 자체로 결정적인 경기변동 요인이 될 수 없다고 보았다. 더군다나 가라타니는 신용공황을 경제공황의 '본질'로 보는데 이 역시도 마르크스의 견해와 다르다. 신용공황은 공황의 한 국면 또는 형태에 지나지 않는다. 말하자면 공황이 일반적으로 신용위기를 동반한다고 해서 신용위기가 공황의 본질이라거나 근본적인 원인이라고 말할 수 없다. 무엇보다 노동력 상품의 특이성(자기조정적 수급 메커니즘의 결여)만으로 공황의 주기적인 패턴을 설명하는 것은 곤란하다. 가령 산업자본주의의 성립 이후 공황은 가라타니의 지적대로 그 '주기성'에서 예전과 구분된다. 가라타니는 그 공황의 주기를 규제하는 것으로서 (단기적으로는) 설비의 내용연수, (장기적으로는) 기축 상품의 교체를 든다. 그런데 가라타니의 서술에서도 앞서 언급한 '노동력 상품의 특이성'과 공황의 '주기' 사이에서 어떤 직접적 인과관계를 찾아보기 어렵다.

무엇보다 공황에 대한 가라타니의 서술이 다소 도식적인 것으로 느껴지는 것은 어쩔 수 없다. 가령 공황을 '호황기→고용 증대→임금 상승→이윤 압박'과 같은 도식화된 법칙으로 간단히 정리하는 것은 거의 불가능하다. 마르크스 역시 그런 것을 시도하기보다는 공황이 전개되는 다양한 경로와 국면을 상세하게 분석했다. 공황을 도식화된 법칙으로 정리하는 것이 불가능하다는 사실은 임금과 이윤의 관계에서도 확인된다. 임금과 이윤의 관계에 대해 가라타니는 『세계사의 구조』에서 두 가지 사항, 즉 긍정적 영향과 부정적 영향을 모두 언급한다. "예를 들어 중국이나 인도가 충분한 공업화를 달성하면 글로벌한 노동력 상품의 등귀 그리고 소비의 포화와 정체로 귀결된다."[12] 그러나 다른 곳에서 가라타니는 다음과 같이 말한다. "케인스주의나 포디즘이 그런 것이다. 즉 국가가 공공투자를 통해 수요를 창출하는 것, 또 기업이 임금을 올림으로써 생산과 고용의 창출이 시도된 것이다."[13] 임금 상승은 개별 자본에 대한 이윤 압박으로 나타날 수 있지만 동시에 소비 상승에 의해 이윤을 상승시킬 수 있다. 다시 되돌아가자면 가라타니는 산업자본주의의 본질은 상대적 잉여가치의 생산에 있다고 말하며 그것이 가치체계를 변화시킨다고 말한다. 그리고 그는 거기에는 두 가지 조건이 필요하다고 말한다. "첫째 그것은 끊임없는 기술혁신을 필요로 한다. 왜냐하면 산업자본의 상대적 잉여가치는 노동생산성을 향상시키는 것으로 얻어질 수 있기 때문이다. 둘째로 그것은 끊임없이 값싼 노동력=새로운 소비자를 필요로 한다. 그것은 농촌부-주변부에서 제공된다."[14] 이상의 두 가지 요소가 없으면 자본주의는 끝나버린다는 것이다. 그러나 엄밀히 말해 둘째 조건은 반드시 참은 아니다. 우리는 이미 자본축적이 산업 재편과 소비 패턴의 변화를 초래하기 때문에 노동자 구매력의 누진적 하락으로 이어지지는 않는다는 것을 보았다. 이에 따라 산업자본은 노동자=소비자의 부단한 외연적 확장이 반드시 필요하다는 주장 역시 의심스럽다.

　　마지막으로 가라타니는 무역의 문제를 다룬다. 그는 마르크스를 인용하며 산업자본은 해외시장 없이는 성립하지 않는다고 말한다. 산업자본은 노동력, 원료와 생산물을 사는 소비자를 일국 안에서만 발견하는 것은 아니기 때문이다. 예를 들어 영국에서 면공업을 중심으로 산

12　　가라타니 고진, 앞의 책, 297쪽.
13　　가라타니 고진, 앞의 책, 279쪽.
14　　가라타니 고진, 앞의 책, 296쪽.

274

업혁명이 일어난 것은 세계시장에서 국제적인 패권을 잡았기 때문이다. 이 가운데 국제분업을 옹호하는 비교생산비설[15]이 각광받게 되었는데 가라타니는 이것을 종속이론에 입각해 비판하고 있다. 비교생산비설과 신고전파의 국제분업설에 대해 처음으로 이의를 제기한 것은 이들이었다. 이들은 세계시장가격에서의 중심부와 식민지 사이의 교환은 식민지의 희생으로 중추에 이익을 부여하는 부등가교환을 초래한다고 말한다. 그리고 일단 부등가교환이 시작되면 그 결과는 누적된다는 것이다. 사미르 아민은 후진국이 후진국성에 머무는 원인을 '부등가교환'과 '종속'에서 찾았다. 이후 월러스틴은 프롤레타리아가 창출한 잉여가치를 중핵이 편취하는 교묘한 조작 메커니즘이 존재한다고 주장했다. 그런데 가라타니는 이런 부등가교환에 특별히 '교묘한 조작'이 존재한 것은 아니라고 말한다. 상인자본이든 산업자본이든 자본은 다른 가치체계 사이의 교환에서 잉여가치를 얻는데 개별 가치체계 속에서 그것은 특별히 사기나 도둑질이 아니다. 상인자본주의 단계에서 각지의 가치체계가 보이는 차이 또는 '불균등발전'이 원래 자연적 조건의 차이에 의한 것이라면, 산업자본에서는 공업적 생산물과의 교환에 의해 비산업자본주의 국가의 산업이 원료 생산 등으로 특화되어 더욱 불균등하게 되었다. 가라타니는 종속이론에 입각해 다음과 같이 말한다. "영국의 노동자계급이 마르크스가 말하는 '궁핍화 법칙'과 반대로 풍요로울 수 있었던 것은 자본이 해외무역에서 잉여가치를 얻고, 그것이 영국의 노동자에게도 어느 정도 재분배되었기 때문이다. 궁핍화는 국내에서보다 오히려 해외 사람들에게 생겼다." 여기서 가라타니는 자본주의를 일

15 국제분업의 이익을 설명해 왜 무역이 발생하는지 명확하게 하는 리카도의 이론. 각국은 자연적·역사적 생산조건에 따라 생산 능률을 달리하는데 각국이 생산 능률에 따라 특정 상품의 생산에 특화하는 것을 국제분업이라 하고, 이 국제분업의 이익에 기반을 두고 국제무역이 성립된다는 이론.

국 단위가 아니라 세계=경제에서 보지 않으면 안 된다고 말한다.

네이션

네이션이란 사회구성체 가운데 자본=국가의 지배하에 해체되어가던 공동체 또는 교환양식 A를 상상적으로 회복하는 형태로 등장한다. 네이션은 자본=국가에 대항하며 자본=국가의 결락을 보충하는 역할을 맡는다. 여기까지는 이미 가라타니가 반복해서 강조했던 사항이다. 『세계사의 구조』에서 가라타니는 더 나아가 네이션의 역사적 형성을 더 구체적으로 고찰한다. 네이션은 자본=국가의 성립 이후에 시민혁명이 절대왕권을 무너뜨리면서 등장한다. 절대왕권이 선행하지 않으면 주권자인 네이션(인민/국민)은 출현하지 않는다. 절대왕권 아래 다양한 신분이나 집단에 속해 있던 사람들이 왕의 신하로서 동일한 지위에 놓이기 때문이다. 다양한 신분/부족을 넘어서 하나의 네이션이 존재하기 위해서는 국가를 넘어서는 제국의 권위를 부정해야 한다.

어네스트 겔너Ernest Gellner에 따르면 내셔널리즘은 산업자본주의와 함께, 산업사회에서 노동력 상품이 형성됨에 따라 등장했다. 가라타니는 노동력 상품이 산업자본보다 '근대국가'에 의해 형성되었다고 말한다. 근대국가는 징병제와 의무교육 등을 통해 내셔널리즘과 함께 노동력 상품을 육성함으로써 산업자본주의를 이끈다. 하지만 네이션은 자본=국가의 수동적인 산물이 아니다. 네이션은 자본=국가에 대항하는 것으로 감정이라는 차원(우애)에 근거한다. 비슷한 맥락에서 베네딕트 앤더슨Benedict Anderson은 네이션을 상상의 공동체로 파악했지만 이는 네이션을 깨어나야 할 '환상'으로 파악하는 계몽주의적 관점과는 다르다. 앤더슨은 오히려 네이션이 계몽주의의 결과라고 주장한다. 계몽주의가 발전하면서 종교적 세계관이 쇠퇴함에 따라 네이션이 종교를 대신해 개개인에게 불사성, 영원성을 부여하는 역할을 맡았다는 것이다. 혹자는 민족적/언어적 공동성에 따라 네이션이 형성된다고 주장하지만 가라타니에 따르면 이것은 오히려 네이션의 형성을 방해한다. 네이션은 그런 차이들을 초월하는 공통의 '감정'에 기초하는데 가령 내셔널리즘은 과거 동류의 사람들fellow이 겪은 영광과 비애에 대한 공유된 기억과 부채감에 기초한다. 이것은 과거의 인간과 그들의 자손 사이의 '호수적 교환'으로 표상되는 것이다. 이 지점에서 가라타니는 계몽주의가 해체한 종교적 세계관이란 곧 농업공동체의 세계관이라고 말한다. 절대왕권은 국내를 통치하기 위해 외적 권위를 부정하는 계몽주의가 필요했고 그 과정에서 자본=국가를 강화했다. 이것에 의한 농업공동체의 해체는 선조와 자손, 산 자와 죽은 자의 호수적 교환을 상정하는 사고를 해체했다. 여기서 네이션은 해체되어버린 농촌공동체의 시간성을 '상상적'으로 회복하는 역할을 맡는다.

근대국가는 자본과 스테이트의 결합으로 나타났지만 무엇보다 네이션과 스테이트의 결합으로 나타났다. 그리고 서유럽에서 발생한 네이션=스테이트는 다른 지역의 네이션=스테이트로 이어졌다. 나폴레옹은 유럽을 지배하며 프랑스혁명의 이념을 전했으나 프랑스가 점령한 지역에서는 대항적인 네이션=스테이트가 확산되었던 것이다. 아렌트는 국민국가가 제국과 달리 다수의 민족이나 국가를 지배할 원리를 갖지 않기 때문에 결국 제국주의가 된다고 말한다. 서구 국가들이 오스만제국을 해체해 여러 민족을 독립시킨 뒤 경제적으로 지배하려 했으나 그들은 아랍 내셔널리즘의 반격과 마주했다. 서구 국가들이 '제국'이 아니라 '제국주의' 국가였기 때문이다.

그렇다면 왜 아시아적 전제국가에 의한 정복은 제국이, 국민국가에 의한 정복은 제국주의가 되는 것일까. 가라타니는 교환양식이라는 관점에서 이를 설명한다. 제국의 정복은 복종·공납과 안전의 교환으로 귀결된다. 즉 제국은 교환양식 B에 기초하는 사회구성체다. 제국은 공동체 간의 복종·공납의 질서가 유지되는 한 부족이나 국가의 내부에 간섭하지 않는다. 하지만 제국주의는 교환양식 C에 기초하는 지배로 교환양식 C를 관철하기 위해서는 공동체 내부에 있는 기존의 사회구성체를 근본적으로 변용시켜야 한다. 서유럽에서 자본주의가 농업공동체를 해체하고 이를 통해 네이션이 출현했듯이 식민지에서는 제국주의가 공동체를 해체했고 그것은 마찬가지로 식민국가에서 네이션에 대한 환기를 낳았다. 이렇듯 제국주의적 지배는 전 세계적으로 국민국가, 즉 네이션=스테이트를 창출한다.

마르크스주의자는 네이션은 상부구조이기 때문에 계급구조가 해소되면 사라진다고 생각했다. 하지만 그렇게 되지 않았으며 네이션은 국가와는 별개의 자립적 존재로서 기능했고, 계속 기능하고 있다. 따라서 내셔널리즘과 사회주의=어소시에이션 운동에는 헷갈리기 쉬운 유사성이 있다. 예를 들면 식민지가 된 나라에서는 사회주의가 내셔널리즘과 융합하게 된다. 문제는 오히려 발달한 산업자본주의 국가에서 내셔널리즘이 사회주의적인 모습으로 나타난다는 점인데 그것이 바로 파시즘이다. 파시즘은 내셔널한 사회주의이며 네이션을 통해 자본과 국가를 넘어서려는 시도다. 그것은 자본주의에도 마르크스주의에도 적대적이다. 물론 네이션을 통해 자본주의와 국가를 넘어서는 것은 불가능하다. 그것이 창출하는 것은 자본주의와 국가를 넘어서는 '상상의 공동체'에 지나지 않지만 그것이 모든 모순을 '지금 여기서' 넘어서는 꿈과 같은 세계의 비전을 주었기 때문에 많은 사람을 사로잡았다.

이것은 많은 아나키스트가 파시즘에 농락당한 이유를 명확하게 보여주기도 한다. 이탈리아 파시즘은 이런 의미에서 아나키즘이 퇴락한 형태라고 생각할 수 있다. 독일 나치의 경우도 비슷한데 그중에서 '돌격대'는 자본과 관료국가를 적대하는 아나키스트였다. 그들은 나치즘(내셔널 사회주의)을 자본과 국가를 네이션을 통해 넘어서는 것으로 간주했다. 그러나 나치는 '돌격대'를 숙청해버림으로써 내셔널 사회주의를 버렸다. 일본 파시즘의 경우 곤도 세이쿄權藤成卿는 반국가주의 · 반자본주의를 주창하고 농업공동체의 회복을 주장하며 그 상징으로 천황을 들고 나왔다. 당시 많은 아나키스트는 천황 아래서만 국가 없는 사회가 가능하다고 생각해 그를 지지했다. 파시즘과 아나키즘의 친화성은 내셔널리즘과 사회주의(어소시에이셔니즘)의 유사성에서 온다. 교환양식에서 보면 둘 다 자본주의 경제 가운데에서 생겨난 계급 분해와 소외라는 현실에 대해 교환양식 A를 회복하려는 것이다. 차이는 그 회복이 어떻게 이루어지느냐다. 내셔널리즘은 과거의 존재 방식을 과거지향적으로 회복하는 것이며 현상의 긍정에 지나지 않는다. 어소시에이셔니즘은 과거의 교환양식 A를 회복하지만 의식적으로는 미래지향적이다. 따라서 그것은 현상을 변혁하는 것이 된다.

어소시에이션

이미 설명했듯이 교환양식 D는 보편종교의 형태를 띠고 나타났다. 최초의 부르주아혁명이라고 할 수 있는 영국청교도혁명(1648)을 시작으로 한 여러 급진적 사회운동의 주요 주장은 종교적 색채를 띤 것이 많았고, 이런 경향은 아나키즘적이거나 때로는 명백히 공산주의적 이념의 발현으로 이어지기도 했다. 그러나 1848년 프랑스2월혁명 이후 종교적 사회주의는 사라지게 되는데 이것은 첫째로 국가 주도의 산업자본주의가 사회를 많은 부분 변화시켰기 때문이며, 둘째로 프루동이나 마르크스와 같은 인물이 등장했기 때문이다. 프루동은 사회주의의 근거를 종교나 윤리가 아닌 경제학에서 찾는 '과학적 사회주의'를 처음 주창했다. 그는 국가 주도의 재분배로 인한 평등이 아닌, 노동자 간의 호수적 교환관계가 가능한 시스템을 설립함으로써 자본주의를 지양하려 했다. 이는 다른 말로 교환양식 D를 보편종교에서가 아닌 경제학에서 발견하려는 시도였다.

프루동 이후로 사회주의는 크게 두 가지로 구분된다. 하나는 국가에 의한 사회주의(또는 복지국가주의), 다른 하나는 국가를 거부하는 사회주의(어소시에이셔니즘)다. 가라타니의 관점에 따르면 전자는 진정한 사회주의라 부를 수 없다. 국가에 의한 것이 아닌 '생산자들의 자유로운 연합'으로 실현된 사회주의야말로 진정한 의미의 사회주의다. 흔히 사회주의운동은 프랑스혁명의 평등 이념을 실천하기 위한 것이라 생각하지만 가라타니는 어소시에이셔니즘이 오히려 그것에 대한 거부에서 탄생했다고 본다. 프랑스혁명의 세 가지 이념인 자유, 평등, 우애를 가라타니의 교환양식 개념으로 바꾸어 말하면 각각 시장경제, 국가에 의한 재분배, 호수제라고 할 수 있다. 프랑스혁명은 봉건적 특권과 제한의 철폐, 즉 '자유'의 실현을 우선적인 목표로 삼았다. 그러나 문제는 그 이후인데 자코뱅파는 우애를 주창하면서 평등을 성급하게 실현하려고 했기 때문에 공포정치에 빠져 몰락했다. 이때 자유, 평등, 우애를 '상상적'으로 통합하는 형태로 실현한 것이 나폴레옹이다. 그는 전쟁을 통해 프랑스혁명의 우애를 영국 자본에 대항하는 내셔널리즘으로 변형함으로써 결과적으로 네이션=스테이트를 유지하고 확장했다.

프랑스혁명 이후의 사회주의는 국가를 지양하지 못한 채 이루어진 국가사회주의였다. 이에 근본적인 이의를 제기한 것이 프루동이다. 그는 자유, 평등, 우애에서 자유를 평등과 우애보다 우위에 두었다. 그가 평등을 자유보다 우위에 두는 것을 반대한 것은 그것이 결국 교환양식 C가 초래한 '자유'를 희생해 교환양식 B를 강화하는 형태로 귀결되기 때문이었다. 프루동이 말하는 아나키는 혼돈이나 무질서가 아닌, 국가에 귀속되지 않는 개인의 자기통치에 의한 질서를 의미한다. 나아가 프루동은 우애를 자유 위에 두는 것을 부정했다. 그는 우애의 이념이 실현되기 위해서는 그것이 공동체 내부에서가 아닌, 공동체를 넘어서는 세계시민적인 것이어야 한다고 했다. 그러나 프랑스혁명과 같은 역사적 실례에서 알 수 있듯 우애는 내셔널리즘으로 변용됨으로써 네이션을 지탱하고 확장하는 경향이 있다. 바로 이런 경향 때문에 프루동은 우애보다 자유를 우선시할 경우에만 비로소 공동체를 넘어선 우애가 성립한다고 보았다. 즉 "공동체와 한번 절연된 개인(칸트의 언어로는 세계시민)에 의해서만 진정한 우애나 자유로운 어소시에이션이 가능하다는 것이다."[16]

요컨대 프루동은 국가적 재분배를 통한 평등의 실현이 자유를 희생하지 않고는 일어날 수 없다는 것을 알고 있었기에 애초에 불평등을 낳지 않는 '교환적 정의'를 주장했다. 프루동은 자본주의 경제에서 생겨나는 불평등의 원인이 노동자 개개인이 모여 일할 때 생겨나는 '집합력'에 대한 보상을 자본가가 지급하지 않는 데 있다고 보았다. 그는 이런 착취가 영주-농노 간의 강제적 지배관계를 대신해 자본가-노동자 간의 불평등한 경제적 관계, 즉 화폐와 상품의 관계로부터 비롯되었다고 생각했다. 그가 자본주의의 지양을 위해서는 경제혁명이 우선되어야 한다고 주장했던 것은 그 때문이었다. 자본가의 권력이 근거하고 있는 '화폐의 권력'을 축출하기 위해 프루동이 구상한 것은 대안화폐와 신용은행이었다. 이 대안화폐에는 화폐와 같은 특권적 힘이 없기 때문에 이에 근거한 교환은 상호적인 것이 된다.

마르크스가 사회주의의 이념을 습득한 것은 호수적 교환관계를 기반으로 한 프루동과 포이어바흐의 사상에서였다. 그렇기 때문에 마르크스가 국가주의적이었던 적은 한 번도 없었다고 가라타니는 말한다. 마르크스의 공산주의는 "자유로운 어소시에이션"의 실현이다("각자의 자유로운 발전이 모두의 자유로운 발전의 조건이 되는 연합체", 『공산당 선언』 44항). 마르크스와 프루동은 정치혁명과 경제혁명에 관한 의견 차이로 노선을 달리했지만, 그 의견 차이라는 것이 정치혁명과 경제혁명 중 어느 쪽을 선택하느냐는 문제는 아니었다. 마르크스가 정

16 가라타니 고진, 앞의 책, 340쪽.

치혁명의 필요를 언급한 것은 그가 국가주의자였기 때문이 아니라 자본주의 경제를 보호하는 체제로서의 법과 국가 정책을 정지시켜야 할 필요가 있다고 보았기 때문이다. 프루동 역시 정치혁명의 필요성을 인식하고 있었다. 마르크스는 이후 소수의 비밀결사에 의한 프롤레타리아 독재를 주창한 루이 블랑키에 찬동했는데, 블랑키는 경제적 불평등을 해소하면 국가가 소멸한다고 본 점에서 프루동과 의견을 같이했다. 블랑키가 이야기하는 전위(당)는 권력을 잡기 위해 존재하는 것이 아니라 혁명의 주인공이 되어야 하는 대중의 방향을 선도하기 위해서만 필요한 것이었기에 그의 사상은 기본적으로 아나키즘과 공명하는 면이 있었다.

   흔히 자본주의 경제에 대항하는 방식으로서 프루동이 유통과정에서의 저항을 강조했으며 그에 반해 마르크스는 생산과정에서의 투쟁을 주창했다고 여겨진다. 그러나 가라타니에 의하면 이는 피상적인 통념일 뿐이다. 프루동이 유통과정에서의 혁명을 강조했던 이유는 산업프롤레타리아가 거의 존재하지 않았던 당시 프랑스의 상황 때문이었다. 당시 프랑스에서 프롤레타리아라고 불린 이들은 몰락한 직인이나 소생산자로 고전적 의미에서 정치혁명의 주역이었다. 프루동이 강조한 유통과정에서의 경제혁명이란 당시의 프롤레타리아들에 의한 협동조합적 '생산 시스템'과 그를 위한 '금융 시스템'의 조직을 의미하는 것이었다. 즉 생산과정(협동조합적 생산)을 위해 유통과정(금융 시스템)을 중시한 것이었다. 반면 산업자본이 발달하고 오늘날과 같은 의미의 산업프롤레타리아가 존재했던 영국에서는 투쟁 방식이 생산과정에서 조직되었다. 이론적으로도 영국의 투쟁 방식은 생산과정에 중점을 둔 리카도의 고전경제학에 뿌리를 두고 있었다. "소유는 도둑질이다"라는 프루동의 주장은 이미 영국에서는 리카도파 사회주의자가 주창했고 그에 의거한 실천 또한 이루어지고 있었다. 이런 생각을 기반으로 미지급 노동분, 노동시간의 단축, 노동조건의 개선 등을 요구하는,

노동조합을 중심으로 한 생산과정에서의 투쟁이 시작되었다.

처음에 자본은 투쟁을 탄압했으나 이후 그 요구들을 승인함으로써 산업자본주의 나름의 이윤 축적 방식을 확립하기에 이른다. 마르크스에 의하면 모든 자본가는 노동자의 임금을 줄이고 싶어 하지만 동시에 다른 자본가의 노동자가 자기 상품의 가능한 한 큰 소비자이기를 원한다. 때문에 노동자의 임금을 올리고 복지를 향상시키는 것은 개별 자본에 대한 타격으로 보일지 모르나 총자본의 범위에서 생각하면 총 노동자의 소비를 증가시킨다는 점에서 분명한 이득이 된다. 이 결과 많은 노동자가 빈곤상태에서 벗어나 중산계급적 소비자로서 나타났으며 자본에 대한 투쟁은 비정치적인 것이 되었다. 이런 현실은 산업자본주의가 진전된 모든 곳에서 나타나는 현상이다. 일부의 비난과는 달리 마르크스는 이런 현실을 잘 알고 있었으며『자본론』의 배후에는 현실에 대한 확실한 인식이 있었다. 이 사유의 전환은 산업자본을 상업자본의 형태(G-W-G)로 생각함으로써 이루어진다. 산업자본은 노동력 상품을 가지고 있다는 것을 특징으로 하는데, 이는 곧 노동자에게서 노동력 상품을 사서 그들을 노동하게 한 다음, 그로부터 생산된 생산물을 바로 그 노동자들에게 사게 해 노동력 상품의 가격과 생산물 가격의 차액에서 이윤을 남기는 것을 의미한다. 이 시스템에 필수적인 것은 소비자로서 노동자의 존재다.

가라타니는 바로 이 노동자=소비자의 등식에서 반자본주의적 저항의 포인트를 찾는다. 그는 마르크스가 노동조합을 통한 투쟁, 즉 자본제 경제 내부에서 자본과 투쟁하는 방식보다는 자본제의 바깥에서 이루어지는 협동조합을 통한 투쟁에 더욱 관심을 보였다는 점을 지적한다. 협동조합은 노동자가 스스로 노동을 연합해 상품을 생산해내는 시스템으로, 여기에는 노동력 상품이 존재하지 않으며 따라서 화폐-상품 관계에 의한 지배-피지배 관계도 없다. 노동조합이 이미 자본주의적 축적과정의 일환으로서 작동할 수밖에 없는 한계를 지닌 반면, 협동

조합에는 노동력 상품과 자본제 자체의 지양이라는 목표가 명확히 존
재했다. 협동조합의 내부에서 노동자들의 관계는 호수적이며 이는 곧
교환양식 D의 현실화다. 그러나 이 협동조합을 토대로 자본제에 저항
하는 것은 그 나름의 한계가 있다. 소규모로 이루어지는 협동조합의
생산력은 거대 자본의 지원을 받는 주식회사의 그것과는 경쟁이 불가
능하다. 또한 애초에 협동조합은 자본제 주식회사와 같이 이윤을 얻기
위한 경쟁을 지향하지 않는다. 때문에 협동조합은 소비협동조합이나
소생산자들에 의한 형태로 한정되었다.

그러나 이 점을 지적한 마르크스의 비판이 이후 마르크스주의자
들이 유통과정을 전면적으로 경시하는 풍토로 이어진 것은 가라타니
에게 아쉬운 지점이다. 마르크스는 협동조합을 "위대한 사회적 실험"
이라 표현했고 "아무리 높이 평가해도 지나치지 않다"[17]고 말했다. 마
르크스에게 사회주의는 협동적 어소시에이션의 형태로 실행되는 것이
었다. 앞에서 이미 언급한 바와 같이 프루동의 파리 코뮌 봉기에 의한
국가권력의 탈취는 마르크스에게 국가를 지양하는 일시적 과정으로
서, 그리고 (국가권력을 대신해) 어소시에이션의 비경쟁성과 생산력 부
족을 뒷받침해준다는 점에서 용인되었다. 그러나 그는 국가에 의해 생
산자 협동조합을 육성한다는 라살레의 국가사회주의에는 명백히 반대
입장을 취했다. 마르크스는 협동조합이 "정부나 부르주아의 보호 없이
노동자가 자주적으로 만들어낸 것일 때만 비로소 가치를 갖는 것"[18]이
라고 말한다.

앞서 보았듯이 마르크스는 협동조합 생산에서 사회주의, 즉 연합
적associated 생산을 실현하는 열쇠를 발견했지만 동시에 그 한계도 깨닫

---

17   가라타니 고진, 앞의 책, 352쪽에서 재인용.

18   가라타니 고진, 앞의 책, 353쪽에서 재인용.

고 있었다. 협동조합은 규모의 경제를 실현하기 어렵기 때문인데 가라타니는 마르크스가 그 한계를 넘어서는 단서를 주식회사에서 발견했다고 말한다. 주식회사에서는 '자본과 경영'의 분리가 생겨난다. 주주에게는 출자분에 대한 배당권과 경영 의결권이 있다. 하지만 생산수단 등에 대한 소유권은 없고 그것은 오히려 법인의 소유가 된다. 그렇기 때문에 주주는 기업의 손실에 대해 무한 책임을 지지 않는다. 즉 회사가 도산해도 주주는 자신의 투자분을 잃을 뿐이며 다시 언제든지 주식을 팔아 화폐자본으로 바꿀 수 있다. 이 때문에 주식회사는 자본을 대규모로 집적시킬 수 있으며 이것은 노동의 대규모 사회적 '결합'을 가져온다. 협동조합에서는 이와 같은 대규모의 사회적 생산을 실현하기 어렵다. 그래서 마르크스는 주식회사가 달성한 것을 협동조합화, 즉 연합적 생산양식으로 전환하면 된다고 생각했다. 그는 주식회사가 공산주의로 옮겨 가기 위한 '가장 완성된 형태'라고 말한다.

주식회사에서 기존 의미의 자본가가 사라진 것은 맞지만 그것은 자본의 '소극적인' 지양에 지나지 않는다. 이윤율의 확보라는 지상 명령이 여전히 남아 있기 때문이다. 그럼에도 이 소극적 자본의 지양에 의해 이제까지의 자본가와 임금노동자 관계와는 다른 관계가 생겨났다는 것은 확실하다. 자본가와 임금노동자의 관계는 경영자와 노동자의 관계라는 형태를 취하게 되었다. 경영자는 주주와 별개이며 현실 자본의 소유자가 아니다. 현실 자본을 소유하는 것은 기업(법인)이다. 경영자는 노동자를 조직하고 지휘하는 '감독노동'(마르크스)에 대해 임금을 받는다. 마르크스는 여기에서 경영자와 노동자가 주주(자본)의 지배에서 자립해 어소시에이션을 형성할 수 있는 조건을 발견했다. 주식회사를 협동조합화하는 것은 적어도 기술적인 차원에서는 간단하다. 주주의 다수결 지배하에 존재하는 주식회사를 주주를 포함한 전 종업원이 '1인 1표'로 의결하는 시스템으로 바꾸면 되는 것이다. 하지만 이를 실천에 옮기기는 어렵다. 협동조합적 기업은 자본제 기업 사이에서 경쟁을 견딜 수가 없기 때문이다. 협동조합은 그 원리를 유지하려고 하면 멸망하고 존속하려고 하면 자본주의적인 방식을 도입하게 된다. 그때 지양되어 있던 '자본'이 재부상한다. 따라서 주식회사가 협동조합으로 전환하려면 국가적 법제도를 바꿈으로써만 가능하다. 그러나 그것은 산업의 국유화와는 다르다. 마르크스는 국가를 통해 협동조합을 육성하는 것이 아니라 자본주의적 주식회사를 협동조합적으로 재편성하는 것이 필요하다고 보았다. 즉 마르크스는 오로지 협동조합화를 통해 자본-임금노동이라는 계급관계를 폐기하기 위해서만 국가권력 장악의 필요성을 강조한 것이다.

마르크스가 주장한 것은 주식회사의 국유화가 아니라 주식회사의 법인 소유를 생산자의 공동 점유로 바꾸는 것이다. 마르크스가 생각하기에 주식회사야말로 '가장 완성된 형태'이고 그것을 협동조합(공동 점유)의 형태로 만드는 것이 사회주의였다. 그러므로 그것을 국영화하면 사회주의에서 점점 더 멀어질 뿐이다. 물론 국유화(국영화)를 통해 자본주의 경제를 부정하는 것은 가능하다. 하지만 그것은 노동력 상품(임금노동)을 폐기하는 것이 될 수 없다. 국유화와 국가 통제를 통하면 국가 관료는 절대적인 힘을 가지게 되는 것이다.

어소시에이션에 대한 가라타니의 서술에서 특기할 만한 것은 첫째로 대안화폐에 대한 구상이 사라졌다는 점이고, 둘째는 이전에는 없던 '주식회사'에서 '협동조합'으로의 전환이라는 경로가 강조된다는 점이다. 이것은 전작 『트랜스크리틱』에 비해 가라타니가 '현실론'으로 더 옮아갔다는 것을 보여준다. 여기서도 가라타니는 개별 협동조합으로는 '자본'과 경쟁할 수 없고 따라서 그것만으로 자본주의를 지양할 수 없다는 것을 분명히 한다. 어소시에이션은 개별 협동조합만으로 실현할 수 없다. 그것은 오히려 다수의 협동조합이 참여하는 '연합된 생산'에 의해 실현된다. 『트랜스크리틱』에서는 개별 협동조합만으로는 만들기 곤란한 '연합된 생산'을 실현하기 위한 방안으로 '대안화폐'를 가져온다. 하지만 여기서 가라타니는 이미 대규모의 사회적 생산을 실현한 주식회사들을 협동조합으로 전환하는 경로를 주목한다.

하지만 여기서도 '어떻게' 연합적 생산양식을 실현할 것이냐 하는 의문이 떠오른다. '연합적 생산양식'은 단순히 다수 협동조합의 산술적인 합산으로 만들 수 없다. 개별 협동조합과 생산자들의 의사 결정을 조정할coordinate 수 있는 장치가 있어야 한다. 가령 사회적 생산을 유지하기 위해 필수적인 통신, 전력, 수송 분야는 개별 생산자가 관리할 수 없다. 개별 주식회사=협동조합만으로 달성할 수 없는 규모의 경제를 실현해야 할 이런 분야는 공공 소유와 관리 영역을 필수적으로 요청한다. 또한 모든 사회구성원에게 필요한 복지 서비스 역시 마찬가지다. 따라서 '협동조합화는 국유화와 다르다'는 원리적인 사항을 넘어서 일정한 국유화가 협동조합들의 연합적 생산양식(=사회주의)의 전제조건이라는 점 역시 지적해야 한다. 이는 어소시에이션이 실현된 사회구성체가 예전보다 (이를테면 농업과 에너지 분야에서) 더 자급자족적인 지역경제를 실현한다 해도 마찬가지다. 가령 오늘날의 자본주의 사회에서도 지역적인 풍력 발전을 상용화하기 위해서는 막대한 공공 투자와 기술력이 필요하다. 녹색주의자와 지역주의자는 이 점을 너무나도 쉽게 망각한다. 여기서도 가라타니는 '자본과 국가가 만들어놓은 사회경제적 기반을 어떻게 생산자들이 재전유하느냐'는 질문에 대해 '기존의 주식회사를 협동조합으로 전환하자'는 지점을 넘어서 구체적으로 사고하지 않는다. 그런데 바로 그 지점을 넘어서는 데서 사회주의적 이행에 관한 정치적 사고가 발생한다. 가라타니에게 그런 사고가 결여되어 있다는 점이 바로 이후에 볼 국가론 혹은 정치론의 공백으로 이어지며 정치론의 공백은 온갖 후퇴의 빌미를 준다.

이렇듯 사회주의의 이행 이후에도 여전히 공공 영역을 둘러싼 정치적 결정(권위)의 문제가 발생한다. 개별 협동조합, 지역경제에 매몰되어 그 외부에서 결정해야 할 '권위'를 막연하게 부정하기만 해서는 미래 대안에 관해 아무것도 실현할 수 없다. 이런 점에서 어느 정도 현실론으로 돌아선 『세계사의 구조』 이후에도 정치론에 대한 논의로 발전할 수 있는 '제비뽑기=프롤레타리아 독재'에 관한 논의가 진전되지 못한 채 빠져 있는 것도 아쉬운 지점이다.

세계공화국으로

어소시에이션에 대한 서술 이후에 가라타니는 『세계사의 구조』에서 '세계공화국'에 대한 서술을 '세계동시혁명'이라는 마르크스의 전망과 연관지으며 진행한다. 마르크스는 혁명이 '주요 민족들이 일거에 그리고 동시에 수행함으로써만 가능'하다고 생각했다. 이 경우 주의할 것은 마르크스가 말하는 '주요 민족들'이 자본주의 선진국을 의미한다는 것이다. 마르크스가 생각하기에는 선진국 간의 '세계동시혁명'이 후진국에서 혁명의 전제조건이다. 마르크스가 '주요 민족들'에 한정한다지만 사회주의혁명이 '일거에 그리고 동시적인' 세계혁명 이외에는 있을 수 없다고 생각한 것은 사회주의혁명, 즉 자본과 국가를 지양하려는 시도에 따라다니는 곤란을 알고 있었다는 것을 보여준다. 일국만의 사회주의혁명은 있을 수 없으며 국가를 그 내부만으로 지양하는 것은 불가능하다. 국가는 세계시스템 속에 존재하며 다른 국가와 관계 속에서 존재하기 때문이다. 이런 점에서 1848년 혁명은 그야말로 세계동시혁명이었다. 그러나 마르크스는 이 시점에서 세계동시혁명은 없다고 판단했다. 그것은 우연이 아니었다. 세계동시혁명을 가능하게 하는 '세계' 그 자체가 근본적으로 변용하고 있었기 때문이었다. 하지만 그렇다고 해서 더 이상 '세계동시혁명'이 존재하지 않는다는 말은 아니다. 가능하다. 그것에 대해 말하기에 앞서 가라타니는 1848년 이후 '세계동시혁명'이라는 비전이 어떻게 변용되었는지 살펴본다.

1848년 혁명은 확실히 '세계 동시적'이었다. 하지만 사회주의혁명으로서 그것은 허망하게 패배했다. 게다가 반혁명anti-revolution이라기보다는 국민국가에 의한 대항혁명counter-revolution에 패했다. 그 결과 출현한 것이 사회주의운동 또는 프롤레타리아 계급을 강하게 의식한 정치체제였다. 그런 의미에서 1848년 이후의 세계는 오히려 사회주의가 국가권력에 직접적 또는 간접적으로 참여함으로써 형성되었다고 해도 좋다. 다른 관점에서 말하면 그것은 자본=네이션=스테이트가 형성되었다는 것이다. 즉 자본주의적 시장경제이면서 자본의 전횡을 규제하고 계급대립을 부의 재분배나 복지에 의해 해소하는 시스템이 맹아적으로 형성된 것이다. 이 시점에서 1848년에 생각한 혁명은 시대에 뒤처진 것이 되었다. 엥겔스는 1880년에 이르러 1848년 혁명은 이미 시대에 뒤처졌다고 생각하고 영국과 같은 상태야말로 진정한 사회주의혁명을 가능하게 한다고 생각했다. 그리고 1890년에 들어서 독일에서 사회민주당이 의회에서 약진했을 때 엥겔스는 이제는 독일도 그와 같은 나라라고 생각하기에 이르렀다. 하지만 엥겔스는 영국에서 그런 변혁이 가능해보이는 것은 자본=네이션=스테이트라는 시스템이 성립했기 때문이고 이 시스템은 그 자신이 가능하게 한 변혁에 의해서는 넘어설 수 없다는 점을 보지 않았다. 만년 엥겔스의 사고는 사회민주주의에 가까운 것이었으며 그의 사후 엥겔스의 유산 상속인이었던 에두아르트 베른슈타인은 복지국가주의를 주창했고 카를 카우츠키는 그것을 '수정주의'라 비판하며 대립했다.

　이로부터 두 가지를 말할 수 있다. 첫째로 사회민주주의로 변화하는 것으로는 자본=네이션=스테이트라는 시스템을 넘어설 수 없다는 것, 둘째로 개별 자본=네이션=스테이트는 세계시스템 안에서 경쟁하면서 존재하기 때문에 각자의 존립이 위태롭게 되면 사회민주주의는 방기되어버린다는 것이다. 독일이 1차 대전에 돌입했을 때 베른슈타인과 카우츠키는 그것을 지지했으며 그 때문에 제2인터내셔널은 해산되었고 자본주의 선진국의 국제사회주의운동은 끝나고 말았다. 선진자본주의 국가에서 기존의 것과 같은 혁명운동이 성립하지 않은 것은 명확했다. 하지만 이 문제에 직면한 마르크스주의자는 고전적 혁명운동이나 계급투쟁이 아직 존재하는 주변부에서의 혁명으로 향했다. 그와 같은 전화를 가져온 것은 제1차 러시아혁명(1905년)이었는데 이 경험에 입각해 레온 트로츠키나 로자 룩셈부르크는 각기 자본주의가 가장 발전한 단계에서만 사회주의혁명이 가능하다는 마르크스주의의 통념을 수정하는 주장을 내세웠다. 룩셈부르크는 주변부혁명론을 주장했고 트로츠키는 초기 마르크스의 사고에서 끌어낸 '영구혁명'이라는 이론을 내세웠다.[19]

러시아혁명은 1917년 2월 1차 대전에서 러시아의 패색이 짙어질 때에 일어났다. 그 결과 제정이 무너지고 의회가 성립함과 동시에 노동자·농민의 평의회(소비에트)가 자연발생적으로 성립했다. 이후 10월 트로츠키와 레닌이 봉기를 일으켜서 의회를 폐쇄하고 소비에트에서 다른 당파를 추방했다. 이로써 볼셰비키에 의한 독재가 시작되었는데 그들은 유럽의 '세계혁명'이 러시아의 뒤를 이어 일어날 것을 기대했지만 당연히 그런 일은 일어나지 않았다. 그러기는커녕 곧바로 해외의 간섭과 침략이 시작되었고 타국의 간섭에 맞서 혁명을 방어하기 위한 강력한 국가기구를 재건하게 되었다. 그리하여 당=국가관료의 전제적 지배체제가 형성되었다. 이 무장봉기를 정당화하는 이론이 역사적 단계를 '뛰어넘어' 일거에 사회주의로 향한다고 하는 '영구혁명' 이론이었다. 마르크스가 '영구혁명'을 부정하고 또 역사적 단계의 '뛰어넘음'을 부정한 것에 대한 도전은 실패로 끝났다. '뛰어넘음'은 결국 불가능했던 것이다.

---

19   마르크스는 1848년 시점에서 블랑키의 소수 전위에 의한 봉기와 프롤레타리아 독재라는 생각에 찬동해 '영구혁명' 이론을 주장했지만 2년 후 그것을 부정했다.

이런 연유로 1990년 이래 선진국의 좌익은 옛날과 같은 혁명을 완전히 방기했다. 시장경제를 인정하고 그것이 초래하는 모순을 민주적 절차에 의한 공공적 합의와 재분배로써 해결하자는 생각, 즉 복지국가주의 또는 사회민주주의로 귀착되었다. 하지만 이것은 자본=네이션=스테이트의 틀을 긍정하고 그 바깥으로 나가는 사고를 방기하는 것이다. 복지국가주의는 선진자본주의 국가에서 소련형 사회주의에 대항하기 위해서 '소극적으로' 채용되었다. 그 가운데 적극적으로 그것에 근거를 부여하려고 한 이론가로는 존 롤스John Rawls가 있다. 그는 부의 재분배를 선험적으로 도덕적 '정의'라는 관점에서 정초하려 했다. 롤스는 이처럼 '정의'에서 시작하는 방법을 칸트적이라고 생각했다. 그러나 실제로는 전혀 다르다. 일례로 칸트는 영국의 경험론적 도덕이론을 비판했다. 그것은 '공리주의'와 애덤 스미스의 '도덕감정' 두 가지로 대표되는데, 칸트는 이 두 가지를 비판하는 한편 도덕성을 '자유'에서 발견한다. 자유란 자기원인적(자발적·자율적)인 것이다. 감성적인 것들은 자연 원인에 의해 규정되기 때문에 그것에 근거하는 것으로는 '자유'가 존재할 수 없다. 더욱 중요한 것은 이 자유가 "타인을 수단으로만이 아니라 목적(자유로운 존재)으로서 다뤄야 한다"는 선험적인 도덕법칙(지상 명령)으로서 발견된다는 것이다. 이것은 '자유의 상호성'을 전제한다. 이런 상호성은 현실적으로 타자와 맺는 경제적 관계라는 문제와 분리될 수 없는 것이었다. 한편 영미에서는 칸트가 비판한 공리주의가 우세해 선은 경제적 효용=이익과 거의 같은 것이 되었는데, 롤스는 공리주의에 기초해 '선'을 생각하고 분배에 의한 '평등'을 생각하며 자본과 임금노동의 관계를 불문에 부쳤다. 즉 '자유의 상호성'을 사고하지 않은 것이다.

칸트가 말하는 도덕성이 자본주의 비판과 밀접히 이어지는 것은 마르크스에게 사회주의가 무엇보다도 도덕적 문제라는 사실과 함께 일반적으로 무시되었다. 마르크스는 자유의 상호성이 실현될 때까지는 종교가 사라지지 않는다고 보았으며 따라서 종교 비판은 현실 사회를 비판하라는 '지상 명령'으로 대체되어야 한다고 생각했다. 마르크스는 이 생각을 평생 버리지 않았는데 이때의 '지상 명령'은 말할 것도 없이 명백하게 칸트적인 것이다. 칸트의 '내적 의무'란 억압된 교환양식 A가 의식에서 강박적으로 회귀하는 데서 생기는 것이다. 정치적 차원에서 이것은 '세계공화국'이라는 이념의 반복강박적인 회귀로 나타난다. 따라서 도덕법칙은 단순히 개인적 차원에 한정되지 않는다. 칸트가 말하는 세계공화국이란 애초에 부의 격차가 존재하지 않는 호수적 교환에 의한 '정의'를 실현하는 것이다. 또한 그가 말하는 세계공화국은 국가의 지양을 포함한다. 사람들 간의 자연상태가 곧 전쟁상태이기 때문에 평화상태는 인위적으로 창설되어야 한다는 홉스의 사회계약론을 칸트는 국가 간의 관계로 확장한다. 이 확장된 평화상태가 곧 세계공화국이다. 세계공화국의 '영구평화' 상태는 정치적 차원의 불평등만이 아니라 개별 국가 간의 경제적 불평등 역시 지양할 때만 가능하다. 따라서 세계공화국은 국가와 자본이 동시에 지양된 사회를 의미한다. 이 세계공화국의 개념은 칸트에게 실제의 목표라기보다는 점진적으로만 다가갈 수 있는 일종의 가상적 입지점이다. 칸트의 용어로 이는 규제적 이념이다. "국가와 자본이 지양될 때까지 혁명이 계속된다고 마르크스가 말하는 것도 그런 의미"[20]다. 가상적 지표를 설정하는 동시에 칸트는 실현 가능한 안으로서 국가연방, 즉 다수 국가의 어소시에이션 형성을 생각했다.

국가연방이라는 구상은 헤겔을 비롯한 후대의 현실론자들에게 조소를 받았다. 헤겔이 생각하기에 국제법이 가능하기 위해서는 규약을 위반한 나라를 처벌할 실력을 가진 패권국가가 있어야 한다. 하지

---

20   가라타니 고진, 앞의 책, 231쪽.

만 칸트는 헤겔이 말한 것처럼 이상론을 나이브한 관점에서 주장한 것이 아니다. 칸트는 국가연방을 구상하면서 그것이 인간의 관념과 도덕성으로 실현된다고 생각하지 않았다. 그것을 초래하는 것은 인간의 '반사회적 사회성', 바꿔 말해 전쟁이라고 그는 생각했다. 실제 칸트가 말하는 것은 '자연의 간지'를 통해 실현되었다. 1차 대전과 함께 칸트의 국가연방론이 부활했고 그것이 국제연맹으로 실현되었다. 국제연맹은 그것을 제안한 미국이 승인하지 않았기 때문에 무력했고 2차 대전을 막을 수 없었다. 하지만 2차 대전 이후 이전의 좌절에 대한 반성 위에서 국제연합UN이 결성되었다. 물론 국제연합도 무력하지만 그렇다고 그것을 무시해서 세계전쟁으로 귀결되면 그것은 새로운 국제연합을 형성할 것이다. 칸트의 관점에는 헤겔의 현실론보다 더 잔혹한 리얼리즘이 숨어 있다. 국가의 전쟁을 억누르는 것은 패권국가가 아니라 전쟁을 통해 형성된 국가연방이다. 이 점에서도 후기 프로이트의 관점은 시사적이다. 전기 프로이트는 초자아가 부모의 금지를 내면화한 것이라고 설명했지만 1차 대전 전쟁신경증자들과 조우하고 그것을 수정했다. 바깥으로 향했던 공격성이 내부로 되돌려진 것으로 초자아를 파악한 것이다. 칸트가 말하는 인간의 '반사회적 사회성'은 프로이트의 공격성이라해도 좋다. 그렇게 본다면 네이션=스테이트의 공격성의 발로가 그것을 억제하는 힘(국가연방)으로 바뀌는 것을 이해할 수 있다. 여기까지의 논의는 새롭지 않다.

한편 여기서부터 가라타니는 마르크스의 논의를 추가한다. 마르크스의 세계동시혁명론은 세계공화국 이념의 연장선상에 있다. 그가 주창한 국제노동자협회와 같은 트랜스내셔널한 조직은 '세계를 민주적으로 구성하는 새로운 틀'로 사고되고 있었다. 이런 점에서 가라타니는 1990년 이후에 칸트-헤겔-마르크스의 사고가 각각 국제협조주의(걸프전쟁)-미국 단독행동주의(이라크전쟁)-반세계화운동이라는 국면으로 '반복'되고 있다고 지적한다. 그러나 반세계화운동이 재환기한

'세계동시혁명'으로서의 '다중의 반란'(네그리/하트)이라는 전망은 여전히 왜 세계동시혁명이라는 전망이 실패했는지에 대한 반성을 담고 있지 않다.

여기서도 그는 교환양식론에 입각해 국가연방이 무언가를 상호 증여하는 것에 의해 실현된다고 말하며 그 힌트를 국가 이전 부족연합체에서 찾는다. 원시사회의 부족연합체는 이미 보았듯이 '국가에 대항하는 사회'로 성립했다. 그리고 그것을 가능하게 한 것은 군사력이나 강제력이 아니라 '증여의 힘'이었다. 그것이 부족 간의 상호적이고 평등한 독립성을 보증했다. 말하자면 '국가연방'은 '미니세계시스템'의 호수적 교환양식을 고차원적으로 회복하는 것이다. 국가연방을 형성하는 원리 역시 증여의 호수성이다. 국가 간의 원조뿐 아니라 일례로 무장의 자발적인 해제도 증여라고 할 수 있다. 그것은 국가와 자본의 기반을 방기하는 것이다. 하지만 그것에 의해 무질서가 생겨나지는 않는다. 증여는 군사력이나 경제력보다 강한 '힘'으로 작용하기 때문이다. 여기서부터 가라타니는 '군사적 주권의 증여'에 의한 '세계동시혁명'이라는 대안적인 경로가 가능하다는 획기적인 아이디어를 제시한다.

> 세계동시혁명은 통상 각국의 대항운동을 일제히 일으키는 봉기라는 이미지로 이야기된다. 하지만 그것은 있을 수 없으며 있을 필요도 없다. 예를 들어 일국에서 국제연합에 군사적 주권을 '증여'하는 혁명이 일어난다고 하자. 이것은 '일국혁명'이다. 하지만 그것은 간섭을 받거나 고립되거나 하지는 않는다. 어떤 무력도 '증여의 힘'에 대항할 수 없다. 그것은 많은 국가의 지원을 얻어 국제연합의 체제를 근본적으로 바꾸는 것이 될 것이다. 그러므로 이 경우는 '일국혁명'이 '세계동시혁명'을 만들어낸다.[21]

가라타니는 이와 같은 혁명이 비현실적으로 보인다는 것을 인정하지

만 그와 같은 혁명이 각국에 존재하지 않는다면 세계전쟁이 일어날 것
이라고 예측한다. 그것은 재차 고도의 국가연방을 실현할 뿐이지만 그
는 그것이 각국에 국가와 자본에 대한 대항운동이 존재할 때뿐이라고
덧붙인다. 가라타니는 여기서 '국제연합'에 대한 현실론을 진행한다.
국제연합을 새로운 세계시스템=국가연방으로 만들기 위해서는 각국의
국가와 자본에 대한 대항운동이 불가피하지만, 동시에 국제연합의 개
혁이야말로 각국의 대항운동이 연합할 수 있는 조건을 만든다. 각국의
대항운동은 국가와 자본에 의해 분리되고 고립될 위험이 있기 때문이
다. 이에 대해 가라타니는 현실의 국제연합 조직이 어떻게 구성되었는
지를 살펴본다. "국제연합에 대한 비판의 대부분은 안전보장이사회와
국제통화기금IMF과 관련이 있다. 하지만 현실의 국제연합은 그것에 한
정된 것이 아니다. 그것은 사실상 '국제연합시스템'이라고 불리는 복잡
하고 거대한 연합체다. 이것은 대략 세 가지 영역으로 이뤄져 있다. 제
1은 군사, 제2는 경제, 제3은 의료·문화·환경 등의 영역이다. 제3영역
은 제1, 2영역과 달리 역사적으로 국제연맹, 국제연합에 선행하는 경우
가 적지 않다."[22] 가라타니는 19세기부터 있던 국제기관이 국제연합에
참여해서 세계보건기구WHO가 된 케이스를 든다. 또 제3영역에서는 국
가 조직과 비국가 조직의 구별이 없다. 세계환경회의에 국가들과 나란
히 NGO가 대표로 참여하는 것처럼 그것은 네이션을 넘어서 있다.

　　국제연합에 대한 가라타니의 이와 같은 서술은 이전에는 보이지
않았던 것이다. ① '국제연합'이 실제로는 국제연합 이전부터 있던 트
랜스내셔널한 연합체에 기초해서 성장해왔다는 사항, ② 이에 입각해
국제연합을 개혁하는 것이 중요하다는 주장, ③ 무엇보다 국가의 군사

21　가라타니 고진, 앞의 책, 433쪽.
22　가라타니 고진, 앞의 책, 432쪽.

주권을 국제연합에 '증여'하는 것이 '가능한 세계동시혁명'이라는 그의 주장은 획기적이며 앞으로 많은 고찰과 실천적인 실험을 예비해두고 있다. 저 세 가지 논점을 종합해 논의한다면 별개의 책 한 권이 나온다고 해도 좋을 정도로 가라타니의 구상은 신선하다. 무엇보다 그의 주장은 한반도 내외의 군비 경쟁이 격화되고 있는 오늘날의 분단체제에도 많은 것을 시사한다. 한국 내에서도 좌파들은 NL과 PD에 따라 대립하고 있지만 어느 쪽도 분단체제 이후의 평화체제를 구체적으로 구상하지 않는다. 혹자들에게는 무력이 아닌 '증여의 힘'이 평화체제를 설립하는 원동력이라는 가라타니의 주장이 매력적으로 느껴질 것이다. 아마도 오늘날에는 저 ③의 주장을 승인하느냐 물리치느냐에 따라 '가라타니주의자'가 되느냐 아니냐가 갈린다고 해도 무방할 것이다.

5 『세계사의 구조』 이후

우리는 지금까지 가라타니의 사상을 죽 따라왔다. 가라타니의 글은 전혀 난해하지 않다. 그러나 그렇다고 해서 그의 사상과 문제 설정이 단번에 이해할 수 있는 것은 아니다. 그렇기에 그를 단번에 이해하기 위해 (혹은 간단히 물리치기 위해) 그를 어떤 사상적 조류, 범주 안에 집어넣고 싶은 유혹이 들기도 한다. 그러나 가라타니의 사상을 고유명으로서 파악한다는 것은 그 유혹에 저항한다는 것을 의미한다. 그런 의미에서 그가 오늘날의 사상적/이데올로기적 지형에 행한 독특한 '개입들'을 중심으로 그의 사상을 살펴보는 것이 필요하다. 마지막으로 그의 사상적 독창성에 대한 이해를 기반으로 삼아야 그의 사상이 여전히 지니는 한계와 약점, 즉 '미완의 역사유물론'이라고 부를 수 있는 한계 지점들을 더 잘 음미할 수 있을 것이다.

왜 가라타니는 세계체계론자가 아닌가

혹자는 『세계사의 구조』를 읽고 그를 세계체계론자 혹은 그 사조의 영향을 받은 사상가로 정리하고 싶은 유혹을 느낄 것이다. 그러나 세계체계론자로 '분류'되는 사람들이 '세계체계론'은 하나의 일관된 사조로 존재하지 않는다고 지적하는 상황'에서 그 유혹에 저항하는 것은 반드시 필요하다. 또한 가라타니가 적극적으로 자신을 세계체계론이라는 사조와 구별하지 않더라도, 그를 의식적으로 또 한 명의 세계체계론자로 보는 것에 저항할 이유는 분명하다. 그가 (부지불식간에라도) 기존의 세계체계론을 정정하고 그것에 개입하는 지점들이 있기 때문이다.

가라타니가 세계체계론의 시조인 월러스틴에게서 많은 영향을 받았다는 점은 부인할 수 없다. 월러스틴은 폴라니가 사회의 조직 원리를 호혜성, 재분배, 상품교환으로 구분한 논지를 염두에 두고서 역사적 체제에는 이와 대응하는 소체계mini-system, 세계경제world-economies와 세계제국world-empire이 있다고 말한다. 월러스틴의 주장은 『세계사의 구조』의 체계에도 영향을 미쳤다. 그는 교환양식 A가 지배적인 사회구성체를 '미니세계시스템'이라고 부르고, 교환양식 B가 지배적인 사회구성체를 '세계제국', 교환양식 C가 지배적인 것을 '세계경제시스템'이라고 부른다. 또한 월러스틴 이래로 세계체계론자들이 개념화한 '헤게모니' 개념이 가라타니에게도 영향을 미치고 있다. (비트포겔과 더불어) 월러스틴이 분류한 중심-주변-반주변의 공간적 관계체계가 세계제국에 대한 가라타니의 서술에 영향을 준 것이 그 예다. 또한 세계경제의 주기를 세계 기축상품이 교체되는 50~60년 단위의 콘트라티예프 파동으로 설명하는 방식도 월러스틴의 영향이다.

세계체계론은 한 국가나 민족을 자립적인 분석 단위로 바라보지 않고 이들을 넘어서 존재하는 세계체계world system를 중심으로 역사를 바라보는 관점을 채택한다는 점에서 언뜻 가라타니의 논지와 일맥상통한다. 한국에서 세계체계론을 대중적으로 보급하는 데 기여한 백승욱은 세계체계론이 세계사에 대한 '관계론적' 방법에 입각해 있다고 말

---

1   백승욱, 『자본주의 역사 강의』, 그린비, 2006, 18쪽 참조. "세계체제론이든 세계체계론이든 마지막에 '론'이 붙으면 이론으로 간주하는 것이 일반적인데, 이에 관해서 월러스틴 자신은 세계체계론이라는 이론은 없고, 이는 다만 하나의 '분석'일 뿐이라고 명시적으로 밝힌 바 있습니다."

하며 세계체계론이 "관계적 접근을 통해 이전에는 볼 수 없던 것을 복원한 전체, 관계까지를 포함한 전체를 문제로 제기한다"[2]고 말한다. 하지만 세계사를 개별 민족 단위가 아닌 그들을 관통하는 관계로 바라본다고 해도 그것이 여전히 닫힌 시스템일 수 있다는 점에 주의해야 한다. 그것이 '다수의 공간적/시간적 관계'를 염두에 두지 않는다면 말이다. 여기에 대해서는 『탐구 2』를 그대로 들고 나와도 좋다.

> 예컨대 관계가 항보다 선행한다고 주장하는 '관계주의'를 예로 들어도 좋다. 혹은 랑그나 관계 구조의 우위를 부르짖는 '구조주의'도 마찬가지다. 또 다성적인 다수성이나 '외부'를 강조하는 사람들도 마찬가지다. 이들은 결국 '내면적 관계의 이론'으로 귀결되고 만다. 즉 하나의 닫힌 시스템 속에서 생각하는 것이다. 설령 '외부'를 말한다고 해도 그것은 이런 '외부'를 내포한 시스템에 불과하며, 다수성을 이야기한다 해도 결국 하나의 시스템인 것이다.[3]

『세계사의 구조』에서도 가라타니는 네이션=스테이트들의 관계를 '닫힌 시스템 속에서' 생각하지 않기 위해 주의를 기울인다. 가라타니는 월러스틴, 군더 프랑크, 조반니 아리기 등 세계체계론자들과 자신을 방법론상으로 적극 구별하지는 않지만 가라타니와 이들 사이에는 최소한 세 가지 차이점이 있다.

첫째는 근대 이전의 시기에 대한 역사관이다. 세계체계론자들은 세계경제시스템(아리기가 '장기 20세기'라고 부르는 시기) 이전의 세계체계를 유의미한 분석 대상으로 삼지 않는다. 또한 이들은 근대 이전의

---

2   백승욱, 앞의 책, 143쪽.
3   가라타니 고진, 『탐구 2』, 권기돈 옮김, 문학과학사, 1998, 64쪽.

세계제국을 전체 세계체계를 전일적으로 관장하는 '정치적 권위'가 존재하는 구조로 이해하며 이와 비견해 근대적인 헤게모니 국가를 '경제적 우위'와 '문화적 동의지반'을 근간으로 자신의 패권을 관철하는 존재로 간주한다. 하지만 가라타니는 이전 세계제국의 지배질서에도 경제적/문화적 요소가 중요하다는 것을 강조한다. 또한 월러스틴은 근대 이전의 제국과 근대에 출현한 제국주의(제3세계, 대동아공영권)를 적극적으로 구분하지 않지만 가라타니는 근대적 '제국주의'가 이전의 '제국'과는 전혀 다르다는 것을 더욱 명확하게 밝힌다. 이렇듯 가라타니는 근대 이전의 세계체계가 어떠한 존재양식이었는지에 대해 적극적으로 고찰하지만 오늘날의 세계체계론은 세계경제가 출현한 이후의 시간적 단위들을(장기지속, 콩종크튀르 등) 주요 분석 대상으로 삼는다.

둘째는 세계체계를 통합하는 기축axis에 관한 견해다. 월러스틴은 세계체계의 핵심에는 국가와 지역 간의 불평등한 노동분업 시스템(=기축적 분업)이 있다고 본다. 그리고 핵심 산업에 대한 헤게모니 국가의 '독점'이 기축적 분업을 강요한다고 설명한다. 이것은 자본가가 주요한 '생산수단'을 독점함으로써 노동자가 노동과정에서 소외된다는 마르크스주의적 서술을 국가들의 관계에 확장한 것이다. 이 관점은 후대의 세계체계론자들에게도 계승된다. 하지만 가라타니는 근대적 세계체계를 경제적 차원에서의 단일한 기축적 노동분업으로 설명하는 관점과는 다르게 세 가지 상이한 교환양식(A, B, C)으로 근대적 세계체계의 관계구조를 설명한다. 무엇보다 가라타니는 근대세계시스템의 경제적 특징을 노동의 기축적 분업(과 선도 산업에 대한 '준독점' 상태)으로 설명하기보다는 '신용'으로 설명한다. 이것은 세계체계론에 비해 자본주의 경제의 역동성을 설명하는 데 더 편리하다. 그런 점에서 가라타니는 『세계사의 구조』에서도 월러스틴이 제안한 중심, 반주변, 주변의 구분을 자본주의 세계경제시스템에 대해서는 적극적으로 적용하지 않는다. 단지 '헤게모니 국가'가 존재하는 상태인지 아닌지의 구별이 가라타니에게는 더 중요할 따름이다. 그는 중심, 주변, 반주변과 같은 공간적 구분을 근대 이전의 '세계제국'에 '중핵, 주변, 아주변'이라는 방식으로 적용한다. 거기에는 월러스틴보다는 비트포겔의 영향이 크게 작용했다.

　　마지막으로 가라타니는 세계체계론자들보다 더 경제블록화 현상에 주목한다. 가라타니에게 '자유주의'와 대립되는 '제국주의'적 국면이란 그 누구도 결정적인 헤게모니를 잡지 못한 상태를 의미한다. 가라타니는 이때 시장의 독점적 지위를 둘러싼 경쟁이 노골화하며 이때부터 세계체계론자들이 주목하는 국가들 간의 '국제적인 불평등'이 두드러진다고 말한다. 나아가 그는 헤게모니가 부재한 혼란기에 '일국'을 넘어선 '제국'의 공동성이 환기되며 '경제블록화'가 단행된다고 말한다. 그는 19세기에는 그것이 식민지 권역으로, 오늘날에는 유럽연합EU과 같은 다국적 경제공동체로 실현되는 역사적 '반복성'을 지적한다. 세계체계론은 헤게모니의 주기적인 교체 과정만을 고찰할 뿐 자본주의 경제 특유의 경제블록화 현상을 설명하지 못한다는 약점을 안고 있다.

　　이렇듯 가라타니는 개념 면에서는 세계체계론으로부터 많은 영감을 받았지만 『세계사의 구조』를 서술하는 방법과 체계는 세계체계론과 사뭇 다르다. 본질적인 차이는 가라타니가 세계의 관계체계를 시간적 그리고 공간적으로 복수적인 것으로 바라보는 데 있다. 가라타니는 세계시스템이 공간적으로 복수적일 뿐 아니라 시간적으로도 복수적이었다는 사실을 세계시스템들 사이의 역사적 '관계'를 통해 고찰한다. 가라타니에게 근대의 세계경제시스템은 과거에 있었던 세계시스템(세계국)에서 분절된 것이다. 이는 가라타니의 작업이 이런저런 세계체계론을 넘어서는 '역사유물론적' 시점을 지닌다는 것을 보여준다. 또한 그는 근대의 세계경제시스템 안에서도 복수의 체계(경제블록)가 존재할 수 있다는 점을 놓치지 않는다. 더 나아가 가라타니는 20세기 중반 미국 헤게모니의 세계체계에서 나타난 주요 특징들(브레턴우즈 체제와 사회민주주의적 복지정책)조차 현실사회주의 블록을 시야에 두지 않고서는 이해할 수 없다고 말한다. 그리고 오늘날 신자유주의 세계경제도 단일한 패권이 관철되는 세계가 아니라 복수의 경제블록으로 분절된 세계, 즉 19세기 말과 20세기 초반의 반복이라는 점을 강조한다. 이와 같은 차이는 무엇보다 '체계'에 대한 가라타니의 고유한 이해에서 유래한다. 이를테면 『은유로서의 건축』에서도 볼 수 있듯이 가라타니는 '체계=시스템'의 본성이 무엇인지에 대해 1980년대 내내 깊이 고찰해왔다. 이미 이때부터 가라타니는 체계가 시간적으로든 공간적으로든 '정의상' 복수로 존재할 수밖에 없으며, 무엇보다 체계 내의 관계뿐 아니라 체계들 사이의 관계를 생각해야 한다는 결론에 도달했다. 그것은 『세계사의 구조』의 서술에도 영향을 미친다. 요약하자면 기존의 세계체계론이 한 체계=시스템 안의 (이를테면 국가 간의) 관계에 천착한다면 가라타니는 다양한 '체계 사이의 관계'에서 세계사를 사고한다.

가라타니는 '신좌파'인가

한편으로 지금까지의 논의에서 확인할 수 있듯이 가라타니는 구조주의, 탈구조주의 사상의 세례를 받은 '현대사상가'로 볼 수 있다. 가라타니는 들뢰즈, 푸코, 데리다가 대중적인 지적 유행으로 자리 잡은 1980년대 일본의 이른바 '뉴아카데미즘'의 영향권 안에서 사상가로서의 이력을 시작했다. 하지만 그의 본격적인 사유는 '현대사상'의 폐쇄성과 몰역사성을 의심하는 시점에서 시작되었다.

예를 들어 현대사상은 근대적인 학문, 사상, 규범들을 폭넓게 의심하는 사조로서 진행되었다. 그는 그것이 그 외부를 의식하지 않는 '자족적인 담론'이 되어가는 것에 위화감을 느끼고 그것에 끊임없이 저항해왔다. 그런 저항이 이른바 '세속적 비평의 강조(『트랜스크리틱』)→역사유물론의 재정립(『세계사의 구조』)'으로 이어져온 것이다. 한편으

로 '현대사상'의 발흥과 68혁명을 전후로 한 '신좌파'의 성장은 병행한
다. 예를 들어 줄리아 크리스테바, 주디스 버틀러, 뤼스 이리가레 등이
보여주듯이 68 이후의 여성주의는 라캉, 데리다, 들뢰즈 등 현대사상의
세례를 받았다. 신좌파운동은 '근대성을 의심한다'는 현대사상의 구호
를 공유하며 자본주의뿐 아니라 마르크스주의를 비롯한 근대적 사상
과 이데올로기를 의심하고, 여성·생태·인권 등 다양한 가치를 복원했
다. 가라타니 역시 다양한 의제를 다루면서 그것들을 억지로 하나의 컨
스트럭티브한 이념으로 정리하려 하지 않는다는 점에서 신좌파 사상
가들의 범주에 들어갈 수 있다.

　　하지만 그 이전에 신좌파가 무엇인지, 그리고 그것이 현실에서 어
떻게 실현되었는지를 분명히 하고 넘어갈 필요가 있다. 신좌파의 드높
은 정신과 이념과는 별개로 그것은 현대의 맥락에서 통상 '신자유주의
반대'와 '복지국가 사회주의를 넘어선 풀뿌리 연대의 복원'이라는 방향
으로 실현되었다. 다시 말해 현존하는 자본주의(교환양식 C)를 극복
하려 하면서도 국가적·제도적 재분배(교환양식 B)를 넘어서는 호수
적 연대(교환양식 A)를 '아래에서부터' 실현하려는 움직임으로 나타난
것이다. 신좌파가 촉발한 신사회운동은 계급정당=국가에 기초한 기존
마르크스주의나 의회 다수석을 지향하는 사회민주주의와도 결이 다
르다. '당=국가'(마르크스-레닌주의) 노선이나 '선거 집권'(사회민주주
의) 노선 양자를 우회하는 좌파 내의 제3의 길을 신좌파의 노선이라고
한다면 대부분의 비주류 좌파들은 (심지어 현존하는 공산당조차) 현
실적인 이유에서건 이념적인 이유에서건 사실상 '신좌파'라고 해도 좋
다. 여기서 신좌파라는 것은 우리가 취사선택할 수 있는 이념 또는 노
선이기 이전에 대부분의 급진적 좌파들이 불가피하게 붙잡힐 수밖에
없는 경향과도 같은 것이다. 이를테면 신좌파 노선은 유럽에서 (생태
주의와 지역운동 그리고 구공산당 계열의) '적록연합' 혹은 '무지개 선
거연합'의 형태로 현실의 제도적 공간에서 실현되었다. 아이러니하게

도 그 안에는 당연히 이전의 마르크스주의도, 구공산당도 존재한다. 한편 현실적인 신좌파 노선과 변별되는 '신좌파적 상상력'(조지 카치아피카스)을 지적해볼 수 있을 것이다.

오늘날 '무지개 연대'로 실현된 신좌파 노선은 어떤 의미에서 19세기 중반의 반복이라고 할 수 있다. 이를테면 마르크스 역시 『공산당 선언』에서 공산당이란 한 계급을 대표하는 실정적인 정당이 아니라 자신의 민주적 권리를 위해 싸우는 다양한 계급, 세력의 선두에 서 있는 사람들이라고 말한다. "공산주의자들은 다른 노동자 정당들에 비해 특별한 정당이 아니다."[4] 여러 정당과 세력의 다양한 급진적 분파를 함께 묶어서 그것에 '공산당'이라는 이념적 형태를 부여하는 것은 오늘날의 맥락에서라면 '신좌파의 상상력'이라고 불릴 만한 것이다. 마르크스의 이 말은 노동계급이 아직 하나의 독자적인 정치 세력으로 자립할 수 없었던 상황에서 나온 불가피한 전략적 발언이었다. 마르크스가 『공산당 선언』을 쓰면서 염두에 둔 것은 당시 그가 교류하던 망명한 급진적 공화주의 성향 활동가들의 '느슨한 연대체'다. 오늘날 신좌파의 정치적 '상상력'은 역사적 산물로서 성립한 마르크스의 초기 문헌과 발언들을 그의 '근본적인 정신'으로 '해석'하고, 거기에 '이념적 형태'를 부여하는 데서 나온다. 신좌파적 상상력이란 어떤 의미에서 현실의 역사에서 자립해버린 정치적 상상력을 의미한다고 할 수 있다. 예를 들어 한국에서 일부 좌파 활동가나 이론가 들이 유럽의 '적록연합'이나 '무지개 연대'를 마치 참신한 기획인 것처럼 소개하고 선망하는 것도 그런 '상상력'에서 나온다. 오히려 가라타니라면 신좌파적인 수사의 화려함에 현혹되기보다는 거기서 반복되는 역사적 '구조'를 보려고 할 것이다. 요컨대 가라타니는 신좌파적 상상력을 결여한 신좌파다. 그것이 때로는 가

4   카를 마르크스·프리드리히 엥겔스, 이진우 옮김, 『공산당 선언』, 책세상, 2005, 32쪽.

라타니를 마치 구좌파처럼 보이게 한다. 가령 그가 곳곳에서 아나키즘
이나 신사회운동의 나르시시즘을 호되게 비판하는 지점들에서 그렇다.
"나는 운동으로서의 아나키즘을 인정하지만 소위 아나키스트는 좋아
하지 않았습니다. 그들은 대부분 삼류 예술가, 문학자에 지나지 않았
습니다."[5]

　여기서 중요한 것은 가라타니가 신좌파냐 아니냐 혹은 마르크스
주의자냐 아니냐가 아니라 오늘날 불가피한 저 '신좌파적 노선'이 현실
에서 어떤 결과를 낳았느냐에 관한 비판적인 사고다. 가라타니의 진가
는 바로 거기서 발휘된다. 실제로 그는 68혁명이나 일본의 전공투가 바
로 19세기 중반에 주창된 '초기 사회주의'를 재평가하고 그것으로 돌아
가려는 운동이었다고 한다. 그것은 상품교환과 국가적 재분배를 '동시
에' 넘어서고자 했던 '세계동시혁명'이었다. 물론 사건의 층위에서 68혁
명과 1848년 혁명은 서로 다르다. 가라타니는 역사의 반복이란 사건의
반복이 아니라 사건 이면에 있는 구조의 반복이라고 지적한다. 다시 말
해 68혁명이 1848년 혁명의 반복이라는 것은 그 배후의 국가와 자본의
관계가 여전히 '반복'되고 있다는 것을 의미한다. 가라타니는 이를테면
일본의 전공투운동이나 유럽의 68혁명도 현실에서는 여전히 암묵적으
로 자본과 국가가 만든 시스템에 의존하고 있었다는 '한계'를 솔직하게
고백한다. 가라타니는 냉전 이후 다음과 같이 고백(?)하기에 이른다.
현대사상에 흠뻑 빠진 채 마르크스주의 이념을 비판했지만 그것은 어
디까지나 사회주의 블록이 현실적인 세력으로 존재하는 한에서만 의미
가 있었다고 말이다.

　무엇보다 그는 신좌파운동이 미국과 소련 사이에서 경제적 풍요
를 향유할 수 있었던 1세계의 운동이었다는 사실을 통렬하게 지적한

5　가라타니 고진, 조영일 옮김, 『정치를 말하다』, 도서출판 b, 2010, 26쪽.

다. "이와 같은 근대 비판이 생겨난 것은 선진자본주의 국가(1세계)뿐입니다. 그와 같은 근대 비판을 가능하게 한 것은 그것이 비판하는 고도로 발전한 공업이고 복지국가입니다."[6] 실제로 신좌파 중 일부도 1세계가 누리던 경제호황이 중단되면 신자유주의 공세(감세, 탈규제, 노동 유연화)와 타협했다. 이 지점에서 신좌파운동은 국가와 자본 양자를 비판하면서도 한편으로 은연중에 양자에 의존해왔다는 진실이 드러난다. 신좌파는 68 이후에 '관념으로' 자본과 국가를 비판하면서도 현실에서는 그것에 대한 의존에서 벗어나지 못한다. 이를테면『프롤레타리아여 안녕』을 쓰며 마르크스주의와 결별한 앙드레 고르[7]는 대안으로 '기본소득'을 주창한다. 하지만 기본소득[8]의 '재원'(산업자본이 생산한 잉여가치)이 어디서 나오는지를 조금만 생각한다면 그것이 '국가-자본-스테이트'라는 보로메오의 매듭(가라타니 고진)을 지양하는 대안이 될 수 없다는 것은 분명하다. 이렇듯 가라타니의 사유가 독특한 이유는 그가 신좌파의 방향성을 승인하면서도 일반적인 신좌파들이 '참신함'에 현혹되어서 고민하지 않는 지점을 고민하는 데 있다.

기본적으로 신좌파의 노선을 따르면서도 가라타니가 신좌파의 상상력(일국에서 생활상의 근본적인 변화를 가져오겠다는 정치적 상상력)에서 멀어질 수 있었던 가장 근본적인 동인은 크게 두 가지로 볼 수 있을 것이다. 첫째는 '국가는 다른 국가에 대해서 국가'라는 가라타니의 테제다. 그것은 일국에서 '국가'를 지양하려는 시도가 왜 좌절될 수밖에 없는지에 대한 반성적인 인식을 담고 있다. 국가권력을 아

---

6 가라타니 고진,『자연과 인간』, 조영일 옮김, 도서출판 b, 2013, 70쪽.
7 『누벨 옵세르바퇴르』를 창간한 생태사회주의자.
8 모든 시민에게 자격 심사를 하지 않고 무조건적으로 일정한 소득을 지급하는 정책. '보편적 복지'를 현물형태가 아닌 화폐형태의 소득으로 실현하는 데 특징이 있다. 노동시간 감축 의제와 생태/지역 공동체에 대한 구상과 흔히 연동되곤 한다.

무리 내부에서 '민주화'하거나 분산시켜도 불황이나 전쟁과 같은 위기 상황에서 국가는 다시 자율적인 주체로 등장하게 된다. '아래에서부터의 혁명'을 외치는 신좌파운동도 이와 같은 위기 상황에는 무력할 수밖에 없다. 그렇기에 가라타니는 '아래에서부터의 저항'에 끝없는 의미를 부여하는 대신 일국의 군사 주권을 상위의 국제연합에 '증여'해버리는 방안을 생각하게 된 것이다. 다시 말해 '세계동시혁명'의 가능성을 (1848년 혁명이나 68혁명처럼) 여러 국가에서 동시적으로 일어나는 아래에서부터의 반란 형태로 기대할 것이 아니라[9] 한 국가가 적극적으로 자신의 (군사) 주권을 증여해버리는 형태로 사고해야 한다는 것이다. 단 한 국가만이라도 적극적으로 군사상의 무장을 방기해버리는 것이 세계 동시적으로 큰 영향을 미치기 때문이다.

둘째는 '프롤레타리아 독재=제비뽑기'라는 사상이다. 이것은 '프롤레타리아 독재'를 전면에 내세우는 것과도 다르고, '추첨제 민주주의'를 전면에 내세우는 것과도 다르다. 가라타니의 특이함은 제비뽑기가 다름 아닌 '프롤레타리아 독재'(여야 한다)라고 말하는 데 있다. 돌려 말하자면 제비뽑기(우연)에 의한 결정이 동시에 '권위'를 가져야 한다는 것이다. 예를 들어서 많은 대안정당이나 협동조합에서 이미 대의원이나 경영진을 '추첨제'로 선출하는 경우가 있다. 하지만 그와 같은 결정이 그저 '우연'으로만 인식된 채 '권위'를 가지지 못한다면 추첨제 민주주의는 실패할 수밖에 없다. 반대로 가라타니는 추첨제를 모든 공

9　"사회주의혁명은 세계동시혁명으로서만 가능하다는 마르크스의 생각을 아무도 진지하게 생각한 적이 없다. 세계동시혁명이라는 신화적 비전은 지금도 남아 있다. 예를 들어 다중의 글로벌한 반란이라는 이미지가 그 일례다. 그것이 어떤 결과로 끝날 것인가는 빤히 보인다. 하지만 내가 말하고 싶은 것은 세계동시혁명이라는 관념을 방기하는 것이 아니다. 그것을 다른 형태로 생각하는 것이다"(가라타니 고진, 『세계사의 구조』, 조영일 옮김, 도서출판 b, 2012, 23쪽).

직에 전면적으로 도입하는 대신, '능력=재능의 현실적인 불평등'을 인정하되 다만 "최상위 자리에서 추첨이 〔제한적으로—인용자〕 실행되어야 한다"[10]고 말한다. 즉 그는 권력의 주요 결절점에서 투표와 제비뽑기를 병행해야 한다고 제안하는 것이다. 이것은 추첨제에 내재한 민주주의와 평등주의적 사상(고정된 권위가 생겨나서는 안 된다)과 '권위가 없어서는 안 된다'는 프롤레타리아 독재의 사상을 동시에 고려한 것이다. 또한 이것은 단순히 권위를 생리적으로 혐오하기만 하는 '신좌파적 상상력'과는 다른 것이다. 실제로 68혁명 당시 대두된 권위에 대한 혐오는 '마오쩌둥 숭배' 사상과 같은 엉뚱한 개인숭배로, 혹은 스타 정치인에 대한 추종으로 변질되기도 했다. 그런 것을 그저 의식적인 비판으로 물리칠 수 없다. 잘못은 "권력의 유혹에 저항하는 인간의 능력을 너무 믿었던"[11] 데 있다. 이렇듯 추첨제 민주주의도 단순히 '권위에 대한 혐오'로만 관철된다면 나중에 급속한 반동을 낳는다.

중요한 것은 어떤 권위도 사실은 '우연'에 기초한다는 것이다. 현대 민주주의 권력의 기반인 '능력'과 '명성' 그리고 '개인의 탁월성'도 사실은 (그것이 환경에 의한 것이든 선천적인 것이든) '우연적'이다. 따라서 투표를 통해 후보군을 선출함으로써 탁월한 개인들의 권위를 인정하되 마지막 단계에서 (가령 득표율에 비례해) 제비뽑기를 함으로써 권력이 기초한 우연성을 가시화하자는 것이다. 이렇게 된다면 선거에 부수되는 정파 갈등도 무의미해지며 조직 내의 각 세력이 '누가 선출되든' 모두 납득할 수 있는 방향으로 노력하게 된다. 즉 새로운 차원의 '권위'가 등장하는 셈이다. 이처럼 가라타니의 독특성은 다른 신좌파처럼 권위의 '우연성'을 강조하는 만큼 우연에 의해 결정된 '권위'도 강조

---

10   가라타니 고진, 송태욱 옮김, 『일본정신의 기원』, 이매진, 2003, 194쪽.
11   가라타니 고진, 앞의 책, 201쪽.

한다는 점에 있다. 단순히 '권위 반대'라는 구호로는 실제의 권위를 물리칠 수 없다는 것이다. 이것은 '국가 반대'라는 구호만으로 국가를 물리칠 수 없었던 아나키즘이나 마르크시즘의 곤란함을 겨냥한다. 현행의 정치적 권위주의를 물리치기 위해서는 새로운 유형의 '권위'를 생각해야 한다. 이것이 그를 신좌파 일반뿐 아니라 아나키스트들과도 구별 짓는다. "물어야 할 것은 중앙집권적인가 반중앙집권적인가 하는 것이 아니다. 마르크스주의인가 아나키즘인가 하는 것도 아니다. 어떻게 하면 중앙집권주의를 막을 수 있을까, 관료적 지배를 막을 수 있을까 물어봐야 한다. 필요한 것은 그렇게 할 수 있는 '기술'이다."[12] 말할 것도 없이 이 '기술'이란 '권력의 기술'이다.

가라타니와 마르크스주의

과거 1990년대 한국사회가 '구소련의 붕괴'와 '시민사회운동의 등장'과 같은 새로운 사회적 현상에 직면하자 지식인들 사이에서 '마르크스주의의 폐기'냐 '마르크스주의의 재구성'이냐는 논쟁이 뜨겁게 진행되었다. 이와 같은 논쟁은 이미 일본에서는 십수 년 앞서 진행되었다. 1970년대 이후에는 소위 '마르크스 장송파'라는 것이 학생운동에 등장하기도 했다. 가라타니는 처음부터 이와 같은 논쟁에 관심이 없었다. 오히려 '마르크스주의는 끝났다'는 측과 '마르크스주의를 사수하자, 혹은 재구성하자'는 양측을 모두 내심 경멸했다.

　　가라타니는 이 논란에 관한 한 '마르크스주의에 가린 마르크스를 제대로 읽자'는 노선을 1970년대부터 초지일관 밀고 나갔다. 『마르크스 그 가능성의 중심』(1978년)과 『트랜스크리틱』(2001년)은 아예 가

12　　가라타니 고진, 앞의 책, 202쪽.

라타니 자신의 마르크스 독해를 중심 내용으로 담고 있다. 앞서 보았듯이 이 저서들에서 가라타니는 생전의 마르크스가 대결한 사상(아나키즘, 고전파 정치경제학, 독일철학 등등)과 담론들을 '비판'하는 마르크스의 시점을 옹호하며 그것이 지닌 '현재성'을 강조한다. 가라타니는 다음과 같이 말한다. "마르크스는 『자본론』에서 상품교환이라는 교환양식에 의해 형성된 세계를 훌륭히 해명했다. 그런데 그는 국가나 네이션을 괄호에 넣음으로써 그렇게 했기 때문에, 후자에 관한 고찰이 불충분한 것은 어쩌면 당연하다. 그것을 비판할 여유가 있으면 그 자신이 마르크스가 『자본론』에서 취했던 방법으로 국가나 네이션을 고찰하면 된다."[13] 이런 점에서 가라타니는 다른 신좌파 사상가들에 비하면 오히려 '마르크스주의자'처럼 보일 지경이다.

물론 가라타니는 마르크스주의자가 아니다. 가라타니의 마르크스 독해는 그의 '역사유물론' 기획의 맹아가 담긴 『독일 이데올로기』를 '자연과 인간' 사이의 물질대사에 관한 자연사적 서술로, 『자본론』 1권의 상품화폐론을 '교환양식론'에 관한 서술로 비트는 데서 시작한다. 마르크스가 『자본론』에서 곧바로 '생산양식'에서 출발하지 않고 '상품'과 '화폐'에 관한 서술에서 출발한 것은 잘 알려져 있다. 가라타니에게 이것은 "자본주의적 생산양식, 즉 자본과 노동자의 관계는 화폐와 상품의 관계(교환양식)를 통해 조직된 것"[14]이라는 사실을 보여주는 증거로 간주된다. 한마디로 가라타니는 그가 우선시하는 교환양식론을 중심으로 공동체와 공동체 사이의 '교환'이라는 관점에서 마르크스의 『자본론』을 읽는 셈이다. 무엇보다 가라타니는 『브뤼메르 18일』에서 개진된 마르크스의 계급투쟁에 대한 논의를 독해하면서, 계급투쟁을

13　가라타니 고진, 『세계사의 구조』, 19쪽.
14　가라타니 고진, 앞의 책, 35쪽.

물질적인 이해관계로부터 자립한 정치적 '담론'들의 이합집산으로 묘사한다. 말하자면 계급투쟁마저도 상징적이고 담론적인 '교환'과정이 되고 마는 것이다. 이 중 어떤 것도 마르크스주의자들로부터 동의를 얻기 힘든 내용이다. 가라타니의 마르크스론은 '생산 영역'을 사회의 중심에 놓고 보는 통상적인 마르크스주의적 역사유물론과 전혀 다르기 때문이다.

그럼에도 가라타니가 다른 범용한 '마르크스(주의) 비판가'들과 다른 점은 마르크스의 사상을 하나의 '체계'로서 접근한다는 데 있다. 이것은 초기 마르크스와 후기 마르크스를 나누며 어느 하나를 우위에 내세우는 것과도 다르고, 마르크스의 사상을 문헌학적으로 천착하는 태도와도 다르다. 통상 마르크스의 '비판자' 혹은 마르크스주의의 '극복'을 외치는 사람들은 마르크스의 발언과 문헌 중 어느 하나를 편한 대로 취사선택해서 그를 싸잡아 비판하거나 자신의 논거를 되풀이하는 데 이용하곤 하는데 가라타니는 그와 반대로 마르크스의 사상을 하나의 '체계'로서 독서하려고 끊임없이 시도해왔다. 이 '체계적인 독서'에 상응하는 지적 노동이 없었다면 가라타니만의 역사유물론을 제출하려는 시도도 불가능했을 것이다. 예컨대 가라타니는 다른 범용한 현대사상 비판가들과 달리 이데올로기, 종교, 국가와 민족 형태라는 다양한 '상부구조'를 사회적 '총체' 안에서 이해하려는 기획을 승인한다. 그리고 그러기 위해서는 무엇보다 '경제적 하부구조'를 고찰하지 않으면 안 된다는 마르크스의 핵심 명제를 수용한다. 다만 여기서 가라타니는 '하부구조=생산양식'이라는 마르크스의 생각을 부정하고 '하부구조=교환양식'이라는 노선을 채택한다. 바로 이런 점이 가라타니의 사상을 하나의 사상적 조류로 정리하기 어렵게 만든다. 상기한 것처럼 가라타니의 사상은 점차 사회에 대한 '총체적 이해'를 추구하는 마르크스주의적(?) 방향으로 접근해갔다. 그리고 그 과정에서 가라타니는 그 어떤 마르크스 비판자들보다 마르크스를 적극적으로 수용하고 독해한다.

하지만 결과적으로 가라타니는 마르크스의 체계와 전혀 다른 (교환양식을 중심으로 하는) 역사유물론의 '체계'를 내놓았다. 이것은 마르크스에 대한 그 어떤 사상적/관념적 비판보다 더 마르크스주의자들에게 도전적이다. 마르크스의 '방법'을 변용해서 전혀 다른 '체계'를 만들 수 있다는 것을 가라타니가 몸소 실증했기 때문이다.

가라타니의 사상을 '마르크스주의냐, 비마르크스주의냐' 하는 식으로 정리하기 힘든 또 다른 이유는 그의 사상이 어느 쪽으로부터도 대결해야 할 독자적인 '체계'와 '방법'으로서 이해받기 쉽지 않기 때문이다. 그의 글 자체는 전혀 읽기 어렵지 않음에도 말이다. 마르크스주의자들의 입장에서 가라타니의 사상은 또 하나의 범용한 '현대사상' 또는 '신좌파' 조류에 지나지 않는다. 반대로 현대사상가나 신좌파 들에게 가라타니는 그들의 입맛에 맞는 새로운 하나의 '지적 유행' 또는 (그들에게 불편한 지점에서는) 또 하나의 철 지난 '마르크스주의'에 지나지 않는다. 어느 쪽이 되었든 가라타니의 사상과 원리적으로 대결하려는 의욕이 없는 셈이다. 여기에는 가라타니 자신의 책임도 있다. 현대사상적인 관념에서 '세속적 비평'으로 방점을 옮겨 간 『트랜스크리틱』에서부터 가라타니는 자신의 사상을 더욱 '컨스트럭티브'한 형태로 제출하기 위해 시도했다. 긍정적인 제안들을 제출할수록 다른 '비판'에 쉽게 노출될 수 있는데도 가라타니는 그 자신만의 '비판'과 더불어 보다 적극적인 '제안'들을 병행해왔다. 예를 들어 자본제 경제에 문제가 있다면 그것에 대한 대안으로 '대안화폐'와 '협동조합'에 대한 구상을 제출하고, 국가를 비판한다면 국가의 극복을 가능하게 할 '추첨제 민주주의=프롤레타리아 독재'와 '세계공화국'에 대한 구상을 내놓는 식이다. 그렇기에 가라타니는 기존의 사상을 비판하는 데 매달리지 않는다. 그럴 시간에 제3의 대안을 내놓는 것이 유익하다고 생각하기 때문이다. 또한 기존의 조류를 비판할 때도 가라타니는 칸트나 마르크스와 같은 다른 사상가들의 '비판'을 빌리기 때문에 정작 비판의 과녁이 된

당사자들은 자신이 비판의 대상이라는 사실조차 제대로 인지하지 못하는 경우가 부지기수다. 그 특유의 방법론 덕분(?)에 그의 사상에 마땅히 불편해야 할 당사자들이 불편함을 느끼지 않는 것이다.

이렇게 '제안'과 '비판'을 병행하는 그 특유의 방법에서 가라타니는 마르크스와도 구별된다. 마르크스는 철저한 '비판'을 통해 자신의 논적이 누구인지, 잘못된 경향과 조류를 옹호하는 사람들이 누구인지를 매우 명확하게 드러낸다. 예컨대 마르크스가 집필한 『철학의 빈곤』은 프루동을 겨냥하고, 「고타강령 비판 초안」은 독일의 라살레주의자(국가사회주의자)들을 겨냥한다. 『공산당 선언』도 공상적 사회주의를 비판한다. '적'과 '아군'을 명확하게 나눠 비판함으로써 비로소 그는 자신의 비판적 프로그램이 겨냥하는 구체적인 '내용'(프롤레타리아 독재, 과학적 사회주의 등)을 가져온다. 하지만 소위 '트랜스크리틱'이라는 가라타니의 방법론에는 '적과 아군'의 구별이 명확하게 드러나지 않는다. 그는 오히려 서로 반대되는 입장들이 어떤 점에서 은밀하게 공명하는지를 보여주며 나아가 정명제와 반대명제를 모두 지양하는 제3의 시점(시차적 관점)을 드러낸다. 예컨대 칸트의 비판을 라이프니츠와 흄 사이에서, 마르크스의 비판을 (정치적 차원에서는) 프루동과 라살레 사이에서 혹은 (경제학적 차원에서는) 리카도와 베일리 사이에서 부각하는 식이다. 이것은 이것대로 장점이 있겠지만 가라타니 고유의 사상적 방법과 체계가 지닌 예리한 지점을 드러내는 데는 어려움이 있다.

가라타니의 방법이 주는 교훈이 있다면 그것은 오늘날 일각에서 운위되는 '더 적색으로, 더 녹색으로'라든가 '좌파정치의 재구성' 같은 신좌파적 구호의 안일함을 명확하게 드러낸다는 데 있다. 가라타니는 오늘날의 신좌파와 마찬가지로 생태 의제뿐 아니라 노동 의제도 병렬적으로 논의한다. 하지만 그는 생태 의제와 노동 의제를 제대로 다루기 위해서는 우선 녹색(생태 의제)과 적색(노동 의제) 양자가 스스로 철저한 '자기부정'을 거쳐야 한다는 것을 보여준다. 예컨대 『자연과 인간』

에서 가라타니는 생태 의제를 다루면서도 지난날의 생태운동, 특히 기후변화 의제에 대응한 환경운동의 오류를 가혹할 정도로 비판한다. 그리고 『세계사의 구조』와 『트랜스크리틱』에서도 마찬가지로 자본주의의 생산과정과 유통과정 양자를 꿰뚫어서 자본에 대한 대항운동을 사고하지 않는 마르크스주의/노동운동 진영의 맹점을 드러낸다. 가라타니의 비판에 동의하건 하지 않건, 새로운 운동을 만들고자 하는 이들은 이와 같은 비판을 무시하기 힘들다. 최근 출간된 『미래가 있다면, 녹색』에서 제기된 "적색과 녹색의 변증법적 대화"(최백순)가 가능하기 위해서는 우선 '녹색'과 '적색' 그 자신의 '자기부정'과 '재구성'이 필요하다.

　이와 같은 점은 정작 가라타니의 서술에 명확히 드러나지 않는다. 사상들 사이에 '전선'을 명확히 그리지 않는 것은 그의 사상이 대중화되기 쉽다는 장점이 있다. 가라타니는 지극히 협소한 인문사회과학 독서층을 고려한다면 어느 정도는 대중적인 저자로 자리 잡고 있다. 그러나 어떤 사상이 대중화된다는 것은 나쁜 측면에서 보자면 그것이 하나의 유행으로 소비될 수 있다는 것을 의미한다. 사상의 대중화는 그것이 대중적 실천으로 전화될 수 있을 때에야 비로소 의미가 있다. 나 역시 고급 담론을 선망하는 인문학의 호사가들보다는 현장에서 새로운 실천을 하려는 신진 활동가들이 가라타니를 읽으면 좋겠다는 소망이 있다. 하지만 '새로운 실천'은 기존의 노선과 조류에 대한 비판적인 반성과 그것을 답습해온 자신에 대한 '자기부정'을 통해서만 비로소 가능하다. 가라타니의 사상이 아무리 참신하고 대중의 흥미를 끈다고 해도 읽는 이에게 '반성'과 '자기부정'이 동반되지 않는다면 그 사상적인 참신함은 독자 자신의 '참신함'에 대한 '나르시시즘'을 지적으로 정당화하는 수단으로만 사용될 것이 뻔하다.

가라타니의 역사유물론에 내재한 이론적 공백들

앞서 보았듯이 『트랜스크리틱』이 가라타니의 사상적 '방법'을 완성한
저작이라면 『세계사의 구조』는 그의 사상적 '체계'를 완수한 저작이다.
그러나 그의 체계와 방법은 (마르크스주의만큼이나) 여러 측면에서 비
판의 소지를 안고 있다. 우선 우리는 그의 '방법'(트랜스크리틱)이 그의
사상이 지닌 실천적 한계를 노정한다는 것을 보았다. 한편 그의 사상
적 체계가 지금-여기서 다른 사상적 조류들에 비해 어떤 위치에 있는
지를 가늠하는 것은 또 다른 문제다. 지금까지 가라타니의 사상이 다
른 사상적 조류보다 우위에 있는 점을 중심으로 서술해왔으므로 여기
서부터는 그의 사상이 지닌 약점을 중심으로 생각해보는 것이 좋겠다.
가라타니는 참신함을 호언장담해온 다른 신좌파 사상가들(대표적인
경우가 앙드레 고르다)과 달리 '마르크스의 경지'에 의식적으로 도달
하고자 하는 사상가다. 그렇기 때문에 가라타니의 사상적 체계가 지닌
약점을 마르크스주의를 척도로 살펴보는 편이 좋을 듯하다.

　　레닌은 마르크스의 사상이 당대의 '사회주의 사상', '정치경제학',
'철학' 중에서 최선의 것들을 종합한 사상이라는 평가를 내린 바 있었
다. 가라타니 고진에 대해서도 같은 말을 할 수 있다고 생각한다. 가라
타니의 사상적 체계 역시 나름의 방법을 통해 당대의 '사회주의/아나키
즘 사상'과 '현대철학'을 종합함으로써 성립했다. 물론 이런 종합은 '헤
겔적'인 것이다. 그런데 이 '종합'에서 탈락된 것이 바로 '경제학'이다.
단적으로 말해 가라타니의 사상은 경제학적 기초가 부실하다. 물론 이
것은 가라타니만의 사정은 아니다. 정치경제학의 기초 부족은 오늘날
모두의 고질적인 문제다. 이런 사상적 공백을 여러 가지 측면으로 나눠
살펴볼 수 있다. 첫째는 가라타니의 국가론, 둘째는 가라타니의 운동
론, 셋째는 국제정세 예측이다.

　　첫째로 누차 지적해왔듯이 가라타니에게는 적극적인 '국가론'
이 부재한다. 가라타니는 교환양식론을 통해 국가를 교환양식 B(수탈

과 재분배)라는 경제적 기반으로 설명한다. 또한 교환양식 B가 교환양식 A(호수제), 교환양식 C(상품교환)와 결합되는 양상에 따라서 국가의 성격 변화(아시아적 제국에서 근대 국민국가로의 이행)를 설명한다. 또한 국가는 공동체 외부로부터의 '수탈'에서 시작되었다는 교환양식 분석을 통해 외부의 위협이 항상적으로 존재하기만 해도 국가가 성립할 수 있다는 것을 보인다. 이런 점에서 가라타니는 '국가가 다른 국가에 대해 국가'(외부의 항상적인 위협으로부터 국가가 성립한다)라는 사실을 논증하며 그것이 '일국혁명론' 또는 '전 세계적 다중의 반란'과 같은 '세계동시혁명론' 양자의 곤경을 가져온다고 말한다. 내부에서 국가권력을 폭력적으로 전복하거나 지양해도 그것은 결국 외부의 반발과 간섭을 불러오거나 그것을 방위하기 위해 더 강한 형태의 국가를 초래한다는 것이다. 이 곤란함을 해결하기 위해 가라타니는 두 가지 처방을 내놓는다. 첫째로는 일국에 한정되지 않는 트랜스내셔널한 저항운동을 꾸준히 실험해야 한다는 것이다. 둘째로는 한 국가의 군사 주권을 상위의 국제조직에 '증여'한다는 발상이다.

그런데 상기한 가라타니의 국가론은 '국가가 역사적으로 성립해온 과정'과 '국가의 주권을 어떻게 지양할 것인가'에 대한 논의는 포함되어 있어도, 현행의 국가를 대체할 실정적인 것이 무엇인지에 대한 논의는 없다. 한 가지 우회적인 예를 들어 설명해보자. 가라타니가 '교환양식 D'로 설명하는 대안사회에서는 "교환양식 A가 고차원적으로 회복되어 있다"고 하는데 그것은 한번 기성의 공동체들을 부정한 사람들 사이의 호수적인 교환관계를 수립한다는 것을 의미한다.

여기서 기존의 공동체를 부정하게 한 것은 '교환양식 C'다. 그런데 교환양식 D에서는 교환양식 C마저 부정된다. 하지만 교환양식 C가 초래한 (공동체적 구속으로부터의) 자유는 하나의 계기로서 보존된다. 이렇듯 교환양식 A와 C 모두 부정되면서도 하나의 계기로서 보존되어 있다. 가라타니는 헤겔을 명시적으로 거부하지만 여전히 헤겔적인 방식으로 교환양식 D를 사고하는 셈이다. 다시 말해 가라타니가 말하는 교환양식 D는 '교환양식 A'뿐 아니라 '교환양식 C'의 '고차원적 회복'이다. 그러나 가라타니의 논의에서 교환양식 B는 그저 부정되기만 할 뿐 어떻게 하나의 '계기'로서 보존되고 나아가 지양되는지는 불분명하다. 예를 들어서 가라타니가 '미니세계시스템'이라고 부른 씨족사회라는 사회구성체는 교환양식 A가 지배적인데도, 교환양식 C(부족 간의 현물교역)뿐 아니라 교환양식 B가 '세대 내의 공동기탁pooling' 형태로 보존되어 있다는 것을 보인다. 한편 가라타니가 말하는 '세계공화국' 역시 교환양식 D가 지배적인 사회구성체라고 한다면 이 안에서 교환양식 B가 어떻게 보존될지 대강이라도 이야기되어야 하는데 그것이 명확하지 않다.

가라타니가 구상하는 대안에서 교환양식 B의 역할이 불분명한 이유는 그가 교환양식 D를 '규제적 이념'으로 간주하기 때문이다. 그것은 '이렇게 되어야 한다'(규제적 이념)는 방향성을 보여줄 뿐 '어떻게 해야 한다'(구성적 이념)는 것을 보여주지 않는다. 말하자면 사회주의를 칸트적인 '이념적 당위'로 독해하는 신칸트주의 관념론으로 되돌아간 셈이다. 하지만 동시에 가라타니는 칸트적 이념이 그가 구상한 '세계공화국'이라는 방향으로 불가피하게, 더 정확히 말해 반복강박적인 형태로 '반복'될 것이라고 예측한다.

가라타니의 정치철학은 프로이트의 '반복강박'이라는 개념을 빌린다는 점에서 '신칸트주의'와는 다르다. 가라타니는 규제적 이념이 (프로이트적으로) '반복강박'되기 때문에 궁극적으로는 그것이 어떤 방식으로든 '실현'된다는 사고로 향하기 때문이다. "나는 앞서 교환양식 D에 대해 그것이 생겨나는 것은 인간이 바라기 때문이 아니다, 그것은 인간의 바람과 의지를 넘어서 출현하는 것이라고 서술했습니다. 그것은 말하자면 신의 명령으로서 나타납니다. 이 점에 대해 프로이트가 만년에 행한 작업인 『모세와 일신교』(1938년)는 매우 시사적입니다.

프로이트는 모세와 그 신은 한번 살해당한 후 '억압된 것의 회귀'로서 출현했다고 주장했습니다."¹⁵ 하지만 어떤 이념이 '반복강박(=억압된 것이 회귀)'된다는 것과 그것이 현실에서 구체적으로 '실현'되는 것은 여전히 다른 문제다. 예를 들어 가라타니는 교환양식 D가 (그것이 규제적 이념인데도) 현실에서 실현될 수 있다는 것을 힘주어 말하곤 한다. 그렇다면 그것은 하나의 사회구성체로 실현되지 않으면 된다. 여기서 사회구성체란 상이한 교환양식이 접합되는 특수한 방식이다. 그렇다면 교환양식 D에 의한 새로운 사회구성체에서 교환양식 A, B, C가 어떻게 재접합되는지를 말할 수 있어야 한다. 그러나 유독 교환양식 B에 관해서는 그런 논의가 전무하다. 가라타니가 내세운 새로운 역사유물론의 한계는 대안적인 사회를 이야기하는 지점에서부터 '역사성'에 대한 고려가 사라진다는 점에 있다. 개념적인 일관성을 유지한다면 교환양식 D가 '규제적 이념'이라는 바로 그 이유 때문에 그것을 현실적으로 다른 교환양식 A, B, C의 (재)접합을 불러오는 '사회구성체'로 사고해야 한다.

역사유물론의 '공백'은 '보편종교'에 대한 가라타니의 관점에서도 고스란히 드러난다. 헤겔은 '정신적 종교'와 '실정적 종교'를 구별하는데, '정신' 대 '실정성'의 구분은 가라타니가 말한 '보편종교'(종교 비판으로서 개시된 종교)와 '세계종교'(세계제국의 실정적 종교)의 구분에 대응된다. 헤겔 역시 실정적 종교에 비해 비판적 '정신'으로서의 종교를 우선시한다. 하지만 한편으로 그는 정신적 종교가 실정적 종교를 지양하기 위해서는 우선 실정성 자체를 '재정의'해야 한다고 역설한다. 말하자면 기존의 실정화한 종교를 폐기하기 위해서는 새로운 형태의 '실정성'(제도, 의례, 교리)을 가져와야 한다는 것이다(이것이 헤겔만의 '트랜스크리틱'이라고 할 수 있다). 그렇기 때문에 헤겔이 관습화·화

15   가라타니 고진, 앞의 책, 127쪽.

석화한 실정적 종교를 명확히 거부하는데도 그는 여전히 종교의 '실정성'에 대한 긴장된 의식을 놓지 않는다. 되풀이하자면 가라타니는 교환양식 D를 개시하는 '보편종교'가 어떻게 하면 실정적 제도와 질서 그리고 관습으로 실현될 수 있느냐는 문제의식이 결여되어 있다. 그것은 교환양식 D가 전면적으로 실현된 사회 안에서 교환양식 B에 기초한 '국가'가 다른 교환양식들과의 상호연관 속에서 어떻게 바뀔지에 대한 전망이 부재한다는 것과 다르지 않다.

마르크스는 '프롤레타리아 독재'를 이행기의 국가형태로 사고했다. 가라타니와 마찬가지로 마르크스 역시 '국가'의 '지양'을 기도했지만 그는 여전히 '이행기'에서 국가가 어떤 형태로 존재해야 할지를 고민했던 것이다. '국가와 국가의 관계'를 고려해야 한다는 가라타니의 지적은 유효하지만 국가의 (군사) 주권을 '증여'하고 난 이후의 국가, 즉 '주권을 방기한 이후의 국가'란 무엇이냐는 문제는 여전히 남는다. 「고타강령 초안 비판」에서 마르크스는 사회주의로 이행한 후에도 존재하는 '국가형태'를 고찰한다. 자본과 국가의 지배질서를 폐기한 이후의 국가, 즉 마르크스의 말대로 생산과 분배와 소비의 경제적 전 과정이 '생산자들의 자유로운 연합'의 수중으로 넘어간 이후에도, 마르크스가 여전히 '그 정치적 성격을 상실한' 한에서의 '국가'를 상상하는 이유는 노동자 연합 내부에서 (가라타니의 말을 빌리자면) '공동기탁'의 필요성이 제기되기 때문이다. "첫째, 생산에 직접 속하지 않는 일반 관리비용. 둘째, 학교나 위생 설비 등과 같은 수요를 공동으로 만족하게 되어 있는 것. 셋째, 노동력이 없는 사람 등을 위한 기금, 요컨대 오늘날의 이른바 공공 빈민 구제에 속하는 것."[16] 이런 '사회적 공제기금'의 재

16   칼 마르크스·프리드리히 엥겔스, 『칼 맑스 프리드리히 엥겔스 저작선집 제4권』, 「고타강령 초안 비판」, 김세균 감수, 박종철출판사, 1990, 375쪽.

원을 고찰하면서 마르크스는 다음과 같은 질문을 제기한다. "국가 제도는 공산주의 사회에서 어떠한 변환을 겪게 되는가? 다시 말하면 지금의 국가 기능과 유사한 어떠한 사회적 기능이 거기에 남아 있는가?" 그가 이런 질문을 제기하는 이유는 이른바 '생산자들의 자유로운 어소시에이션'으로 실현되는 교환양식 D에서도 교환양식 B와 유사한 '사회적 기능'이 여전히 존속할 수밖에 없기 때문이다.

한편 "국가 기능과 유사한 어떠한 사회적 기능"에 대한 마르크스의 고찰은 '생산의 관점', 즉 '사회의 경제적/물질적 재생산'이라는 화두를 복권시킨다. 예를 들어 자본주의적 사회구성체 이후에도 필요한 '사회적 공제기금'은 이전 씨족사회의 '공동기탁' 형태와 달리 의식적인 '생산력의 발전'을 도모해야 한다. 과거와 달리 '사회적 공제기금을 보전하고 재생산'하기 위해서는 어떻게 그것을 관리하고 투자할지를 전 사회적으로 고민하는 주체가 필요한데 그것은 현실적으로 '국가'일 수밖에 없다. 이것은 '생산의 시점'으로 다시 한 번 국가를 바라봐야 한다는 것을 방증한다. 같은 것을 현대 자본주의 국가에도 말할 수 있다. 현대 자본주의 국가의 재원은 바로 자본이 생산한 '잉여가치'에 있다. 그리고 국가는 이것을 재원으로 사회간접자본이나 교육 그리고 국방 등에 투자함으로써 자본에 공동으로 필요한 축적의 제반 조건을 조성한다. 자본주의 사회의 '재생산'에 관한 국가의 역할을 '생산자'들이 어떻게 떠맡고 전화시킬 것인지에 대한 전망이 없다면 국가와 자본을 넘어서는 '이념'을 말하는 것은 (그것이 가라타니의 말대로 반복강박된다 해도) 현실적으로 무의미하다. 가라타니의 구분을 가져오자면 자유롭고 평등한 '연합'뿐 아니라 변화된 사회에서도 공동의 재생산 문제를 떠맡을 '공동체'가 필요한 것이다.[17] 사회구성체의 경제적 기초를 '교환

---

17   이에 관해서는 이성민의 『사랑과 연합』(도서출판 b, 2010) 참조.

양식'으로 바라보는 관점은 사회 내부의 '재생산' 문제를 이론적 공백으로 남겨둔다. 또한 공동체 내부의 국가형태는 가족이라는 기초적이고 사회적인 재생산 단위와 긴밀하게 연관되어 있는데 가라타니의 시야에서는 '가족형태'의 변화와 재구성이라는 문제 역시 포착되기 어렵다. 역시나 다시 한 번 국가를 '내부에서' 바라보는 관점으로 돌아가야 할 필요가 있는 것이다.

　　가라타니는 『세계사의 구조』에서 자본주의 성립의 기원을 보기 위해서는 단지 자본이 발생한 사회 내부만이 아니라 그것이 바깥의 사회와 다른 교환양식들(교환양식 A와 B)과 맺는 관계를 고찰해야 한다고 주장한다. 예컨대 자본주의 생산양식의 성립은 중상주의 국가들의 국제적 경쟁 없이는 설명하기 힘들다. 또한 자본이 세계시장에서 경쟁력을 얻기 위해 필요한 노동력 상품을 대량 육성하는 것은 노동규율을 강제적으로 내면화하는 과정 없이는 불가능하다. 가라타니는 여기서 국가가 '총자본가'의 모습을 하고 학교와 군대를 통해 노동력 상품을 만들어냈다고 설명한다. 가라타니는 이것을 예로 들며 오늘날에도 국가는 개별 자본의 논리로부터 자립한 능동적인 경제적 주체로 존재한다고 주장한다. 그러나 그는 여기서 다시 한 번 사물의 '역사적 기원'과 사물의 '속성'을 혼동하는 오류를 범한다. 다시 말해 자본주의의 역사적 기원에서 성립한 '국가=총자본'이라는 등식을 자본주의적 질서가 확립된 이후에도 적용하는 것은 무리다. 현대사회에서도 국가의 역할을 무시할 수는 없지만 과거에 국가가 직접적으로 규율한 '노동력 상품의 재생산과정'은 이제는 어느 정도 자본의 경제적 순환과정 안에 포섭되었다. 이렇듯 자본이 국가로부터 자립해서 사회의 경제적 재생산 과정을 주도해나가는 과정에서 국가의 역할과 성격도 변한다. 근대 이후 사회구성체의 구체적인 변화 양상을 조망하기 위해서는 역시 한 사회 '내부'에서, 무엇보다 '생산의 시점'에서 그것을 고찰하지 않으면 안 된다. 진정한 '시차적 관점'(가라타니)이란 상이한 사회구성체들을 오가는 시점이 아니라 오히려 사회구성체 내부와 외부를 오가는 방식으로 실현되는 것은 아닐까? 가라타니에게 이런 시점이 결여된 것은 아무래도 그의 이론 내에서 정치경제학이 담당해야 할 역할이 공백으로 남아 있기 때문이 아닌가 생각한다.

둘째로 가라타니의 '운동론'을 살펴보자. 이를테면 가라타니는 프롤레타리아 계급이란 '상품을 소비하는 (노동력) 상품'이라는 점에 착안해 그것이 두 가지 국면, 즉 '생산과정'(=노동력 상품의 가치를 실현하는 과정)과 '유통과정'(=노동력 상품을 재생산하는 과정)으로 존재한다고 말한다. 그렇다면 국가와 자본에 대한 대항운동 역시도 생산과정(노동자운동)과 유통과정(소비자운동과 시민운동)에서 상이한 국면으로 드러난다. 가라타니는 저 두 가지가 사실은 모두 다 '노동계급'의 운동이라는 것을, 아니 그럴 수밖에 없다는 것을 강조한다.

가라타니의 관점은 소비자운동 또는 시민운동을 노동계급과 다른 중산층의 운동으로 보는 시각이나 노동계급의 종언을 운운하면서 시민사회운동을 우위에 내세우는 '일면적 관점'을 극복하는 데 시사적이다. 무엇보다 노동자라는 정체성과 소비자/시민이라는 정체성 모두 프롤레타리아라는 사회경제적 계급이 실존하는 두 가지 방식이라는 관점은 오늘날 만개한 '정체성의 정치'에 비판적인 시사점을 던져준다. 예컨대 '나는 노동자다'라든가 '나는 노동자가 아닌 다른 젠더, 인종, 문화다'라는 두 진술 사이의 덧없는 논쟁에 종지부를 찍을 수 있다. 또한 가라타니는 노동계급이 생산과정과 유통과정에서 서로 다른 모습으로 나타나는 이유를 프롤레타리아 계급이 경제적으로는 '노동력 상품'으로서 존재한다는 것, 다시 말해 자본주의적 상품을 '소비'해야만 자신을 '재생산'할 수 있는 또 하나의 '상품'이라는 경제적 사실에서 찾는데, 이 역시 오늘날 많은 탈근대적 정치/사회이론이 결여한 경제학적 시점을 일정 부분 회복했다는 점에서 고무적이다. 특히나 급진적 '이데올로기 비판'을 수행하는 문화연구 부문에서 경제학을 경멸하거나 무시하는 관행은 너무나도 고질적이기 때문이다.

　　더 나아가 가라타니는 자본의 유통과정에서야말로 노동이 자본에 대해 '우위'에 있다는 것을 강조한다. 첫째로 노동자들이 개별 자본의 이해에 묶여 있을 수밖에 없는 생산과정에서와 달리 유통과정에서 소비자/시민들은 사안에 대해 보편적인 시점을 취하는 것이 더 쉽다. 둘째로 상품이 '팔리지 않는다'는 것은 자본가들에게 가장 큰 위협이기 때문에 현실적인 효과 측면에서도 위력적이다. 노동자들의 저항에 대해서 자본이 노동을 외주화해버리면 그만이지만 소비자의 저항에 대해서는 소비자를 '외주화'할 수 없다. 셋째로 유통과정에서의 저항은 '비폭력적'이기 때문에 국가의 폭력과 개입에서 자유로울 수 있다. 이런 점에서 가라타니는 국가와 자본에 대한 보편적인 '대항운동'은 무엇보다 '유통과정에서의 저항'으로 나타난다고 말한다. 이를테면 노동자들은 생산과정에서 섣불리 파업에 나서기 어렵다. 파업을 한다고 해도 경제투쟁으로 귀결되기 쉽다. 개별 자본의 생산과정에서 노동자들의 경제적 이해는 자본의 운명과 묶여 있기 때문이다. 그렇기 때문에 노동자들은 자신의 일터에서 일자리가 위협받을 수 있는 정치투쟁에 섣불리 나서기 어려운 것이다. 가라타니는 이런 곤란함 때문에 어떻게 하면 경제투쟁에 치우친 노동자들의 일상적 의식에 정치적 '계급의식'을 외부에서 주입하느냐는(루카치) 문제들이 나타난다고 설명한다. 그러나 가라타니는 이에 반해 유통과정에서는 이런 문제가 나타나지 않는다고 말한다. 2008년 광우병 쇠고기 파동을 예로 들자면 소비자에게는 전 사회적·정치적 문제가 곧바로 자신의 삶의 문제와 직결된다는 것이다. 그러나 정말로 그럴까?

　　당장 한국의 정치적 경험을 대입해 봐도 문제가 그렇게 간단하지 않다는 것을 금세 알 수 있다. 최근의 경험에 비추어 가라타니가 든 논거들을 피상적인 수준에서라도 반증해볼 수 있다. 첫째, 노동자들이 개별적인 이해로 분열되어 있는 만큼 소비자/시민도 개별적인 이해로 분열되어 있다. 예를 들어 안전하지 않은 쇠고기 수입에 대해 분노해 길거리로 나서는 소비자도 있지만 더 값싼 쇠고기를 원하는 소비자도 있다. 둘째로 노동자의 파업투쟁을 고립시키는 것만큼이나 소비자불매운동을 고립시키는 것 역시 가능하다. 소비자운동 때문에 전면적으로 '상품이 팔리지 않는다'는 초유의 사태는 초래되지 않는다. 오히려 그런 사태를 불러오는 것은 경제공황이다. 마지막으로 소비자운동을 포함한 유통과정에서의 저항운동 역시 자본의 재생산에 위협이 되는 수준이라면 국가적인 개입과 폭력을 불러온다. 가라타니가 자주 예로 드는 간디의 비폭력 저항운동도 실제로 국가의 탄압을 초래했다. 이것은 광우병 촛불시위 때 '조중동' 신문 광고 중단과 불매운동을 벌였던 일부 소비자들이 업무방해죄로 처벌된 경우를 봐도 명확하다. 평화적인 촛불시위라 해도 체제를 위협하는 수준이라면 참가한 시민을 표적으로 삼아서 집요하게 벌금 폭탄을 때리고 영장을 청구하는 식이다. 소비자운동이라고 해서 노동운동과 달리 국가폭력의 문제에서 자유로운 것은 아니다.

위와 같은 사항에 덧붙여 여러 이유에서 '여전히 생산과정에서의 투쟁이 중요하다' 혹은 '노동자 정치'가 필요하다는 당위를 역설할 수 있다. 한편 이 즉각적인 반론들이 가라타니의 전체적인 요점을 흐리지는 않는다. 가라타니가 말한 '유통과정에서의 저항운동'을 협소하게 '소비자운동' 또는 '불매운동'으로만 한정해서 생각하지 않는다면 말이다. 한국에서도 비정규직 고용이 확대되고 정리해고가 만연하면서 노동자들이 장기 농성을 하는 투쟁 사업장들이 여러 곳에서 나타났다. 예를 들어 기륭전자, 콜트콜텍, 코오롱, 재능교육, 쌍용자동차의 비정규직/정리해고 투쟁 사업장은 수년씩 투쟁을 계속했고 여전히 진행 중인 곳도 있다. 특히 중소/영세 사업장들일수록 문제는 더욱 심각하다. 장기 투쟁 사업장들의 특징은 오랜 기간 '소수' 전위적인 노동자들이 끝까지 남아서 버텨왔다는 점이고, 사업장 안에서도 농성하는 측과 그렇지 않은 측 사이의 노노勞勞 갈등이 있다는 점이다. 이 경우 투쟁을 지속 시키는 원동력은 외부 시민의 연대다. 한진중공업의 정리해고에 맞서서 영도조선소의 크레인에 올라가 고공농성을 벌인 김진숙에 호응해 수만 명의 시민들이 영도조선소를 향해 행진한 '희망버스'운동을 예로 들 수 있다. 한진중공업 자본이 정리해고라는 수단으로 노동자들을 분열시키려 했는데도 정리해고 투쟁에서 한진자본으로부터 일부분이나마 승리를 거둘 수 있었던 것은 외부의 '호응'이 있었기 때문이다. 오늘날 현대자동차 비정규직 투쟁도, 쌍용자동차 정리해고 투쟁도, 생산 현장에서는 고립되어 있지만 시민의 연대와 호응에 힘입어 지속되고 있다. 정리해고/비정규직 문제에 대응하는 노동운동 도 사실은 '유통과정에서의 저항운동'으로 나타나고 있는 셈이다. 말할 것도 없이 이에 대한 국가 측의 탄압과 공세도 심각한 수준이다.

이런 경험에 비춰 볼 때 '생산과정'이 아닌 '유통과정'에서 더 보편적인 저항운동이 가능하다는 가라타니의 주장은 의외의 사례에서 (다름 아닌 노동자운동의 사례에서) 설득력을 얻는 것 같다. 그러나 정작 가라타니 본인은 때때로 '유통과정에서의 저항운동'을 불매운동과 같은 협소한 '소비자운동'의 사례들과 동일시한다. 그렇기 때문에 '유통과정에서의 저항운동이 국가의 개입을 불러오지 않는다' 혹은 '불매운동이 자본에 더 위협적'이라는 경험적으로 정당화되기 힘든 진술을 하는 것이다. 가라타니가 평소에 교환양식을 상품교환의 양상을 넘어서 더 폭넓은 범위로 사고한 것처럼 '유통과정'을 단순히 상품의 소비과정만이 아닌, 그것에 동반되는 시민적인 교류와 공론의 장 전부를 포괄하는 것으로 본다면 유통과정에서의 저항을 '소비자운동'으로만 한정할 이유는 없다.

무엇보다 유통과정에서의 저항을 생산과정과 연관지어 재고찰할 때 '계급의식'의 문제가 다시 출현하지 않는가? 가라타니는 노동자가 생산과정에서는 협소한 관점에 머무를 수밖에 없지만 유통과정에서는 사회적이고 보편적인 시점을 취할 수 있기에 '어떻게 계급의식을 자극할 것인가' 하는 문제는 불필요해진다고 한다. 하지만 유통과정에서의 투쟁에도 다양한 인간 군상이 모여 있다. 시혜적인 동기에서 참가하는 측도 있고 정권에 대한 불만을 동기로 삼는 측도 있으며 생활상의 문제에 의해 이끌린 사람도 있다. 생산과정에서의 투쟁만으로 당사자들이 보편적인 의식이나 전망을 가질 수 없다면 그것은 유통과정의 투쟁에서도 마찬가지다. 무엇보다 유통과정에서의 저항운동 또한 '탄압'을 각오해야 한다. 이런 점에서 "'희생을 두려워하지 않는 강고한 계급의식' 같은 것은 필요하지 않다"[18]는 가라타니의 언명은 하나 마나 한 불매운동에서나 타당하다.

이런 점에서 유통과정을 고려하는 가라타니의 관점에서야말로 '어떻게 하면 노동계급이 본연의 계급의식을 획득할 수 있을 것인가' 하는 문제의식은 더욱더 유효하다. 레닌도 『무엇을 할 것인가』에서 개별적인 생산현장에서 제기된 이런저런 사회 문제들을 다른 노동자들에게 '폭로'하고 그것을 다른 사회계층과도 '공유'하는 실천적 방안(전국적 신문의 배포)을 제시함으로써 '어떻게 하면 계급의식을 획득할 수 있을까' 하는 문제에 답했다. 이것은 '외부'의 지식인이 무지한 노동자들을 계몽하는 것과 전혀 다르다. 오히려 레닌은 다양한 노동자가 겪는 사회 문제들을 자신의 문제와 연관시킬 수 있는, 오늘날로 치면 '소셜 플랫폼'을 구상하려는 입장에 가까웠다. 그가 1902년 당시 구상했던 '전국 신문'은 사실 트위터나 페이스북에 가까운 것이었다. 레닌은 그런 것을 구상하는 자들을 '전위'라고 호명했다. 노동계급을 지도하고 계몽하겠다는 엘리트주의적인 발상은 오히려 레닌 반대파들에게 흔했고 그들이야말로 레닌의 전위론을 조소했다. 당대의 마르크스주의자들의 이해

---

18   가라타니 고진, 『트랜스크리틱』, 송태욱 옮김, 한길사, 2005, 492쪽.

지평에서 노동계급을 이론적/과학적으로 영도해야 할 전위가 신문을 배포하고 활동가들의 연락망을 만드는 일에 힘을 소모하는 것이 엉뚱해 보였던 것이다.[19] 생산과정과 유통과정을 동전의 양면으로 바라보는 가라타니의 관점을 통해 비로소 '폭로 활동'을 주요 과업으로 제시한 레닌의 '전위론'을 제대로 이해할 수 있지 않을까.

　　앞서 보았듯 '생산과정'과 '유통과정'을 국가/자본에 대한 저항운동의 두 국면으로 구분하는 가라타니의 이론은 원리적으로 옳지만 각론으로 들어가서는 납득하기 힘든 부분들이 많다. 이것은 가라타니가 논의의 추상 수준을 제대로 구별하지 않는다는 고질적인 문제와 연관되어 있다. 저항운동에서 유통과정과 생산과정이라는 두 계기를 구분하면서 전자를 소비자불매운동이라는 한 가지 경험적 사례와 곧바로 동일시해 버리는 것이 바로 그 예다. 독자 측에서 그것에 주의하지 않은 채 가라타니의 운동론을 원리적인 지침으로 받아들인다면 소비자/협동조합운동이 노동운동보다 중요하다는 식의 사변으로 빠질 수 있다.

　　마지막으로 가라타니의 국제 전망은 성급한 자본주의 '위기대망론'으로 경사되어 있다. 그는 자본주의 국가들이 미국 이후의 헤게모니 국가를 찾지 못한 채 (유럽, 아시아, 중동 등의) 경제블록 형성으로 향할 것이고, 그들 간의 정치적·군사적 긴장이 증대함에 따라 결국에는 제국주의 전쟁이 일어날 것이라고 예측한다. 그 경제적인 이유는 오늘날의 자본주의에는 자신의 위기를 전가할 '외부'(식민지 또는 값싼 노동력의 공급지 등)가 더 이상 없기 때문이라는 것이다. 그는 그동안 자본주의가 위기를 겪으면서도 끊임없이 성장한 것은 인도와 중국의 광대한 인구를 새로운 노동력으로 흡수한 덕택이라고 말한다. 그런데 이들 나라에서도 자본축적이 포화상태에 다다르면 위기의 탈출구가 없

19　　이에 관해서는 졸고, 「고유명으로서의 레닌」, 〈오늘의 문예비평〉, 2013년 가을호 참조.

다는 것이다. 나아가 그는 이 위기가 '일반적 이윤율의 저하'라는 현상으로 나타나고 있다고 설명한다. 이 점에 관해서 두 문단을 통째로 인용해볼 만하다.

산업자본주의의 한계는 자연환경이나 기술혁신보다도 노동력 상품이라는 문제에서 발견되어야 합니다. 산업자본주의 경제의 성장은 값싼 노동자=새로운 소비자의 끊임없는 등장을 전제로 하고 있습니다. 그것은 주변부, 농촌부에서 제공됩니다. 이는 자본제 경제가 비자본 경제에 의존해왔다는 것을 의미합니다. 그와 같은 외부가 없으면 임금이 오르고 일반적 이윤율의 저하가 생깁니다. 1980년대에 선진자본주의 국가에서 자본은 '일반적 이윤율의 저하'로 매우 힘들었습니다. 그러므로 1990년대 이후 자본=국가는 글로벌리제이션을 요구했습니다. 바꿔 말해 자본=국가는 그때까지 시장에 들어오지 않은 세계에서 활로를 찾았습니다. 즉 중국이나 인도로 향한 것입니다. 새로운 노동자=소비자를 그곳에서 찾았습니다. 그것을 통해 세계자본주의는 생명을 연장했습니다. 하지만 자본제 경제의 '외부'는 무진장 존재하는 것이 아닙니다. 중국이나 인도에서 급속한 산업화가 이루어짐에 따라 농촌은 소멸되어갑니다. 그것에 의해 노동력 상품의 등귀 그리고 소비의 포화와 정체가 생깁니다. 그렇게 되면 이제 그 이상의 외부는 없습니다. 중국의 자본도 이미 외부, 예를 들어 동남아시아나 아프리카로 향하고 있습니다. 따라서 앞으로 세계자본주의가 '일반적 이윤율의 저하'로 힘들어할 것은 분명합니다. 현재 생겨나는 위기는 그저 신용의 위기가 아닙니다. 그 근저에 '일반적 이윤율의 저하'가 있습니다.[20]

『세계사의 구조』 해제 격으로 나온 『자연과 인간』의 강의록에서 가라타니는 '신용이라는 자본의 투기적=사변적 환상이 공황을 초래한다'는 기존의 서술을 벗어나서 '이윤율의 저하'라는 모순에 주목하는 것처럼 보인다. 여기서 그는 그 원인으로 노동력 상품의 등귀와 소비의 포화를 든다. 그런데 이미 앞서 지적했듯이 자본이 끊임없이 새로운 프롤레타리아=소비자를 필요로 한다는 것을 단순히 노동자=소비자의 규모가 '외연적으로 확대되어야 한다'는 의미로 받아들일 필요는 없다. 자본은 부단한 축적과정과 이와 맞물린 산업 재편과정에서 새로운 종류의 노동력 상품=소비자들을 만들어낸다. 자본주의 사회는 애덤 스미스의 사례처럼 바늘 하나만을 전문적으로 생산하다가 어느 순간 바늘이 너무 값싸져서 경제가 정체상태에 도달하는 체계가 아니다. 바늘산업의 정체는 새로운 산업(이를테면 재봉산업)을 낳으며 과잉된 자본을 흡수하고 새로운 노동력과 소비자를 만들어낸다. 가라타니가 자본주의 경제를 '오토포이에시스적 시스템'이라고 부를 때 오히려 이 지점을 염두에 둬야 했다.

또한 가라타니는 노동력 상품이 등귀해 '이윤율의 일반적 저하'가 일어났다는 주장에 대해 실증적인 논거는 물론이고 제대로 된 논리적 설명을 제시하지 못한다. 더 중요한 것은 마르크스 자신이 '일반적 이윤율의 저하 경향'을 통해 자본주의 경제의 실제 이윤율 추세를 예측하려 하지 않았다는 점이다. 오히려 이윤율의 저하라는 '경향'이 있다면 그것은 이윤율의 저하를 상쇄하는 '반경향'을 동시에 야기한다. 이윤율이 저하함에 따라 자본 역시 도산하고 이것이 역으로 이윤율의 저하를 상쇄한다. 자본주의 경제의 공황과 위기는 이윤율의 저하라는 '경향'과 그것을 상쇄하는 '반경향'이 '파괴적으로 결합'되는 양상(한편으로 이윤율이 떨어지고 다른 한편으로는 자본이 도산하는)으로 나타난다. 이

20   가라타니 고진, 『자연과 인간』, 186~187쪽.

렇듯 이윤율의 추세는 경제위기의 원인이 아니라 경제위기의 결과이거나 경제위기의 과정과 동시적으로 결정되는 변수에 더 가깝다. 그렇기에 자본주의 경제에서 이윤율의 장기적인 추세를 도출해내고 그것에 기초해 세계 전망을 예측하는 것은 비약이다.

무엇보다 심각한 문제는 여기서부터 가라타니가 "앞으로 세계는 다시 제국주의 전쟁으로 향할 것"[21]이라는 예측을 도출하는 데 있다. 자본주의의 경제적·정치적 위기의 '반복'은 '사건의 반복'이 아니라 사건 배후의 사회적 '관계'의 '반복'이라는 가라타니 자신의 언명을 무색하게 하는 섣부른 예측이다.

자본주의 사회에서 이윤과 임금 사이의 분배관계를 규정하는 장기적 법칙을 상정하고 나아가 거기서 '이윤율'의 장기적 추세를 설명하고 세계체계의 향방을 예측하는 것은, 분배관계의 변화가 상이한 수준에서 생산관계의 변화과정과 '맞물리는' 지점을 사상해야만 비로소 가능하다. 분배 범주의 추세를 통해 생산양식의 향방을 예측하는 것은 (소위 '이윤율의 경제학'이 그러하듯이) 기껏해야 이윤과 임금의 변화 추세를 통해 변화의 국면에 걸맞은 자본과 노동의 사회학적 유형을 '단순 대응'시키는 것 이상의 분석으로 나아가기 어렵다. 여기서도 가라타니의 교환양식론이 '생산의 시점'을 결여한 것이 그의 사상에 치명적인 결함을 가져오는 것을 볼 수 있다. 여기서 생산의 시점을 취한다는 것은 현실의 분배·교환의 범주들로부터 자립해서 생산의 범주들을 고찰해야 한다는 의미는 아닐 것이다. 이는 오히려 생산 영역에서 이뤄지는 현상을 함께 고찰해야만 임금과 이윤에서 일어난 변화의 의미를 제대로 이해할 수 있다는 뜻이다. 예를 들어 앞으로 산업구조가 어떻게 변화할 것인지에 대한 전망을 함께 이야기해야만 이윤율 추세에 대한

---

21   가라타니 고진, 앞의 책, 187쪽.

분석이 의미가 있다. 또한 생산의 시점 결여는 가라타니의 국가론에 일정한 공백을 가져온다. 가령 그의 정세 예측에서는 경제위기에 대응하는 국가별 차이들이 사상된다. 다시 말해 '교환양식'의 시점만 있고 '생산양식'의 시점이 결여된 저 '트랜스크리틱의 어중간함'이 국가들이 '동일한 방식'으로, 즉 '블록'을 형성하고 위기에 대응할 것이라는 '대담한' 추측으로 향하게 만든다.

그동안 많은 좌파 사상가는 저마다 자신이 속한 시대가 자본주의의 '최후 단계'라고 생각해왔다. 아쉽게도(?) 그들의 예측이 틀렸다는 것은 오늘의 시대가 증명하고 있다. 물론 자본주의가 시기마다 유례없는 야만을 초래한 것은 사실이다. 그렇기에 좌파 논자들은 시기마다 '종말' 또는 '최종 결전'의 징후들을 찾았다. 그러나 자본주의는 자체 내의 모순 때문에 붕괴하기는커녕 기존의 모순과 위기를 나름의 방식으로 극복하면서 동시에 새로운 차원의 모순과 위기를 낳는 일을 끊임없이 '반복'해왔다. 가라타니도 『윤리21』에서 자본은 '반복강박적인 위기'로서 존재할 뿐 그것이 자본주의의 붕괴나 종언을 의미하지는 않는다고 강조한다. 그렇기에 자본주의의 극복을 지향하는 사회주의 이념은 경제적인 문제인 동시에 '윤리적'인 문제다. 자본주의는 위기 때문에 붕괴하기는커녕 위기를 반복함으로써만 비로소 살아남을 수 있는 역설적 시스템이다. 그러면서 동시에 그 위기의 고통을 항상 계급적으로 불평등하게 전가하는 최악의 비윤리적인 시스템이다. 그러나 '위기가 반복강박된다'는 것과 주기적인 제국주의 전쟁을 예측하는 것은 다른 문제다. 국제정세 예측에서도 가라타니는 추상(위기의 반복)에서 아무런 매개 없이 구체(제국주의 전쟁의 예측)로 곧바로 '도약'하는 모습을 보여준다. 이것은 무엇보다 그의 '주권의 증여'에 기초한 '세계공화국'에 대한 구상의 설득력을 반감시킨다.

가라타니의 '제국주의 전쟁'에 대한 예측은 자동적인 '붕괴론'이라기보다는 새로운 판본의 "사회주의냐 야만이냐"(로자 룩셈부르크)

라는 선택지에 더 가깝다. 여기서는 '어소시에이션이냐 제국주의 전쟁이냐'가 되겠지만. '최종적인 진실의 순간'이 임박하고 있다는 인식은 오래된 좌파적 환상의 '반복'이라고 할 수 있다. 이와 유사하게 많은 신좌파들도 룩셈부르크, 레닌, 트로츠키, 마오에게서 다양하게 변주된 구좌파적 환상을 무의식적으로 반복하는 경우가 많다. 예컨대 노동계급과 변별되는 '프레카리아트'(항구적인 실업상태에 있는 빈민들이자 사회적 자리 안에서 적합한 자리를 찾지 못하는 '몫 없는 자'들) 계급의 출현을 선언하며 이것을 근거로 자본주의가 자신을 지탱할 수 없는 국면에 도달했다고 주장하는 일부 논자들처럼 말이다. 그러나 그런 정치적 환상과 단절하는 것은 '의지'만으로 가능하지 않다. 자신의 사상에서 '추상'과 '구체'를 오갈 적합한 방법론을 찾아야만 가능하다.

맺음말
— 고유명의 철학자에서 코뮤니즘의 사상가로

그의 이력을 볼 때 가라타니는 확실히 '반시대적 사상가'라는 표어가 가장 잘 어울리는 학자다. 모든 사람이 탈근대, 탈이성, 탈중심을 외치는 현대사상에 몰두하고 있을 때 전기의 가라타니는 현대사상의 관념성 바깥으로 나아가려 고심했다. 그는 그 탈출구를 '고유명'에 대한 사유에서 찾았다. 구소련 붕괴 이후 포스트모던이 실질적으로 도래하자 모두 이념의 종언을 시대의 대세로 파악하고 문화연구로 관심사를 옮겨 갈 당시에 가라타니는 정반대로 국가와 자본에 대한 '세속적 비평'으로 관심의 영역을 옮겼다. 이것을 집대성한 것이 『트랜스크리틱』이다. 이때 가라타니는 칸트와 마르크스 사이의 시점을 오가며 현재의 정치사회적 사안들을 이론적으로 고찰하는 그만의 방법(트랜스크리틱)을 찾아냈다. 경제적 문제에서 윤리적 문제를 찾아내고, 반대로 윤리적 문제에서 교환양식의 문제를 찾아내는 그의 독특한 사고 방법은 이때부터 확립되었다. 마지막으로 『세계사의 구조』에서 가라타니는 자신만의 독자적인 역사유물론에 대한 이론적 구상을 내놓았다. '체계를 만드는 것을 싫어한다'던 고유명의 철학자 가라타니가 그만의 고유한 이론적 체계를 내놓기에 이르렀다.

　　가라타니는 '사후'가 아닌 '사전'의 시점에서 정치적·윤리적·사회적 문제들을 고찰하려 했다고 한다. 그것은 사후의 시점에서 현실을 어떤 이념의 '실현'으로 본 헤겔이 아니라 이념이 어떻게 실현될지 알수 없는 사전의 시점에 선 칸트의 사고를 답습한다는 것을 의미한다. 하지만 가라타니 사상의 궤적을 돌이켜 보는 독자 입장에서는 정반대로 헤겔의 시점에 서지 않을 수 없다. 사상의 모티프 형성에서 그만의 방법의 발견으로, 마지막으로 체계의 확립으로 이어지는 '발전'의 과정을 보게 되는 것이다. 초기부터 형성된 '고유명'이라는 화두는 이 과정에서 모습을 달리해가면서 더 심화되고 확장된다.

고유명을 둘러싼 쟁점을 다시 정리해보자. 우선 가라타니는 고유명의 문제를 현대사상의 관점에서 볼 때 순수하게 (관계구조 안의 항으로) '형식화'할 수도 없고, 그렇다고 해서 (관계구조 바깥의 지시 대상으로서 존재하는) '실정적인 대상' 중 어느 하나로도 다룰 수 없다는 '딜레마'로서 고찰했다. 애초에 그것은 이론적인 차원에서 결판을 낼 수 없는 문제다. 여기서 가라타니가 주목한 것은 어쨌든 뭔가를 '다름 아닌 이것'이라는 고유명으로 부르는 원초적 사태가 '반복'된다는 점이다. 가라타니는 언어의 반복적 구조에서 '고유명의 이념'이라고 부를 만한 것을 끌어낸다. 고유명은 언어적인 관계구조 안에도 바깥에도 실존하는 것이 아니다. 그것은 서로 같은 언어적 규칙을 공유하지 않는 타인들이 언어를 교환하는 과정에서, 즉 각자 자신의 말을 '가르치고-배우는' 경험 속에서 나타나는 것이다. 이에 가라타니는 데카르트나 스피노자 그리고 칸트와 같은 사상가들을 '고유명'으로 읽기 시작했다. 예컨대 '관념론'과 '경험론' 사이에 서서 기존의 언어적 관습과 사고 시스템을 회의한 철학자로서 말이다. 더 나아가 그는 거기서 기존의 (언어적·정치적·경제적) 시스템들 사이의 지점에 적극적으로 서고자 하는, 즉 스스로 고유명이 되고자 하는 무의식적인 '의지'를 발견한다.

이 무의식적인 의지는 칸트의 '규제적 이념'에서 재발견된다. 규제적 이념이란 천상에 있는 숭고한 정신 같은 것이 아니라 그동안 관습적인 일반명사로 불러온 사건이나 사물을 다시 한 번 '다름 아닌 이것' 혹은 '저것'이라는 '고유명'으로 부르고자 하는 충동과도 같이 기존의 시스템이나 언어적 관습을 넘어설 때마다 무의식적으로 '반복'되는 것이다. 『세계사의 구조』에서 암묵적인 논의의 초점이 되는 교환양식 D에

대해서도 같은 것을 말할 수 있다. 교환양식 D는 교환양식 A, B, C로
는 회수될 수 없는 개체의 개체성을 회복하려는 무의식적인 충동이다.
그것은 호수제이든 수탈과 재분배이든 상품교환이든 기존의 교환관계
안에 파묻힌 한 개인의 고유명을 재발견하려는 충동, 그러기 위해서 기
존의 사회구성체와 절연하려는 윤리적 의지다. 다른 의미에서 교환양
식 D란 쉽게 말해 '품앗이 정신'을 회복하려는 무의식적인 경향이다.
물론 그것은 공동체 안의 품앗이(교환양식 A)와 다르다. 그것은 서로
얼굴을 모르는 불특정 다수를 향해 무언가를 증여하는 몸짓에서 나타
난다. 그런 몸짓에서 발생하는 의미를 인지하고 명명하는 데서 본연의
고유명이 발생하는지도 모른다. 가라타니에게 바로 그런 것이 '공산주
의'의 구체적인 이미지가 아닌가 생각한다. 그런 점에서 가라타니의 다
음과 같은 언명은 시사적이다.

> 씨족사회의 호수제에는 유동적 사회에 존재한 것이 회귀하고 있
> 습니다. 그것이 계급사회나 국가에 이르는 것을 거부하는 것입니
> 다. 유동적 사회는 그처럼 아무리 억압을 받아도 회귀해 왔습니
> 다. 그것은 국가사회나 자본주의 사회 안에서도 회귀해 왔습니다.
> 인간이 잊으려 해도, 또 실제로 잊어도 공산주의는 인간의 의지에
> 반해 회귀해 오는 것입니다.[1]

가라타니는 공산주의의 이념을 다름 아닌 교환양식 D로서 반복
강박되는 '규제적 이념'으로 간주한다. 가라타니의 사상은 '현행' 자본
주의를 파악하는 데 분명히 한계가 있고 이행기적인 국가형태나 가족형
태를 사고하지 않는다는 점에서 많은 문제점을 노출하지만 '공산주의'

---

1   가라타니 고진, 『자연과 인간』, 조영일 옮김, 도서출판 b, 2013, 128쪽.

가 그런 규제적 이념, 즉 고유한 개체 간의 자유롭고 평등한 교환관계를 회복하려는 반복적인 의지라는 생각 자체를 물리치기는 힘들다. 공산주의는 '교환양식' D에 기초하기 때문에 실정적인 사회주의적 대안과는 구별되어야 한다. 중요한 것은 공산주의라는 이념이 우리가 원하든 원치 않든 '반복강박'된다는 것이다. 이것은 자본과 국가가 초래하는 반복강박과 다르다. "'회복'이라는 것을 우리의 희망이나 의지에 근거한다고 생각해서는 안 됩니다. 즉 우리가 그것을 쾌복(快復: 누군가가 병에서 낫기를 바라는 것)하는 것은 그렇게 바라기 때문이 아닙니다. 그렇게 하지 않으면 안 되기 때문에 그렇게 하는 것입니다."[2] 이것은 2013년 말 '안녕들 하십니까' 대자보 열풍에서도 확인되었다. 우리가 서로의 '안부'를 물은 것은 우리의 희망이나 의지에 근거한다고 생각해서는 안 된다. 그렇게 하지 않으면 안 되기 때문에 그렇게 했던 것이다.

여기서 가라타니는 우리가 현재의 상태에 대해 지나치게 낙관할 이유는 없지만 그렇다고 해서 비관할 이유도 없다는 메시지를 던지고 있다. 국가와 자본이 초래한 질병을 앓고 있는 한에서 공산주의의 이념은 반복된다. 물론 그것은 어디까지나 규제적 이념에 불과하기 때문에 이 '반복성'을 누가, 어떻게 실정적으로 구체화할 것인지 판단은 독자의 몫으로 남을 수밖에 없다. 무엇보다 가라타니는 그동안 사상(근대사상과 탈근대사상)과 정치(구좌파와 신좌파)를 전부 의심하라는 메시지를 던지는 것 같다. 마치 '믿을 것은 자기 자신(의 이성)밖에 없다'는 듯이. 가라타니의 글과 사상은 '자신의 이성을 공적으로 사용하는 것을 두려워하지 말라'는 메시지를 던져주고 있다. 자신의 이름 석 자를 걸고 무언가를 대자보에 쓰는 낯선 사람들을 보면서 가라타니의 글과 이론적 개입을 더욱더 돌아보게 되었다.

---

2   가라타니 고진, 앞의 책, 133쪽.